本书为国家社会科学基金项目《农村治理中正式制度与非正式制度的整合方式研究》（批准号：09XSH009）的成果之一

农村治理中正式制度与非正式制度的整合方式研究

高满良　著

中国社会科学出版社

图书在版编目（CIP）数据

农村治理中正式制度与非正式制度的整合方式研究／高满良著.
—北京：中国社会科学出版社，2016.8
ISBN 978－7－5161－8778－4

Ⅰ.①农…　Ⅱ.①高…　Ⅲ.①农村—社会管理—研究—中国
Ⅳ.①C912.82

中国版本图书馆 CIP 数据核字(2016)第 196880 号

出 版 人　赵剑英
责任编辑　孔继萍
责任校对　刘　娟
责任印制　何　艳

出　　版　中国社会科学出版社
社　　址　北京鼓楼西大街甲 158 号
邮　　编　100720
网　　址　http://www.csspw.cn
发 行 部　010－84083685
门 市 部　010－84029450
经　　销　新华书店及其他书店

印刷装订　北京市兴怀印刷厂
版　　次　2016 年 8 月第 1 版
印　　次　2016 年 8 月第 1 次印刷

开　　本　710×1000　1/16
印　　张　17.25
插　　页　2
字　　数　287 千字
定　　价　65.00 元

凡购买中国社会科学出版社图书，如有质量问题请与本社营销中心联系调换
电话：010－84083683

序

袁明旭

中国是一个以农民为主体的大国，农村治理的状况直接决定着国家治理的水平和层次。

党的十八届三中全会提出未来全面深化改革的总体目标是完善和发展中国特色社会主义制度，推进国家治理体系和治理能力现代化。立足于国家发展战略，这一目标至少包含两层含义：一是现代化发展的客观实际要求国家必须不断地提升自身的治理能力和治理水平；二是必须通过制度化的手段和方式去实现治理能力和治理水平的现代化。高满良老师的《农村治理中正式制度与非正式制度的整合方式研究》就是思考和研究这方面问题的学术成果，其中的事实呈现、理论分析和研究发现是值得深入分析和思考的。

我们知道，传统中国农村社会具有典型的“乡土性”。“聚村而居”“土地依赖”“重家族归属”“乡绅治理”等特质构成了农村社会的基本面貌，农村的有效治理和基本秩序的维护主要依靠一套内生型的“非正式制度”，国家宏观的权力运作和制度体系未能真正渗透到农村社会。新中国成立后，国家开始对农村社会进行全面意义上的渗透和型塑，这一进程，徐勇先生曾用“政权下乡”“政党下乡”“行政下乡”“政策下乡”“法律下乡”等概念、范畴进行系统的分析，以期通过国家力量的整合作用，推动农村社会的现代化发展。然而，国家通过制度设计大规模向农村进行国家渗透，以期实现对农村社会的有效整合，现实却是自上而下、自外而内的政策、法律、制度，在农村实践过程中往往表现出很大的差异性，具有相当不同的实践结果和运行机制，农村社会的制度化建设并未真正转化为“社会现实”。

在“乡政村治”体制下，国家在农村原有的那种超强控制力明显处于衰败之中，但是农村社会并没有想象的那么杂乱无章，一个重要原因是农村有一套内生型非正式制度在发挥重要作用。非正式制度为生活在农村社会里的人们提供了共同的约束规则和社会规范。在农村“没有大量的习惯、传统、惯例，生活就不能顺利地展开，人的思维就不能这样迅速地对外部世界做出反响”。当然，非正式制度对农村社会的影响是双重的：既有积极影响，也有消极影响。从积极方面看：地方性惯例、某些禁忌在一定程度上弥补了法律制度的欠缺和不足；具有认同功能的意识形态能有效降低制度创新和执行的成本；家庭外部关系网络化带来农村发展，加速农民社会融入；人情交换实现了没有“组织”的“组织化”效果。从消极方面看：首先，落后的社会意识会产生反射效应，进一步阻碍农村社会的现代化发展。非正式制度中的观念体系、社会习俗、伦理价值、地方性规范等本身是对现存社会结构、社会秩序的一种反映，但是这些非正式制度一旦形成后，人们又会反过来在这些非正式制度约束下来理解和改造现存的社会制度和社会秩序结构。其次，异化的人情交往成了经济负担，加快了农村社会分化。最后，消极的非正式制度进一步阻碍农村社会的市场化、法制化、现代化进程。

农村社会的非正式制度产生于物质生产的规范性需求，产生于社会生活和社会关系的规范性需求，是社会传递的信息，是我们所谓的文化传承的一部分。从特定的时空来审视，当代中国非正式制度的来源既有直接从之前的社会历史中继承和吸收，也有在特定的社会生活、社会交往和社会发展状态中不断形成的新规则、新惯例、新观念等。它们具有强大的凝聚功能，强化了社会成员之间彼此的认同感，为彼此提供社会信息；它包含社会的价值取向和评价功能，激励或抑制着人们的行为方式，规范社会成员的社会行为。从形式上看，非正式制度五花八门，常见的人情往来、面子观念、家族认同、宗教信仰、民族习惯、乡土习俗等都可以纳入这一范畴。作为具有一定公共产品性质的制度，它的需求性均源于特殊形态下的经济发展水平和相应的社会结构。社会结构的整体性变化必然导致非正式制度不断的演变和发展。

农村社会中正式制度与非正式制度在“实然”的运行过程中会形成

多维制度关系。首先正式制度与非正式制度会产生冲突。这种冲突关系从理论上分析有其逻辑必然性，非正式制度的产生在相当程度上源于文化积累和生活习惯自然形成，而正式制度的产生大多是理性构建的结果，常常代表着国家意志。当正式制度进入农村社会，与农村传统文化和非正式制度对特定行为的约束发生冲突，非正式制度不是作为正式制度的有力支撑，反而成为弱化正式制度权威和作用的一个重要变量，导致正式制度实施效果差，制度执行成本高，就产生了“制度冲突”。

正式制度与非正式制度也会相互融合、相互支撑，这是制度建设的理想状态。当正式制度进入农村社会，与农村社会中的非正式制度对特定行为的约束相一致，二者相互支撑，正式制度执行良好，制度执行成本低。这种“相容”的表现一方面是正式制度所蕴含的制度伦理与非正式制度所蕴含的伦理和诉求有机契合，为制度的实施和运行提供了社会层面的认同机制和文化基础；另一方面是制度约束下个体行为的和意志性，即制度规范的客体或个人，其行为及社会交往满足了制度的规范性要求。在一个良性的制度体系中，当正式制度所倡导的行为预期及利益诉求与微观个体、群体中的成员的利益和偏好相一致的时候，正式制度和非正式制度就会实现紧密融合。

无论是制度冲突还是制度相融，从一个漫长过程来看必然预示着制度之间的相互转化和替代。制度总是不断演化的，正式制度可以转变成非正式制度，非正式制度也会转变为正式制度，这种转化反映了制度演化的本质和规律。制度演化是多元主体推动的结果，民众、精英、政府在推动制度变迁过程中发挥重要作用。而且，制度演化、变迁具有明显的“路径依赖性”，造成路径依赖的原因主要有两个：一个是组织的力量（利益集团的影响）；另一个是非正式制度的影响。从组织的力量来看，任何一项制度安排必然会形成与之相对应的组织力量或利益集团。换句话说，现行的制度安排是一定利益集团实现其利益诉求和稳定的手段和工具。在新的制度变迁、演化带来的潜在收益和利益不明晰的前提下，维护这一制度有利于他们的利益。非正式制度的影响，在制度演化中起着重要作用，因此构成了路径依赖的重要来源。

实现正式制度与非正式制度的有效整合，为农村“善治”搭建良性互动的制度平台，是实现农村社会和谐发展、有序发展的重要条件。正确把握制度整合的基本原则，明确制度整合的基本取向，是有效推动农村治理正式制度与非正式制度整合的基本前提。二者之间的整合必然是以市场化为导向，以文化建设为推力，以制度权威建设为基础。实现制度之间有效整合，不断推动制度的创新和变迁，离不开对推动制度整合、变迁的动力机制的分析和思考，推动制度有效整合的动力机制是错综复杂和多种多样的，通常意义上可以从主客观方面进行把握。客观方面主要指由诱发性社会环境的变化从而自觉推动制度整合、变迁的动态过程，我们主要分析和探讨通过社会结构的变动和调整，推动制度整合及其变迁的内在逻辑及其路径措施；主观方面指由主体本身主观层面原因诱发制度整合和变迁的动态过程。主要涉及源自知识的积累和认知水平的提高以及由于利益和需要不断得到满足，制度创新和变迁成本得到合理性分摊，从而诱导主体对制度进行选择、调整和创新的过程。站在现代化的立场，结合当前学术界的问题挖掘和本项目研究得来的基本认知，实现正式制度与非正式制度的有效整合有如下几种路径：一是进一步完善正式制度，充分发挥正式制度改造和整合农村社会的作用；二是通过制度“吸纳”把积极的非正式制度予以正式制度化；三是进一步改造非正式制度，培育和构建起与正式制度相匹配的非正式制度；四是通过过渡性制度安排，实现二者一定程度上的相容；五是理性选择制度变迁方式，为二者的整合搭建良好的制度环境。

我国是一个“后发型”国家，社会发展和转型交叉进行，发展从一开始就带有明显的“追赶型”目的，过分强调了国家在推动社会发展中的作用。在迈向现代化发展的进程中，我们更多地考虑和关注国家层面的“制度设计”和“制度供给”，甚至带有某种程度的“制度迷信”，渴望通过完整、科学的制度设计和有效运行去化解社会矛盾，解决社会问题。但是，农村的传统惯性和社会结构不可能在很短的时间内完成转型，农村法治建设受到非正式制度的影响要远远高于城市，非正式制度依然是农村社会运行的重要基础。国家通过正式制度来构建社会秩序，尽管组成了社会秩序的主要方面，然而无论是正式制度设计还是正式制度的有效运行，都离不开本土性资源和相应的非正式制度与之相适应和匹配。从制度建设的高度看，对不合理的非正式制度进行改造并建立起为大众所“共享”和“认同”并符合现在法治精神的非正式制度，成为后发国家法治化进程中迫切需要解决的现实问题，这不仅需要从宏观层面加强对制度运行的本土文化和社会支撑体系的研究和探讨，更需要从微观层面注重对社会大众的行为习惯、价值观念和社会认知的改造和变革。

2016 年 3 月 1 日

目　录

第一章

导论

“农村治理中正式制度与非正式制度的整合方式研究”是农村治理研究中既传统又现代的课题。之所以传统是因为人类对制度的研究由来已久，可以追溯到几千年前，有很深的学术传统；说它现代是因为自 20 世纪 80 年代以来，制度作为一种分析单位，不同领域的学者给予“制度”问题高度关注，并形成了新的理论流派——新制度主义。新制度主义不仅扩大了制度的内含（制度除了包含由政府、国家、统治者有意制定的一系列制度、政策法规的正式制度外，还包含人们在长期的交往中形成的、内在的非正式制度），而且吸收了行为主义的研究方法，形成了制度与行为相结合的研究新方向。新制度主义研究范式对农村治理研究产生重要影响，一定程度上弥补了当前农村治理中制度研究的不足，同时也使其面临新的问题。择其主要我们重点要探讨：（1）作为治理行为而言，广义上理解的非正式制度对农村治理具有什么样的影响和功能？（2）非正式制度与正式制度在具体发挥作用的过程中，“实然”状态下是一种什么样的关系？（3）进一步探讨基于“善治”行为目标的实现，应该如何整合非正式制度与正式制度之间的关系。本章节主要介绍本项研究的一些基本情况。

一 研究课题的提出

我们知道，传统中国农村社会具有典型的“乡土性”。“聚村而居”“土地依赖”“重家族归属”“乡绅治理”等特质构成了农村社会的基本面貌，农村的有效治理和基本秩序的维护主要依靠一套内生型的“非正式制度”，国家宏观的权力运作和制度体系未能真正渗透到农村社会。新中国成立后，国家开始对农村社会进行全面意义上的渗透和型塑，这一进程，徐勇先生曾用“政权下乡”“政党下乡”“行政下乡”“政策下乡”“法律下乡”等概念、范畴进行系统的分析，以期通过国家力量的整合作用，推动农村社会的现代化发展。然而，国家通过制度设计大规模向农村进行国家渗透，以期实现对农村社会的有效整合，现实却是自上而下、自外而内的政策、法律、制度，在农村实践过程中往往表现出很大的差异性，具有相当不同的实践结果和运行机制。这正如陆学艺教授所说：“所设计的社会和所实现的社会之间存在很大差距，这些社会制度并未成为整个制度体系的实质性、融入性的组成部分，没有与现行的经济制度、政治制度有机衔接，建立起彼此间的衔接接口和程序运作，以及共同遵循的游戏规则。”① 由于国家理性建构的制度体系并未实现与农村社会的有效契合，农村社会并不完全由国家的制度设计型塑出来，国家诸多现代化导向的制度设计和制度建设往往受到地方性非正式制度的影响，或者缺乏地方性资源的支持，而演变成为“空制度”②。

与现代化诉求相背离的社会现实却是：“制度屹立”，“法治国家”在很大程度上仍然限于政策目标层面，难以真正转化成“社会现实”。诸如人民公社制渴望对农村社会的全面控制、达到再生农村社会的目的，结果正如张乐天所言“要告别理想”，由于缺乏相应的社会基础，既克服不了传统惯性的影响，又造就不了一个高效的基层组织而宣告结束；家庭联产承包责任制确立以后“乡政村治”的管理体制带来新的治理危机。“根据自治的理念和结构作为一种构建之物在体现知识分子的价值关怀之时却可能无法容纳村庄内在发展的复杂需求，从而衍生出连接宏观政治的需求机制却可能与微观的村庄发展形成两张皮”③。

用开放的眼光审视中国农村在社会转型期出现的“三农”问题，可以理解为一个现代化问题，同时更是一个制度性的问题。可以说，自新中国成立以来，我国农村始终是整个中国制度变迁的始点和动力，农村的制

① 陆学艺：《当代中国社会结构》，社会科学文献出版社 2010 年版，第 171 页。

② 吴毅、贺雪峰等：《村治研究的路径与主体——兼答应星先生的批评》，《乡村中国评论》（第一辑），广西师范大学出版社 2006 年版，第 261 页。

③ 同上。

度变迁不但直接决定了自身经济社会发展进程，也对国家的工业化、城镇化乃至现代化带来深刻影响。

推进农村社会发展和全面转型，既需要站在国家的立场，更需要站在农村的立场。对于拥有68万个村庄的中国社会而言，农村仍然具有较强的文化修复性和传承性，正如费孝通先生描述的那样，在差序格局的社会结构下，农民相互之间长期在一起生活，都已经熟悉到了不用思考就可以按地方规矩来行为，就可以理解其他人会如何行事的地步，以至语言的沟通都变得不太必要了。[①] 农村内生型非正式制度对农村治理依然产生较大影响，在这样的客观逻辑下，农村内生型非正式制度对农村有何影响？农村社会的转型，是否带来了非正式制度的变化、发展，它有哪些当代形态？正式制度的实施在农村社会中受到哪些非正式制度的影响？进而如何整合二者之间的关系？诸如此类的问题，如何通过对不同区域、不同类型的村治实践进行对比分析和解释，都值得我们今天研究。

对农村治理中的制度进行研究，从20世纪80年代以来，一直是学界关注的热点问题，特别是对农村社会中宗族力量的复兴及其影响的研究较具规模性，但是与农村发展的现实相比，研究的理论范式和分析工具在解释农村社会的变迁和制度供给方面往往是苍白无力的，用徐勇先生的话说大多研究“只见社会，不见国家”“只见树木不见森林”“只见描述，不见解释”“只见传统，不见走向”，[②] 也有学者提出“农村政策基础”的切入路径，期望通过对自上而下、自内向外的政策、法律和制度在农村实践的过程、机制、结果的调研来理解村庄本身的性质和变化，并在此基础上对村庄治理的社会基础进行分析，从而理解和提炼出“村庄治理的模式”[③]。

二 研究述评[④]

中国率先在农村推进社会改革，制度变革也大多先从农村实现突破。

---

① 费孝通：《乡土中国 生育制度》，北京大学出版社1998年版。

② 徐勇：《当代中国农村研究方法论问题反思》，《河北学刊》2006年第2期。

③ 贺雪峰：《村治模式：若干案例研究》，山东人民出版社2009年版。

④ 部分内容曾发表，参见高满良《改革开放以来农村治理：制度研究述评——基于新制度主义的视角》，《云南行政学院学报》2011年第5期。

因此，从改革开放以来有关农村制度变迁研究一直是学界关注的热点，对于农村的制度研究已有相关学者从不同的视角进行了文献研究，本项目研究不再重复，下面围绕与本项目研究内容和研究思路密切相关的几个问题及相关研究做一些梳理和反思。对于探究农村治理中正式制度与非正式制度的整合方式问题，首先必须弄清楚三个重要的问题：一是正式制度的变迁对农村社会的影响；二是非正式制度对农村社会的影响；三是正式制度与非正式制度之间的关系。在此基础上，才能进一步探讨基于“善治”目标的实现如何整合二者之间关系，梳理现有研究成果自然也是按照这样的逻辑展开。

从已发表的论文来看，通过中国期刊全文数据库（1994—2014 年）精确检索中有“非正式制度”这个篇名出现的论文有 457 篇，大多集中在 2000 年以后。以“正式制度与非正式制度”作为篇名检索出 32 篇，以“制度整合”为篇名的有 585 篇。以“非正式制度”并含“农村”为篇名检索出 43 篇，以“正式制度与非正式制度”为篇名并含“农村”检索的有 2 篇，以“制度整合”为篇名并含“农村”的有 30 篇。可以看出，近几年来非正式制度的研究已是制度研究的热点问题，但对正式制度与非正式制度之间的关系进行研究的相对较少，而对农村治理中正式制度与非正式制度进行研究的更是少之又少。

（一）农村治理与制度变迁研究综述

农村制度变迁研究，以农村税费改革作为标志，可以明确地划分为两个不同的阶段。

1. 农村税费改革前的制度变迁研究

人民公社制的瓦解，家庭联产承包责任制的确立，以及由此催生的村民自治制度的确立和进一步发展，农村逐渐形成了“乡政村治”的治理框架。农村税费改革前，与这一治理框架紧密相关的制度变迁研究主要围绕土地制度、人民公社制和村民自治制度展开。

（1）农村土地制度变迁研究

改革开放至农村税费改革这一阶段，农村土地制度的研究主要围绕家庭联产承包责任制展开，研究可明显地划分为两派：官方和学界。官方主要由中共中央农村政策研究室、国务院农村发展研究中心以及由官方组建的中国农村发展问题研究组构成。学界主要由林毅夫、陆学艺、蔡昉、张红宇等早期农村问题研究专家组成。尽管从新中国成立以来，无论是官方还是学界在土地所有制问题上一直存在较大争议，但是杜润生领导的中共中央农村政策研究室和国务院农村发展研究中心积极支持和引导在安徽、四川发起的农村改革向全国铺开。他在1980年秋召开的中央长期规划会议上，提出先在贫困地区试行包产到户，并主持起草了1982—1986年的五个重要的“一号文件”，正式肯定了土地的家庭承包经营制度，结束了包产到户长达30年的争论，成为制度诞生的“幕后推手”。另一股势力来自学界，主要围绕制度变迁与经济增长之间的关系展开研究。林毅夫从制度经济学的角度对家庭联产承包责任制进行了分析，认为家庭承包经营调动了农民的劳动积极性，提高了劳动生产力，是导致农业高速增长的主要原因。[①] 陆学艺较早系统地阐述了家庭联产承包责任制的所有制特征、产生的历史必然性，制度变迁带来的利弊得失、实践层面的成功经验等，几乎可以代表当时学界对这一制度研究的水平和层次。[②] 除了上述成果外，也有学者研究了家庭联产承包责任制对农村劳动力流动的影响[③]、稳定农民承包权的意义等[④]。

（2）人民公社制研究

与家庭联产承包责任制在20世纪80年代初获得巨大成功相反，人们是以某种反思和批判的态度展开对人民公社制的研究。研究涉及经济学、历史学、社会学、政治学等多个学科。如果从制度变迁的角度来审视国家权力运行与农村有效治理的关系问题，政治学和社会学领域的研究和分析具有重要的价值。以陆学艺、黄树民为代表的学者采用社会学、文化人类学的调查分析方法，通过翔实的调查资料分析了人民公社制对农村社会变革带来的冲击和影响，以及在宏观制度变迁之下农村传统文化、村落习俗的生存状态和演变过程。[⑤] 关海庭的研究表明：人民公社制“在中国历史上第一次将政治管理的轨道铺到每一个村庄村民的家门口”，“将组织的

---

① 林毅夫：《制度、技术与中国农业发展》，上海三联书店1992年版。

② 陆学艺：《联产承包责任制研究》，上海人民出版社1986年版。

③ 杜鹰：《走出乡村》，经济科学出版社1997年版。

④ 姚洋：《中国农村土地制度安排与农业绩效》，《中国农村观察》1998年第6期。

⑤ 陆学艺：《内发的村庄》，社会科学文献出版社2001年版；黄树民：《林村的故事：1949年后的中国农村变革》，生活·读书·新知三联书店2002年版。

控制能力推向了极端”。[①] 国家企图通过人民公社制对农村社会的改造是具有根本性的。在众多的研究成果中，张乐天的研究因具有较强的学术价值而产生较大影响。他在《告别理想——人民公社制度研究》一书中，以浙江省的一个普通村庄——联名村作为调查和分析的对象，阐释了人民公社制度产生的逻辑过程，展现了人民公社制度下农村社会的真实面貌，是人民公社研究领域中里程碑式的著作。[②] 该书无论是在研究理念及方法还是在史料的收集与可信度上，都明显区别于依据拼凑当时的媒体报道推理或想象出来的历史陈述和传统史学大事记式的文件堆砌。[③]

（3）村民自治制度研究

人民公社制度的解体、家庭联产承包责任制的实行，整个农村社会的治理机制产生重要变化。国家权力从农村撤出后，农村出现了权力真空，1980 年村民自治自发地出现在广西宜州合寨村，1982 年这一基层民主制度被纳入宪法体系，获得了其存在的合法性。同时 1988 年，国家颁布《中华人民共和国村民委员会组织法（试行）》标志着村民自治制度在全国范围内开始实施。这一制度的实施，使农村的社会组织形态、政治关系状况及权力的运行机制发生了重大而深刻的变化。

学界开始从制度实施的实际绩效、村民自治制度在中国政治系统内的角色与功能、村民自治制度与村民的民主实践、从实现国家民主政治发展来看村民自治制度、村“两委”——“村委会”与“村党支部”的关系问题等方面展开研究。其中代表性的人物有贺雪峰、于建嵘、党国英、秦晖、沈延生、徐勇、李昌平等。与国家和农村社会积极推行村民自治制度相比，学界对这一制度的研究表现出很大的差异性，支持者有之，怀疑者有之、否定者亦有之。有些学者对这一新的制度持怀疑和否定的态度，甚至视为“理论怪胎”。这方面的代表首选沈延生，他对村民自治制度进行了理论层面和实践层面的系统否定和批评。[④] 也有学者从村民自治实施的

① 关海庭：《20 世纪中国政治发展史论》，北京大学出版社 2002 年版，第 408—409 页。
② 张乐天：《告别理想——人民公社制度研究》，东方出版社 1998 年版。
③ 辛逸：《人民公社研究述评》，《当代中国史研究》2008 年第 1 期。
④ 沈延生：《村政的兴衰与重建》，《战略与管理》1998 年第 6 期。

条件和基础方面，提出了这一制度在农村社会实施和发展的限制因素。比如曹锦清就认为贫困地区的村民委员会根本没有真正意义上的自治事务所需的财力。① 于建嵘认为："村民自治作为国家在家庭联产承包责任制后，实行的一种农村政治安排，是在中国自上而下的权威体制内生成的这种'自治制度'，对广大村民来说，其选择空间是十分有限的。特别是有关村级组织的性质、结构和职权这些方面都不是村民自主选择的结果，而只能是在国家法律权威下形成的制度性安排。"② 显然，他对于村民自治是否属于真正的自治团体表示怀疑。当然，大多研究者还是从现实出发，肯定了村民自治制度对于促进农村民主化、农村有效治理的积极价值。贺雪峰说："在中国数千年的封建专制传统下，村民群众若能够将自治事务通过民主的办法管理好了，难道不可以训练占中国人口 70% 的农民的民主能力，提高他们的民主素质，使他们逐步为将来的国家民主做些准备吗？如果占 70% 的农民没有在基层的训练，笔者实在无法想象国家层面的民主如何可以开展，国家宪政何以立基。"③

2. 农村税费改革后的制度变迁研究

(1) 进一步深化对土地制度的研究

农村市场化、城镇化发展的快速推进，加速了农村各生产要素的自由流动，农村对建设用地的需求迅速增强，农村耕地面积大幅度减少，传统的土地制度面临严峻考验，需要进一步调整和完善。在这样的大背景下，农村土地制度的研究空前活跃。一方面，出现了大批的学术专著，比如廖洪乐的《中国农村土地制度六十年：回顾与展望》（中国财政经济出版社 2008 年版），张红宇的《中国农村的土地制度变迁》（中国农业出版社 2002 年版），张钧的《农村土地制度研究》，（中国民主法制出版社 2008 年版），钱忠好的《中国农村土地制度变迁和创新研究》（中国农业出版社 2010 年版）。另一方面，专题化的研究逐渐增多。有学者从"物权"的视角分析了土地对农民的生活保障功能，认为土地制度是决定农村治理

---

① 曹锦清：《黄河边的中国——一个学者对乡村社会的观察与思考》，上海文艺出版社 2000 年版。

② 于建嵘：《中国农村政治的现状和发展趋势》，http：//www. gzu521. com/paper/article/sociology/200607/21525. htm。

③ 贺雪峰：《村民自治的功能及其合理性》，《社会主义研究》1999 年第 6 期。

制度的最重要因素，土地是农村经济社会的根本，农业生产形式和农民生活方式都与土地这一关键要素息息相关，农村的各项经济社会制度都是围绕“土地”来进行构建的。① 一些学者对农村土地流转的实施路径以及如何保障农民的收益权进行了分析，提出了建设性的意见。有学者就如何推进农村宅基地改革，提出要相信农民集体的智慧和创造力，给农民集体的制度创新留足空间，这不仅是因为我们对当前农地制度的认识还非常有限，而是我国的伦理和政治学正处在转型阶段，还没有定型，在这种情况之下政府所能做的也许只能是接受农民自己的选择。②

（2）基层民主制度研究进一步拓展

十多年来，农村经济社会结构发生深刻变动，社会转型在快速推进，农村社会治理的机制和制度环境发生了巨大变化。农村基层民主制度研究出现重大转变。这主要表现在：一是村民自治制度研究发展到整个农村治理制度的研究。它表明，村治研究发展到了“力图构建作为一种可能性研究范式的‘村治’论域，即以关照农村社会公共权力为主线，广泛覆盖农村政治、经济、社会、文化发展诸方面的综合性研究”③。比如徐勇系统地分析了国家通过“政权下乡”“政党下乡”“行政下乡”“法律下乡”“政策下乡”“服务下乡”等方式和途径对农村社会进行塑造和整合的过程。④ 二是从民主制度研究发展到组织制度、管理制度研究。农村税费改革以后，针对如何推进农村管理制度的变革，比较有代表性的观点有：徐勇提出的“强村、精乡、简县”⑤，郑凤田等提出“强县政、精乡

---

① 郑雄飞：《从“他物权”靠“土地换保障”》，《社会学研究》2009 年第 3 期。

② 姚洋：《中国农地制度：一个分析框架》，《中国社会科学》2000 年第 2 期。

③ 吴毅、贺雪峰：《村治研究论纲》，《华中师范大学学报》（人文社会科学版）2000 年第 3 期。

④ 参见徐勇《“政权下乡”：现代国家对乡土社会的整合》，《贵州社会科学》2007 年第 11 期；《“政党下乡”：现代国家对乡土社会的整合》，《学术月刊》2007 年第 8 期；《“行政下乡”：动员、任务与命令》，《华中师范大学学报》（人文社会科学版）2007 年第 5 期；《“法律下乡”：乡土社会的双重法律制度整合》，《东南学术》2008 年第 3 期；《“政策下乡”及其对乡土社会的政策整合》，《当代世界与社会主义国家》2008 年第 1 期；《“服务下乡”：国家对乡村社会的服务性渗透》，《东南学术》2009 年第 1 期。

⑤ 徐勇：《乡村治理结构改革的走向——强村、精乡、简县》，《战略与管理》2003 年第 4 期。

镇、村合作[①]”，贺雪峰提出“强县、弱乡、实村”[②]。三是实现了研究从重“国家视角”或“社会视角”到“国家视角”和“社会视角”的有机结合。这方面的典型代表是徐勇与贺雪峰，前者侧重于从国家制度、政策进入农村，引起农村的变化情况来理解现代国家对农村的建构和整合过程[③]；后者侧重于从农村社会的内在结构、文化特质、农民的行动逻辑等方面研究农村政策在农村实践的具体机制及其实践结果，以理解中国农村非均衡的内部结构[④]。四是研究方法的单一学科发展到多学科的融合与交叉。当前农村治理结构、组织体系、制度创新还处在“远未成形”的阶段，需要进一步的探索和构建。因此，当前农村基层民主制度研究总体上是以“问题”为导向的，这种以问题为导向的学术研究，促进了社会学、政治学、人类学、历史学、经济学等不同学科在研究方法上的交叉和融合。

（3）公共服务制度成为新的研究热点

农村税费改革后，农村公共服务（财政）制度研究成为农村制度研究的热点问题。我国农村公共服务制度与农村公共财政制度是紧密相连、不可分割的，农村公共财政制度就是将农村公共服务纳入财政覆盖范围的制度。陈锡文认为实现农村基本公共服务均等化，促进资金、人才等要素向农村倾斜，是统筹城乡经济社会发展的基本保障。农村发展滞后的根本原因在于教育、卫生、文化、就业服务、社会保障和公共基础设施建设等方面的财政投入严重不足，农业农村经济发展相对缓慢的重要原因在于，不仅资金人才等生产要素投入不够，而且大量外流。[⑤] 杨冬雪认为乡镇履行着三种基本职能：汲取社会资源，控制基层社会；将国家的公共品传递给公民；为公民参与国家政权运行提供渠道，并充当参与活动的平台。取消农业税后，提供有效的公共服务是乡镇政权能够有效地控制和整合农村

① 郑凤田、李明：《新农村建设视角下中国基层县乡村治理结构》，《中国人民大学学报》2006 年第 5 期。

② 贺雪峰：《乡村秩序与县乡村体制》，《江苏行政学院学报》2003 年第 4 期。

③ 徐勇：《现代国家、乡土社会与制度构建》，中国物资出版社 2009 年版。

④ 贺雪峰：《村治模式——若干案例研究》，山东人民出版社 2009 年版。

⑤ 陈锡文等：《农村制度变迁 60 年》，人民出版社 2009 年版。

基层社会的权威来源，因此要努力推动乡镇组织转型和制度创新。[①] 有学者认为基本公共服务均等化要求基本公共服务的内容和水平的均等化（消费均等和结果平等），服务设施和条件及资源占有的均等化（条件均等和起点平等）以及赋予人们相同的权利和机会（权利平等及制度平等），不因其身份的不同享有不同的待遇。[②] 有学者提出要从农民的内在需求出发，建立公共产品供给主体对农民需求敏感的反应机制，使农民的需求表达成为公共产品供给的关键环节。[③]

（4）综合性制度研究得到重视

近年来从宏观上对农村制度变迁进行研究和梳理成为学界农村制度研究的新视角。如陈锡文等著《农村制度变迁 60 年》，（人民出版社 2009 年版）对新中国成立以来我国农村制度变迁的基本历程、制度建设的基本成效进行了分析，在此基础之上对未来制度建设提出了建设性的意见，内容涉及农村经营制度、农村土地制度、农村生产支持保护制度、粮食流通制度、农产品对外贸易制度、农村财税制度、农村金融制度、农村社会事业发展制度、乡村治理制度等方面。黄季焜等著《制度变迁和可持续发展：30 年中国农业与农村》（格致出版社 2008 年版）总结改革 30 年中国农业和农村发展的辉煌成就，系统考察中国农业和农村经济体制和整体制度变迁的基础上，评估过去 30 年中国农业和农村发展的改革和政策措施，总结有益经验，并在此基础上揭示未来农村和农业的发展方向。

（二）农村治理中非正式制度研究

1. 国外对非正式制度的研究

非正式制度这一概念最早由美国制度经济学者道格拉斯 · C. 诺思（Douglass C. North，也译为“诺思”）在《制度变迁的理论》中首次提出。但较早系统地对非正式制度进行研究并产生较大影响的学者首推德国社会学家马克斯 · 韦伯，他在《新教伦理与资本主义精神》一书中，阐述了自 16 世纪以来的宗教改革所确立的新教伦理与资本主义制度确立、

---

① 杨冬雪：《走向公共参与取向的乡镇治理》，《探索和争鸣》2009 年第 4 期。

② 项继权：《基本公共服务均等化：政策目标与制度保障》，《华中师范大学学报》（人文社会科学版）2008 年第 1 期。

③ 刘义强：《构建农民需求导向的公共产品供给制度：基于一项全国农村公共产品需求问卷调查的分析》，《华中师范大学学报》（人文社会科学版）2006 年第 3 期。

发展之间的互动关系。韦伯认为正是宗教改革形成的诸如尽天职、勤奋、守信、克制、节俭、努力、上进、奉献等宗教伦理在推动资本主义经济社会发展中发挥着重要作用，揭示了文化与制度之间的互动关系，对后来的制度研究产生了重要影响。以诺思为代表的新制度主义者拓展了制度的内涵和外延，使制度研究的内容更加丰富。按照制度规则存在的形式，制度可分为正式制度与非正式制度。正式制度指具有强制力的法律、法规和政策等，它通常由公共权威制定，主要包括国家法律、政府政策条例、法规和政策等。非正式制度指自发形成的，包括具有持久生命力的文化传统、道德观念、价值信念、伦理规范、风俗习惯、意识形态等。[①] 这种分析方法逐渐地被大家所熟悉和认可，拓展了制度研究的领域。

国外学者诸如黄宗智、费正清、杜赞奇、库尔普、弗里德曼等对中国农村社会的研究都或多或少地涉及非正式制度问题，但最具代表性的是美国学者杜赞奇与费正清。杜赞奇在《文化、权力与国家：1900—1942 年的华北农村》一书中利用日本南满铁道株式会社调查部编撰的《中国惯性调查报告》、南开大学经济研究所在 20 世纪二三十年代所做的社会调查材料以及中外学者已有的研究成果，通过细致的个案研究，探讨了中国国家政权与乡村社会之间的关系。"权力的文化网络"包括不断相互交错的影响作用的等级组织和非正式相互关系网。诸如市场、宗教和水利控制的等级组织以及诸如庇护人与被庇护者、亲戚朋友之间的相互关联，构成了实施权力和权威的基础。"文化网络"中的"文化"一词是指扎根于这些组织中、为组织成员所认同的象征和规范（symbols and norms）。这些规范包括宗教信仰、内心爱憎、亲情仇恨等，它们由文化网络中的制度和网结交织维系在一起。通过研究证明了直至 19 世纪末，不仅地方政权，而且中央政府都严重依赖文化网络，20 世纪国家政权抛开，甚至毁坏文化网络以深入乡村社会的企图是要遭到失败的。[②] 费正清在《美国与中国》一书中，从城市和乡村两个不同的角度对中国早期历史、近代革命

---

① ［美］道格拉斯·C. 诺思：《制度、制度变迁与经济绩效》，杭行译，上海人民出版社 2008 年版，第 7、50—51、60、193 页。

② ［印度］杜赞奇：《文化、权力与国家：1900—1942 年的华北农村》，江苏人民出版社 2008 年版，第 4—5 页。

史进行了描述和分析，尽管他的研究主要是为美国开展对华关系服务的，但对乡村社会中的乡绅阶层、儒家传统、官僚体制、宗教信仰等方面的分析和研究比较客观，研究成果具有重要的参考价值。

2. 国内对非正式制度的研究

新中国成立以来，国家的现代化努力不断地解构和重塑着农村社会，以家庭联产承包责任制的确立为标志，农村社会成为国家体制改革的“前沿阵地”，国家权力在某种程度上从农村社会“上收”，农村出现了新的治理机制，社会转型的同时，农村出现了巨大的制度缺口。由于农村社会开放程度不高，相对封闭，受到外来冲击相对较少，使一些传统的社会结构和习俗能够长期保留下来，农村成为国家制度约束和控制的薄弱环节，正式的制度设计和法律规范的价值和作用不容易发挥出来，这样的社会性质和结构，费孝通先生曾用“乡土中国”来标示它。即使农村社会发展到今天，我们仍然拥有68万多个村庄。伴随着农村社会的重大转型，以传统形式表现出来的非正式制度逐渐复兴，并作为一种与正式制度相对应的力量，客观上对农村治理产生重要影响。农村社会所固有的许多非正式制度（如习俗信仰、观念仪式等）和行为方式，不再视为一种愚昧落后、陈旧过时的东西，并非“现代性”的对立物，而成为乡村治理中重要的治理资源和治理手段。① 学界也越来越多地站在乡村的视角来审视农村制度现象，对非正式制度的研究给予了极大的关注。

一些学者对非正式制度内涵及其表现形式进行了分析。李培林把费孝通先生在分析中国社会基层结构所使用的“差序格局”理解为乡土社会的一整套“非正式制度”，并对传统道德、家族网络、人情信用等构成要素进行了分析和探讨。② 党国英把中国社会中存在的非正式制度概括为道德、宗教、礼仪、典籍文化和宗法制度，并分析了这些非正式制度对社会稳定的影响。③ 专题方面，张静通过对各类村规民约的研究，梳理了它们的共同点：（1）特殊主义——只是其内部成员有资格共享，对外部成员具有排他性，或采用另一种标准。（2）集体主义、绝对主义的权威导

① 李怀：《非正式制度探析：乡村社会的视角》，《西北民族研究》2004年第2期。

② 李培林：《村落的终结——羊城村的故事》，商务印书馆2004年版，第88—89页。

③ 党国英：《非正式制度与社会冲突》，《中国农村观察》2001年第2期。

向——运用假定中一致的集体道德标准或加之评价处理事项，并倾向于巩固这类集体一致性。（3）模糊性与非形式化——应运于正式法领域之外或之前，对其条文的执行可以因人、因事、因时修改和变通。（4）弥散性——允许将惩戒范围扩散到与当事人有关的任何事物。（5）相对于国家法律，乡规民约具有特定的治理原则和管辖范围。[①] 丰富了我们对非正式制度内涵及其基本特征的理解。

有学者对非正式制度在农村社会中的作用和价值进行了分析和研究。国内相关研究首先应提及胡必亮教授及其撰写的新作《非正式制度与中国农村发展》，在这部著作里，胡必亮教授向我们展示了20世纪70年代以来非正式制度与中国农村发展之间的关系，并通过精心挑选的五个村庄作为案例分析，让人们了解到了非正式制度对中国农村经济、社会发展所具有的重要性。[②] 李培林《村落的终结》一书中，对经济发展相对迅速的乡村进行研究发现，这些地区许多行为规则是属于靠传统伦理、家族网络和人情关系等维系的一套“非正式制度”规则，这些非正式制度是市场活动的基础，甚至市场活动是嵌入到非正式制度的社会网络中的，这种运行和合作方式，能有效降低社会资源的传递成本，有利于工商业的发展。[③] 彭玉生、折晓叶、陈婴婴《中国乡村的宗族网络、工业化与制度选择》，这些研究侧重于从经济的视角研究非正式制度问题。另外，学界也从政治学和社会学的视角对非正式制度的作用及其局限性进行了研究和探讨。周怡在《村庄的家族政治：权威、利益与秩序——华西村个案研究》一文中指出，中国乡村社会的族权、绅圈秩序虽然遭受到强行抑制或中断，但它作为中国人心灵深处的内省结构，从来没有被泯灭。现代化的华西村仍然采取了一种并不现代化的行政秩序：家族的政治道路，这种家族参政的事实，在很大程度上就反映了历史变迁过程中的文化制约因素所播导的路径依赖。[④] 相关的深度研究和理论启发可以参考：于建嵘《岳村政治》，贺雪峰《新乡土中国——转型期乡村社会调查笔记》，李果等《社

① 张静：《乡规民约体现的村庄治权》，《北大法律评论》第2卷第1辑。

② Biliang Hu, *Informal Institutions and Rural Development in China*. Routledge, 2007.

③ 李培林：《村落的终结——羊城村的故事》，商务印书馆2004年版，第89页。

④ 周怡：《村庄的家族政治：权威、利益与秩序——华西村个案研究》，黄宗智《中国乡村研究》（第三辑），社会科学文献出版社2005年版，第306页。

区治理中的非正式制度因素研究》，廖林燕等《少数民族传统自治制度的整合研究——基于转型期农村基层治理的视角》，韩俊魁《拉祜西头人制度：传统与国家力量影响下的变迁》，等等，这些研究以非正式制度在社会生活中的具体微观表现形式作为研究起点，或以其为旨归，构成了我们继续提出问题、解决问题的基础。

（三）农村治理中正式制度与非正式制度的关系研究

伴随着国家现代化建设的迅速推进，正式制度构成了农村秩序的主要方面，但农村仍然拥有区别于外的认知和信息系统，它一方面来自长期保留下来的文化传统；另一方面，不断发展的农村社会也在产生有影响、有权威的地方性系统。换句话说，具有某种“国家理性设计”特质的正式制度和“内生于农村社会”的非正式制度之间共同组成了农村社会的制度环境，针对特定行为的约束必然具有复杂的关系。那么正式制度与非正式制度之间的关系自然也就成为学术界研究和关注的重要内容。

现有学术界关于农村治理中正式制度与非正式制度的关系研究呈现出两个主要特征：一是把二者作为一个整体性的“问题域”进行宏观叙事般的规范分析。这种分析方法一般很少涉及实证材料，更多的是一种学理层面的理论分析和逻辑构建。二是通过选取二者中某一领域问题进行专题性研究。这种分析方法试图通过对某一些具体问题的研究来透视正式制度与非正式制度之间的“实然”关系。比如政治社会学领域中肖唐镖关于“宗族”与“村民自治制度”之间的研究①，法学领域中关于“民间法”和“国家法”之间的研究就是典型的代表②。

二者关系的研究主要从以下几个方面展开：一些学者从“冲突”的视角剖析了二者之间的关系。张静通过华北西村的案例分析，发现村庄的治理在自治与官治及其官治与村民的互动等关系中，形成了非正式制度，而它对村庄治理的影响在某种程度上甚至超过了正式制度，使正式制度无

---

① 参见肖唐镖《村治中的宗族》，上海书店出版社 2001 年版；《农村宗族与地方治理报告：跨学科的研究和对话》，上海学林出版社 2010 年版；《宗族政治——村治权力网络的分析》，商务印书馆 2010 年版。

② 梁治平：《清代习惯法：社会与国家》，中国政法大学出版社 1996 年版；苏力：《法治及其本土资源》，中国政法大学出版社 1996 年版。

法发挥其作用。[①] 张乐天通过实地调查，认为人民公社制之所以要“告别理想”，一个重要的原因在于它背离了家族共同体传统，并最终导致家族共同体瓦解。黄树民通过对“林村”个案的调查分析，认为新中国成立后“企图将农民的家庭改造为简单的经济和社会单位，并剥夺其传统意识中精神的和仪式的意涵”，“政府宣传不断攻击祭祖、宗教组织、风水信仰和父权观念，并斥之为‘封建迷信’即使这样的措施，这样的政策只能在表面上获得成功，或使这些传统习俗化明为暗”[②]。彭玉生指出当正式制度与非正式制度发生冲突时，社会网络的规范约束力在社会群体中具有更好的稳定性，社会群体更多地会遵守非正式制度，由此社会网络的规范约束力会增加正式规则的执行成本，软化正式制度，因此在处理二者关系时，要妥善处理非正式制度在社会群体中的影响力[③]。马智胜、马勇认为非正式制度与强制性变迁的正式制度之间存在的差异，往往发生冲突，从而会增加组织和经济的运行成本，降低经济效益。[④] 魏建国指出当代中国的法治现代化更多是正式制度层面的法治，而不是社会生活层面，还不是生活方式层面的法治，以至于变成了“法律迷信者”，一旦社会暴露某些问题即刻主张加强立法来解决，好像只要法律制定出来，问题就会迎刃而解，所以造成了法治国家“在很大意义上仍限于政策目标层面，而没能真正地转化为社会现实”，在此基础上他提出了法制现代化需要非正式制度与本土资源的孕育和支撑。[⑤]

有学者从相互支撑、相互融合的视角分析了二者之间的关系。张静通过对村规民约的研究发现村规民约体现的乡村治权与国家治权有联系又有明显的区别，二者之间的关系表现在：似乎互为补充或需要，必要时有意

---

① 张静：《村庄自治与国家政权建设——华北西村案例分析》，黄宗智《中国乡村研究》（第一辑），商务印书馆 2003 年版，第 191 页。

② 黄树民：《林村的故事：1949 年后的中国农村变革》，生活·读书·新知三联书店 2002 年版，第 22 页。

③ 彭玉生：《当正式制度与非正式规范发生冲突：计划生育与宗族网络》，《社会》2009 年第 1 期。

④ 马智胜、马勇：《试论正式制度与非正式制度的关系》，《江西社会科学》2004 年第 7 期。

⑤ 魏建国：《法治现代化不可忽视的环节：非正式制度与本土资源——以普遍信任为视角》，《学术论坛》2010 年第 5 期。

相互联系，但又尽量避免直接主动地干预他者。① 林毅夫提出如果正式制度与非正式制度关系融合，非正式制度安排就能减少正式制度强制执行和实施的成本。② 李怀则通过一个具体个案分析了正式制度与非正式制度的不同关系对社区发展产生的影响，从而指出实现二者相互融合，会给社区的发展带来强劲的势头，反之则会破坏乡村社会的发展。③ 甄志宏指出正式制度与非正式制度起源不同、实施机制不同，二者所处的约束机制和结构也不尽相同，主要存在相互冲突和相互融合两种关系，并对不同制度关系对社会组织的行动效果的影响进行分析，从而探索以市场化改革为导向的制度变迁路径。④

有学者从相互替代、相互转化的视角分析了二者之间的关系。王启梁通过对纳西族“情死”现象的解读，解释了非正式制度的产生与法律等正式制度之间存在紧密联系，正式制度规定的唯一“正确”的生活方式和价值标准，它和地方性的价值、信仰、意义发生冲突时可能创造出预想不到的非正式制度，并由此发现法律可能因为其“制造”的非正式制度而归于失败。甄志宏在对非正式制度与正式制度关系进行研究的基础上，提出了利用正式制度改造非正式制度的策略和路径：一是利用正式制度来制约和促成非正式制度；二是把非正式制度正式制度化。⑤ 李培林从乡村社会结构出发，结合中国行政科层制特点指出农村由于自治空间和正式制度的薄弱，成为非正式制度生长和发挥作用的土壤，中国正处于一些旧的正式制度被突破或破除而新的正式制度尚未建立或完善的时期。⑥ 马智胜、马勇在分析经济现象的时候，提出人们往往只重视正式制度对经济的制约作用，而非正式制度因素通常被人们所忽略，所以在经济建设的过程中，既要加强正式制度的变迁和创新，也要重视非正式制度的改造和培

① 张静：《乡规民约体现的村庄治权》，《北大法律评论》第 2 卷第 1 辑。

② 林毅夫：《关于制度变迁的经济学理论：诱致性变迁与强制性变迁》，生活·读书·新知三联书店 2002 年版，第 123 页。

③ 李怀：《非正式制度探析：乡村的视角》，《西北民族研究》2004 年第 2 期。

④ 甄志宏：《正式制度与非正式制度的冲突与融合——中国市场化改革的制度分析》，博士学位论文，吉林大学，2004 年，第 69—70 页。

⑤ 同上书，第 127—130 页。

⑥ 李培林：《村落的终结——羊城村的故事》，商务印书馆 2004 年版，第 88 页。

育，只有实现正式制度与非正式制度的兼容，才能促进经济增长。①

目前，学界大致认同：从农村社会实然的制度环境来看，正式制度与非正式度呈现出一种很不协调的关系：一方面正式制度的确立没有能很好地体现农村社会的价值需要，这在很大程度上成为非正式制度存在的价值导向；另一方面非正式制度并不都发挥积极的作用，不是作为正式制度的有力支撑，反而成为弱化正式制度权威和作用的一个重要因素。这正是典型的社会转型过程中农村社会非正式制度与正式制度关系的实然状态。了解农村正式制度与非正式制度的关系，并在此基础上探讨制度创新的理念和路径，对农村发展具有非常重要的意义。

三 农村制度研究存在的不足②

从现有研究成果来看，内生于农村社会的非正式制度对农村的经济社会发展具有重要的影响，在国家政权迅速向农村渗透的大背景下，已有学者对正式制度与非正式制度之间的关系进行了分析和研究，但从实现农村有效治理的视角，探讨正式制度与非正式制度的整合与互动策略的研究基本没有。总体上看，研究存在三个方面的问题：

第一，研究的本土化努力不够。制度研究本身有一定的理论性和抽象性，综观现有农村制度研究成果，大多是吸收了国外社会科学，特别是新制度主义关于制度研究的一些基本范式和理路。无论在制度的内涵方面还是在制度变迁路径的理解上大多有简单化、模式化倾向，许多研究成果低水平重复。同时，对制度的历史演进过程缺乏实证方面的具体分析，特别在非正式制度方面的研究最为明显，很多研究仅仅触及当今农村社会非正式制度的广泛存在，以及它在农村社会的作用和价值等问题，很少能够结合中国的社会结构变迁、农村社会的转型以及农村社会的文化传承等因素，进行历史的逻辑的深入分析。其实离开对历史和过程的分析和关注，我们是很难真正把握农村制度关系的演进和变化规律的，特别是对以“内生秩序”表现出来的非正式制度的认识和把握。

① 马智胜、马勇：《论正式制度与非正式制度的关系》，《江西社会科学》2004 年第 7 期。

② 部分内容曾发表，见高满良《改革开放以来农村治理：制度研究述评——基于新制度主义的视角》，《云南行政学院学报》2011 年第 5 期。

第二，实证研究的科学化程度低。要弄清楚非正式制度对农村社会的影响和作用，需要对农村社会中的非正式制度要素进行大量的实证调查，由于农村研究起步较晚，加之受到方法论和研究者本身的学术素养和学术水平的限制，一些研究者往往带着自身所积累和掌握的知识、理论进入实证调查的“场域”，而这些知识和理论不自觉地成为研究者看问题、分析问题的基本框架，从而使调查围绕“某种认知”、检验“某个观点”而展开。加之中国农村社会有着自身特殊的社会结构、文化样式，非正式制度的表现形式、构成要素都与西方社会有很大的差别。这些原因交织在一起，就造成目前农村制度研究无论在理论层面、概念理解还是在制度变迁的路径分析上都有很多盲点和困惑。特别是把非正式的制度作为研究和分析工具时，往往陷入无法操作的境地。正如有的学者指出的那样“走马观花又一村，一村一个新理论”①，研究方法、研究成果差异性较大，很难搭建起共同的学术交流平台，严重影响了农村实证调查的科学性和可靠性。

第三，理论提升和创新不够。从综述可以看出，大部分学者都已经认识到研究非正式制度以及非正式制度与正式制度二者关系的重要性。但研究的理论提炼和创新明显不足，主要表现为：一方面，对非正式制度的理解上仍然存在简单化的倾向。大部分学者都认识到非正式制度对农村社会产生着重要影响，但这些影响如何发生、作用机制怎样，研究不够。甚至给人造成一种印象：凡是在很多在制度研究中无法说明、难以解释的问题，都可以归因于非正式制度的作用和影响。同时，大多是从静态的视角对非正式制度进行研究，而没有结合改革开放以来农村现代化、市场化、城镇化发展的客观背景研究非正式制度。另一方面，对正式制度与非正式制度二者关系的研究基本上依赖于专题研究，缺乏整体性的学理分析和理论构建。研究者基本上是通过非正式制度的某一“要素形式”或“表现形式”来展开二者关系的讨论和研究，比如研究宗族对村民自治制度的影响。事实上，村民自治制度的实施影响因素是非常多的，即使非正式制度要素也是多元的，诸如宗族、宗教、人情交往都会对正式制度产生重要影响。

---

① 徐勇：《现代国家乡土社会与制度建构》，中国物资出版社2009年版，第46页。

因此，在农村经济社会转型加快发展，国家大力推进治理体系和治理能力现代化发展的大背景之下，急需从实现农村“善治”的视角探讨正式制度与非正式制度的整合及互动策略。

四 研究目的和意义

（一）研究目的

针对现有研究的不足，本项研究主要目的是从理论与实践两个方面的实际需要出发，对农村治理中的本土资源——非正式制度进行调研分析，在此基础上考察作为两种不同的运行机制和适用环境的“非正式制度”与“正式制度”在农村治理中的关系及实践状态。立足于农村“善治”目标的实现，应该如何整合农村社会中的正式制度与非正式制度，又为农村治理搭建和谐、高效、融合稳定的制度平台，既充分利用农村传统资源，又保证国家现代化意志的实现。为此，课题研究旨在解决三个大的问题：一是作为治理行为而言，广义上理解的非正式制度与正式制度分别起到什么样的作用和功能。二是非正式制度与正式制度在具体发挥作用的过程中，“实然”状态下是一种什么样的关系。三是基于善治目标的实现，应该如何去整合非正式制度与正式制度之间的关系。研究过程中密切针对上述三个问题展开，并将回答这些问题作为本项研究质量的主要依据和指标体系。

（二）研究意义

对于面向新世纪的中国农村而言，在促进农村经济、政治、文化、社会与生态环境建设的同时，制约着农村社会迈向现代化发展的问题是农村社会有效治理的问题。与欧美发达国家先有公民社会、后有民族国家的发展逻辑不同，我国是先建成民族国家而后开始现代性社会的构建和发展，因此法律、制度不容易渗透到社会层面。加之农村制度化建设较晚，特别在广袤的农村，一直相对封闭和自治，具有较强的“乡土性”，在非正式制度的作用之下，农村有一套“内生型”的自我约束和运行机制。尽管国家运用政权力量对农村社会不断地进行渗透，但农村社会的法治化水平仍然较低，国家制度政策在不同的农村社会产生了不同的运行逻辑和实践结果。诚如有些学者所言：“我们必须清晰地看到法治国家在很大意义上限于政策目标层面，而没有真正转化为社会现实。”① 换言之，我们在推动农村发展的过程中，较多的关注国家层面对制度建设、变革发展的宏观规划，而相对缺乏对农村日常生活习惯、文化传统的整合和改造。基于此，在体制转型和社会管理创新的关键时期，如何合理、恰当、科学地运用非正式制度中的积极资源，如何有效处理正式制度与非正式制度之间的关系，以实现国家和社会的良性互动，为不同地区、民族之间、地方和国家层面探索合理的治理路径寻找一些可资借鉴的经验，具有较强的理论和实践意义。

五 关键概念的界定

1. 农村治理

农村治理是一个区别于农村管理与村民自治的概念。村民自治强调的是广大农村村民（居民）自我管理、自我教育、自我服务，实行民主选举、民主管理、民主决策、民主监督的农村基层民主制度和基层管理制度，侧重于村民（居民）的自我服务、管理和自我发展。农村治理主要相对于传统以行政管理为主的社会管理模式而言。强调除政府外的更多社会主体及组织要素对涉及农村自身利益或者公共事务的共同管理与服务的一种社会发展状态。

2. 正式制度与非正式制度

对制度进行正式制度与非正式制度的区分体现了制度研究的深化和发展。按照诺思的定义，制度是一系列被制定出来的行为规则、守法秩序和道德观念、伦理规范等的总称。它旨在约束主体追求福利或效用最大化的个人行为，实质上是一个社会的游戏规则，是为决定人们的相互关系而人为设定的一些制约。从广义角度来讲，它包括正式制度与非正式制度。正式制度也称正式约束，是指以某种明确形式确定下来，由行为人所在的组织进行监督并用强制力保证实施的一系列规则，通常以各种成文的法律、法规、政策、规章、契约等形式表现出来。正式制度是人们有意识地对社会行为确定的规范，具有一定的强制性，且一旦确立就会形成制度刚性，对经济活动产生深刻的影响。而非正式制度是人们在长期交往中无意识形

① 马长山：《法治进程中的“民间治理”》，法律出版社 2006 年版，第 1 页。

成的，具有持久的生命力并构成代代相传的非正式约束。它一般包括价值观念、道德观念、伦理规范、风俗习惯、意识形态等因素。其中处于核心地位、影响最深的是风俗习惯和意识形态。①

非正式制度概念一直备受争议，不同的界定标准和内涵有很大的差异。理性计算路径（侧重于经济学）和文化路径（侧重于社会学）构成了当前制度分析的总体态势。承袭上述学者的观点，本项研究把党和国家从中央到地方制定的各项法律、法规、政策、规章等统称为正式制度，并且在研究项目中，根据内容的需要不进行政策、法律、制度等具体内容的区别。非正式制度与正式制度相对应，区别于外部力量的设计，内生于农村社会的“无字规则”，通常以价值道德观念、伦理规范、风俗习惯、意识形态、地方性惯例等多种形式表现出来。

3. 制度整合

整合是指由部分结合而成具有特定功能的有机整体的过程和状态。整合从不同的要素主体和结构关系出发可分为社会整合、政治整合、政党整合、制度整合、利益整合等形式。制度整合（integration of institutions）就是通过一定的方式将社会分散的、多变的、甚至异质的制度要素纳入一定的社会制度性框架之内，以便给社会提供良性、有序、高效的制度环境。通过社会的制度体制将社会统一协调为一个整体。社会整合的一种方式。其基本途径有二：一是专制强权，二是宪法法治。现代性社会是一个多元民主社会，其制度整合是宪法法治的，制度整合所关注的是公民、社团行为的正当合法性，它所寻求的是社会秩序的公正性：社会的制度整合首先是基本制度的整合。基本制度规定了一个社会的基本结构范型与公民间的基本交往方式，规定了非基本制度的具体内容、演化方向及其相互关系。现代性多元社会中的宪法法治的制度整合以存在着的多元价值体系为前提，而多元价值体系则通过公共理性在政治正义的理念基础之上达成宪法共识，形成类似于罗尔斯所说重叠共识的制度认同：制度认同是现代性社会制度整合的基础。②

---

① ［美］道格拉斯·C. 诺思：《制度、制度变迁与经济绩效》，杭行译，上海人民出版社2008年版，第3—7页。

② 朱贻庭主编：《伦理学大辞典》，上海辞书出版社2002年版，第264页。

基于农村社会的特质以及治理的需要，本项目研究认为，农村治理中的制度整合就是通过多种方式和途径，将农村社会中非正式制度与国家层面的正式制度有机融合在一起，为农村善治提供良好的制度环境或制度变迁路径。

六 理论分析方法

本项研究在田野调查中采用社会学、政治学的一些具体调查方法。主要包括小组访谈、个案访谈、文献研究、问卷法等。在具体的理论分析中，主要采用以下几种方法。

1. 治理与善治的分析方法

治理（governance）1989年由世界银行首次提出，此后，治理理论逐渐兴起并受到了学界的重视。全球治理委员会在《我们的全球伙伴关系》中指出：治理是个人和各种公共的或私人的机制管理其共同事务的诸多方式的总和。进而指出：治理过程的基础不是控制，而是协调，治理既涉及公共部门，也包括私人部门，治理不是一种正式的制度，而是持续的互动。① 我国学者俞可平指出，治理的基本含义是指在一个既定的范围内运用权威维持秩序，以增进公众的利益。② 治理强调管制者与被管制者之间的合作与共同管理，强调体制外权威与体制内权威的合作与共同管理。治理以善治为目标，善治就是使公共利益最大化的过程。③

治理与善治所彰显的是一种社会管理和社会控制的互动模式。是相对于传统以行政管理为主，带有明显科层制特征的社会管理模式而言的，强调除政府之外的社会多元主体对涉及自身利益及公共事务的共同管理和参与。治理本质上体现了政府与各利益相关者诸如组织、个人、社会团体等，共同管理社会公共事务的新阶段，既是一种政治社会发展状态，也是一种社会互动过程。

将“治理”与“善治”理论及分析框架引入探讨农村治理问题，重

---

① 全球治理委员会：《我们的全球伙伴关系》，牛津大学出版社1995年版，第2—3页。

② 俞可平：《治理理论与中国行政改革——作为一种新政治分析框架的治理和善治理论》，《新视野》2001年第5期。

③ 俞可平：《治理与善治》，《马克思主义与现实》1999年第5期。

点在于强调农村治理主体及治理手段的多元化。政府作为社会管理与社会控制的重要主体，主要通过各项政策制度、法律法规调控农村社会。但是，农村社会有自身发展的客观规律性，并不全是国家型塑的结果，衍生于农村社会的非正式制度，理应成为实现农村善治的重要资源。正式制度与非正式制度之间应该相互强化、相互支撑而不是相互排斥、相互分离。

2. 历史与逻辑相统一的方法

历史与逻辑相统一的方法是社会科学研究的基本方法。历史的方法是研究事物历史的自然演化及发展的方法，通过揭示事物历史的发展过程把握事物发展的规律性。逻辑的方法以抽象的形式，通过概念或范畴逻辑地反映事物发展的本质及规律。历史与逻辑分析方法各有其特点，但本质上是一致的，历史的东西是逻辑的东西的基础。逻辑的东西则是历史的东西在思维中的再现和把握。

就本课题的研究，对农村中的制度要素进行厘清和分析，不仅要从逻辑上治理的制度固定进行分析，在制度研究中关注制度整合，更需要对制度关系进行历史与现实、传统与现代、政治国家与民间社会等不同角度不同层面的分析。不仅要从空间逻辑上分析制度建设和整合的一般规律，更应当立足于我们自身的历史及对过程的关注，来思考农村非正式制度的整合问题。力求避免因简单化的理论分析和逻辑推理而失去接近真实的可能。

3. 新制度主义分析方法

20 世纪八九十年代以来，新制度主义分析范式已经超越单一学科，遍及经济学、政治学、社会学乃至整个社会科学的分析路径。新制度主义的一个主要贡献就是对制度作为拓展性理解，特别是社会学制度主义侧重于从文化层面去理解制度，进而拓展了制度的内涵和外延。制度不仅包括由公共权威制定出来的以国家法律、政府政策条例、各种法规和政策等形式表现出来的正式制度，还包括社会自发形成的具有持久生命力的文化传统、道德观念、价值导向、伦理规范、风俗习惯、意识形态等。但是新制度主义者并没有进一步回答作为文化传承的非正式制度的具体表现形式，换句话说，并没有进行实践层面的进一步探索。正是因为学科视角的不同和这样的研究困境，往往对制度的理解和把握感到困惑或混乱。但是从宏观上看，任何制度理论的探索都离不开对制度分析所不可或缺的两个基本问题的回答，即如何理解制度与个人行为的关系？如何解释制度的起源和变迁？围绕这两个基本问题的探讨和回答，制度分析形成了两种不同的研究路径：理性选择的路径和文化演进的路径，理性选择路径侧重于从经济学、政治学等学科研究制度问题，文化路径侧重于从社会学来研究制度问题。理性选择的制度分析，建立在对行动者目标和偏好的最大化假设的基础之上。个体和集体行动者被假定为以理性的方式追求各自利益，而各方面的利益差别必然导致冲突的产生和加剧，这种混乱局面的摆脱依赖于各项规则和法律制度的确立，从而形成了作为规则系统的制度。比如诺思认为："国家为获取收入，以向其成员提供服务——保护与公正——作为交换。由于产权的本质是一种非他性的权利，在暴力方面有比较优势的组织处于界定和行使产权的地位。"理性选择制度分析将制度理解为解决集体行动问题时的一种策略，一种能够促成社会合作的工具，一种维持社会秩序的基本手段。因此在相对应在关于制度的起源问题上带有明显的功利主义色彩。文化演进的制度分析，在承认人类行动具有理性和功利性目的的前提下，强调行动者对特定行为的选择、对所处社会环境和社会互动关系的理解，非完全受工具性价值的支配和约束。利用新制度主义的分析方法来分析和研究农村社会中的正式制度与非正式制度，必然要求我们进一步追问制度背后的文化因素、功利性因素等，就不能仅仅局限于某一视角、某一学科，方法是依问题而定的，体现出方法论的交叉和借鉴。

4. 权威与合法性分析方法

权威是一个类似制度的诸多具体权威例如政治权威、道德权威等的选择集合，即由许多合法而能被受众所认同和服从的影响力的子权威构成的集合。因此，它不仅包含政治性权威，也包括了经济、社会和文化的面项，并且也包括诸如科技、传媒等当代社会的现代性要素作为一种话语和意识形态，在渗入社会过程中所发生的各种显性和隐性的诱导性影响。①权威不同于权力，权力通常被理解为实现强制服从的能力，权威更多的来自人们的自愿服从、自发授权和心理认同，是一种合法的影响力。依据上述逻辑，可以把制度权威理解为人们对制度的服从、尊重和认可，或人们对制度和法律的忠诚。法制化、制度化是制度权威的重要特征，它是社会

① 任生德：《农村改革中的权威与秩序》，中国方正出版社 2009 年版，第 2 页。

各种权威关系的重要组成部分。

“合法性”（legitimacy）是指合理性或公正性，广泛地运用于社会学、政治学等诸多学科，有广义和狭义之分。广义的“合法性”用于讨论社会的秩序、规范、法律、制度等；狭义上的“合法性”被理解为国家统治或政治秩序的认同和基础。制度合法性主要指制度在社会层面的认可度、接受度，即制度的运行实施不是来自政府的授权和命令，而是基于社会自觉性遵守和践行。

权威与合法性分析方法在本项目中的使用，主要是考察受不同非正式制度影响下的制度绩效、制度认同、制度合理性的表现及其结果。另外，从制度权威、制度合法性等方面探究农村社会的制度建设、制度整合问题。

七 研究基本思路

按照课题设计，农村治理中的正式制度与非正式制度的整合方式研究主要包括三个方面的内容：一是农村治理中非正式制度并据此分类阐明非正式制度的存在及其对农村治理的影响；二是研究分析农村社会中正式制度与非正式制度之间的“实然”关系；三是从农村“善治”的目标层面，研究如何整合农村社会中的正式制度与非正式制度，研究它的实践策略和理论诉求。配合三个方面的内容，课题在思考上，应先对农村治理中的非正式制度研究现状进行梳理，整理已有的研究成果，确定研究的重点和方法。

三个问题中，由于非正式制度内容多且非常复杂，加之当前的非正式制度研究材料较多，除了实证性的个案材料以外，也适当运用一些二手材料，而对第二个问题即农村社会中正式制度与非正式制度之间的“实然”关系的研究则采取“反向”路径，因为任何一个社会科学工作者都不可能穷尽对非正式制度的研究，为了获得一个整体性的研究效果，项目研究通过分析正式制度的实施受哪些非正式制度影响，以便展开二者之间复杂的、多重逻辑的制度关系。基于此，本课题立足于实现农村“善治”这一目标，以农村社会治理中涉及的正式制度与非正式制度作为研究的范畴意识，探寻更为专门的研究层面“整合方式”，即遵循“目标—路径”的具体研究范式，这能很好地避免对繁杂的制度现象进行研究造成的对研究主旨的遮蔽，将农村治理中涉及的制度因素作为研究整体，重在突出制度对农村治理的作用与价值，以制度关系为问题域，重在强调问题意识和实践性要求。整体上通过农村治理中制度现象的分析和制度作用的探讨，以形成相对厚实的个案，为农村治理提供有益的思考，为不同地区、民族之间以及地方和国家层面探寻合理的治理路径寻找一些可资借鉴的经验、补充有益的实证材料。

八 研究的特点

1. 体现了农村制度研究的视角转换

现在关于农村中的制度研究，多为某一个具体的制度性形式进行专题性研究，要么细到某个村规民约、某种民族风俗习惯，要么大到国家方面的宏观制度框架，要么只见国家不见社会，要么只见社会不见国家，本研究试图把国家层面与社会层面结合起来研究制度现象，实现了微观研究和宏观研究的有机结合。

2. 实现了农村制度研究的理论拓展

本研究承袭新制度主义研究制度的基本路径，但力图避免其理论上的困境和学术上的争论。通过对农村“内生型”非正式制度的研究，对正式制度实施过程中的文化因素进行“白描”式的研究，展现不同文化背景下正式制度实施的背景、机制和绩效，从而将相对抽象和空洞的国家与社会的分析框架建立在逻辑和实证的基础之上，进而提出制度变迁和供给的基本思路与逻辑。在这一分析框架中，研究者的一个重要任务就是识别和理解变迁过程中的多重制度逻辑；在理论上把握宏观制度逻辑和微观行为意义之间的联系。从而为制度变迁提供实证基础。正如黄宗智所言，只有通过这样近距离的观察和意义解析，才有可能在把握中国社会实际的基础上发展出有关制度变迁的科学理论和分析工具。

3. 夯实了制度研究的方法论基础

本研究采用新制度主义制度分析方法，结合“治理”理论，以“制度关系”为问题域，展现了农村社会中正式制度执行的“实然”过程，不是静态地、孤立地去分析制度，而是把制度看作“事件”进行“过程—事件”分析，在一定程度上试图做到“探寻过去与现在、事件与运行、行动与结构的相互渗透交融”。① 为研究制度问题做出了尝试性的突破。

九 调查选定与资料收集

1. 选定标准

作为一项带有实证性的基础研究，课题的实践需要进行大量的田野调查，调查首先必须解决选点的问题。考虑到项目研究的是农村治理中的正式制度与非正式制度的关系、整合问题。课题制定了如下的选定标准：第一，调查点能如实反映国家农村制度、政策执行的“实然”状态。第二，调查点能反映农村非正式制度发挥作用的机制、运行逻辑。第三，调查点基本能代表当前农村社会的基本结构、文化质态及其发展概况，具有一定的代表性，覆盖性。综合以上标准，课题组把行政村作为调查的研究单位，因为在“乡镇村治”的体制下，只有行政村具备上述特点。它是国家制度与农村内生秩序碰撞、相互作用和影响的最为典型、最具代表性的场域。综合考虑后，课题在全国西部地区、中部地区和北部地区筛选了7个案例点，并对每个调查点进行了社会学意义上的8—10天的中度调查。

2. 调查点介绍

云南鲁都克村：鲁都克村（“鲁都克”是彝语的音译，意指低而突起、凹凸不平的石坡，是对该村中心区地理位置的描述）是一个以苗族、彝族为主的少数民族聚居村，也是近代受到西方宗教渗透和影响较早的地方，法国人曾在此传播天主教，现村里仍然保存着一座天主教堂。村所在地平均海拔1900米，最高海拔2263.3米，是全县海拔最高的行政村，年平均气温16摄氏度，年降水量1300毫米。地处两州（文山、红河）三县（蒙自、砚山、开远）交界处，下辖龙潭、大寨、黑巴、上余、下余等14个村小组，共有农户643户，2623人，有劳动力1449人，其中女性1275人。全村耕地面积5177.7亩，人均耕地1.97亩，林地27462.5亩。2011年，铺设了从阿舍到该村的村级硬化公路，村党总支下设党支部9个，共有党员41人。2010年，全村农民人均纯收入1011元。

云南宝山村：宝山村隶属云南省宣威市宝山镇，宝山以驻地得名，东

---

① ［英］丹尼斯·史密斯：《历史社会学的兴起》，周辉荣等译，上海人民出版社2000年版，第4页。

北有一条圆形山丘，南北两侧各有一长形山岗，旧称“二龙抢宝”，故名宝山。全村共有6个村民小组1526户，人口共6872人，人均耕地1.9亩，主要种植水稻、玉米、土豆，全村粮食平均年产量1310吨，主要经济作物为烤烟，村里建有一个小型煤矿厂，4个养殖场，“黄豆腐”“稳字牌”食品加工和营销企业。2012年人均年收入5780元，正逐步走特色化、产业化发展之路。

广西平圩村：平圩村地处右江区西北南部，是国家西部大开发标志性工程——百色水利枢纽工程所在地。全村总面积33平方公里，耕地面积1080亩，其中水田550亩、旱地530亩，以农业为主，主要种植甘蔗、水稻、水果、玉米、豆类等，特产有杧果、香蕉、龙眼、柑橘、青橄榄，323国道和百罗高速公路贯穿村内，交通便利，全村森林覆盖率65%，自然资源丰富，已实现屯屯通路、通水、通电、通电视电话，基础设施条件比较好。新镇搬迁建设以来，平圩村找准了依托百色水利枢纽、百罗高速路和323国道建设，借库强村、借路富村、工农并进的经济发展思路，形成了以第一产业为主，第二、三产业并进发展的良好格局。农民生活水平不断提高，2010年农民人均收入4990元。随着经济的发展，村内的公共设施不断完善。群众性精神文明建设蓬勃发展，该村也连年被评为区、镇级先进党（总）支部。

山西贵家营村：贵家营村属山西省运城市盐湖区金井的辖区，全村共四个居民组，297户1178口人，其中有劳动能力650余人，党员人数31人。全村有耕地2800亩，经济林面积达2700亩，占耕地总面积的90%以上，果业收入是村民主要经济来源。2009年，全村人均收入5500余元。2006年被省政府命名为省级“生态文明村”，在运城辖区仅此一家，同时被省政府列为第一批“新农村建设示范村”。

山东北泉村：北泉村位于山东省临沂市临沭县东北端，紧邻江苏省连云港市黑林镇，北临临沂市莒南县。村子呈东西方向长条状，村西有河流经过。地势比较平坦，平均亩产1000多斤，主要种植小麦、花生、玉米，经济作物以种植茶叶、黄烟为主。农业生产以机械化为主，全村90%以上的家庭拥有一辆拖拉机，多户家庭拥有播种机、收割机。村里有1个养牛场、14个养猪场、4个养鸡场，另有一个家具厂、一个建筑工程队、一个电机厂（有11台机器）。村旁有六年制小学一所，规模较大。村民平均收入 4000 元。几乎每家都养猪。村里共有袁、付、王、李、葛、温、于等姓氏，其中付姓、袁姓人最多，约占 80%，其次是于、李、葛、温。据第六次全国人口普查统计，该村共有农业家庭 174 户，人口 586 人。1978 年以来，共有 14 人考上了大学。

河北周家庄乡：周家庄乡属于河北省晋州市，面积 17.5 平方公里，人口 12811 人，因乡政府驻地而得名周家庄乡。周家庄乡的前身是曹同义农业合作社。1958 年春，在高级社合并为联村社的基础上，首先建起了公社，命名“黎明人民公社”，同年下半年撤销归属“东风人民公社”。1961 年分出以周家庄为驻地建周家庄公社，1984 年改周家庄乡至今。周家庄乡一直是集体经营，不设村委会，是全县唯一的乡生产队，“两层楼”的管理体制，该乡共设 10 个生产队、6 个自然村，直属乡领导。全乡企业总产值完成 43620 万元，增加值完成 10215 万元，营业收入完成 40338 万元，固定资产投入完成 11416 万元，出口创汇 1651 万元；农业纯收入预计增加 500 多万元，税收完成 1437.6 万元，其中，国税完成 905 万元，地税完成 532.6 万元，人均现金分配达到 8200 元。

河南麻里村：麻里行政村，全村分为 10 个小队，约有 480 户人家，人口有 2400 人左右，村民经济来源大部分依靠农业生产，主要种植有小麦、玉米、棉花、西瓜、花生、大豆，其余少量种植有红薯、辣椒等副产物。因近年来外出人口逐渐增多，务农多为老年、妇女，在家的青壮年几乎都是农忙时务农，农闲时都是参加建筑队。村民姓氏主要为李、赵、田、郭、卢、张，基本是同姓人居住在一起，有少部分人姓祁、孙等，经济发展状况较好。最近几年间很多人都将住房翻修成了二层小楼房，村内主要街道都为柏油路，村外田地里安装有机井，与旁边的村庄相等比，麻里村面积算是较大的，基础设施比较完善，村民自留地平均为每人 1.2 亩，若是土地不太适合庄稼生长，会适当地多分一些地。村委拥有百余亩地，将其租给农户，租金供村委会使用。

3. 资料收集

在调查点选择的基础上，课题进行了田野调查。在预调查时，课题设计从问卷调查开始。在调查中，所采用的技术路线是：主要通过与村两委负责人、老年人、村里的精英分子座谈，先了解村庄的基本情况、历史、文化传统、村庄党支部和村委会的关系等。在了解基本情况的基础上，对农村政策制度的执行情况进行问卷调查。

课题问卷围绕农村治理中非正式制度的基本情况、非正式制度与正式制度的关系以及实现农村“善治”的制度展望等三个方面的问题进行设计，拟通过问卷调查来收集所需资料。但预调查结束后发现，问卷调查操作性差。主要存在几个方面的问题：一是农村治理中非正式制度影响因素较多，不同的区域、社会结构影响力差异性大，因此数据统计分析说服性差。二是数据分析难以从结构、内容、制度关系等方面对农村治理的社会基础、制度变迁进行说明。三是非正式制度本身的发展演化，问卷不具有可操作性。因此，本项研究在进一步展开过程中，对预调查时的调查方法进行了调整。课题确立了以小组访谈、个人深度访谈为主的调查方法，并把问卷设计的问题分散在个人访谈和小组访谈之中。在资料收集过程中，除了收集调查得来的一手资料外，对相关研究的成果和二手材料也做了深度挖掘和引用。

围绕农村治理中的非正式制度，课题调查涉及的主要问题是：你们村有什么好的风俗习惯、文化传统或行为习惯吗，能给我（们）介绍一下吗？你们村有什么不好的风俗习惯、传统做法或行为习惯吗，能给我（们）介绍一下吗？在你的记忆中，你认为你所生活的地方的社会秩序通常是通过哪些规则来维持？国家推行的农业税减免、义务教育免学杂费和农村合作医疗政策，你们熟悉吗？国家推行的农村政策你知道哪些？国家的家电下乡、汽车下乡、农资下乡、建材下乡政策你知道几项？你主要通过什么途径了解国家的“三农”政策？对于你所在地方治理得好的方面，你认为主要原因是什么？家里有了事情（如婚、丧、嫁、娶、与别家发生矛盾、纠纷等）你通常找哪些人求助或帮忙？在你生活的地方人们之间发生了纠纷通常依据什么规范解决？等等。

围绕农村治理中正式制度与非正式制度，课题组涉及的主要问题是：国家的制度法规在你们村里贯彻得怎么样？国家的制度法规贯彻得好的原因是什么？国家的制度法规贯彻得不好的原因是什么？符合地方实际的国家制度法规应该是怎么样的？地方的民俗习惯与国家制度法规能很好地相互协调吗？地方的民俗、习惯与国家制度法规有冲突的地方吗？你觉得农村治理存在的问题主要是国家政策的落实问题，还是党和国家对村的具体情况不够了解，不求实际的问题，还是什么别的原因？能不能给我们介绍些农村政策落实得好，很受村民欢迎的例子吗？能给我们解释一下原因吗？有没有国家制度法规在村里很难实施的例子？原因是什么？等等。

关于制度整合方面，课题调查涉及的主要问题是：要实现农村的有效治理与发展，你认为首先要解决些什么问题或者说哪些问题很重要？对于农村当地的村规民约，风俗习惯，在新农村建设中应该如何看待？国家政策在农村要有效落实，你觉得应该怎么做或者注意些什么问题？等等。

第二章

非正式制度的当代形态及其对农村治理的影响

传统中国是由官僚中国和乡土中国共同构成的，国家意义上的政权体系和制度结构很少渗透到农村社会，由于独特的社会结构和文化系统，传统农村社会秩序的形成、维护及其农村的有效治理主要依靠一套内生型非正式制度来维系和实现，非正式制度对农村社会产生重要影响。近现代以来，伴随国家现代化取向的政权建设和制度建构的全面推进，农村社会出现了真正意义上的转型。农村受到了国家政权和制度渗透的全面影响，但是非正式制度并没有也不可能从农村社会消失，而是在继承与发展的过程中逐渐嬗变、演进，对当前农村社会的治理依然产生重要影响。本章将对农村非正式制度的产生、演化、基本内容及其在农村治理中的作用等问题进行分析和探讨。

第一节　非正式制度的产生及其基本功能

一　非正式制度的基本内涵

人类对制度的研究由来已久，可以追溯到几千年前，但没有任何一个时代像今天这般，对制度关注到如此程度。20 世纪八九十年代以来，全球化的浪潮席卷全世界，同时，由于价值观念、宗教信仰等文化差异导致的民族冲突、国际冲突和地区冲突引起了全世界的重视。种族多样性及多元文化主义逐渐成为人类学、政治学、社会学的重要理论流派和方法论基础。培养尊重和理解不同文化的意识和能力，是多元文化主义的理论共识和方法论基础。当今时代，制度不仅仅是理论研究的焦点，更是现代化发展背景下各国社会实践所指向的客体和对象。不同的学科、不同的研究视角，对制度的理解有较大的差异性，即使是同一学科（比如经济学），对制度的定义也是形形色色。从当前研究的基本情况来看，对制度的理解大致有以下几种代表性的观点：（1）把制度理解为一种规则。这种观点较为流行，而且体现出各学科相互交叉的总体特征。比如制度经济学的代表人物诺思认为："制度是一个社会的游戏规则，更规范地说它们是为决定人们的相互关系而人为设定的一些契约。"这些规则是人为理性设计的："制度是人类设计的、构造着政治、经济和社会相互关系的一系列约束。制度是由非正式约束（道德约束、禁忌、习惯、传统和行为准则）和正式的法规（宪法、法令、产权）组成。"① 罗尔斯从政治学的角度对制度进行了定义："我要把制度理解为一种公开的规范体系。"② 马克斯·韦伯从法理学的角度对制度作了非常简单的界定："制度应是任何一定圈子里的行为准则。"③ 他还进一步指出："一种制度应该称之为：a）惯例，如果在偏离它时，在可以标明的一定范围内的人当中，会遇到某种（比较）普遍的和实际上可以感受到的指责，在外在方面，它的适用有这种机会保证的话；b）法律，如果在外在方面，它的适用能通过（有形的和心理的）强制机会保证的话，即通过一个专门为此设立的人的班子采取行动强制遵守，或者在违反时加以惩罚，实现这种强制。"④（2）把制度理解为一种"习惯"。凡勃仑（T. Veblen）认为："制度实质上就是个人或社会对有关的某些关系或某些作用的一般思想习惯；而生活方式所构成的是，在某一时期或社会发展的某一阶段通行的制度的综合，因此从心理学的方面来说，可以概括地把它说成是一种流行的精神态度或一种流行的生活理论。如果就其一段特征来说，则这种精神态度或生活理论，说到底，

---

① ［美］道格拉斯·C. 诺思：《制度、制度变迁与经济绩效》，刘守英译，上海三联书店1994年版，第2—3页。

② ［美］罗尔斯：《正义论》，何怀宏等译，中国社会科学出版社1988年版，第50页。

③ ［德］马克斯·韦伯：《经济与社会》上卷，林荣远译，商务印书馆1997年版，第345页。

④ 同上书，第64页。

可以归纳为性格上的一种流行的类型。”[①] 这种观点更多的是偏重于从制度产生的内在逻辑来解释制度现象，对后来制度经济学对制度理解的进一步拓展产生了较大影响。（3）把制度理解为一种组织。康芒斯认为经济学研究的基本单位是交易，而交易有三种类型：买卖的交易、管理的交易和限额的交易。“在每一件经济的交易里，总有一种利益的冲突，因为各个参加者总想尽可能地取多予少。然而每一个人只有依赖别人才能生活或成功。因此，他们必须达成一种切实可行的协议，并且，既然这种协议不是完全可能自愿地做到，就总有某种形式的集体强制（法律的、同行业的和伦理的）来判断纠纷。”制度是这三种类型的交易合在一起成为经济研究上的一个较大的单位，根据英美的惯例，这叫作“运行的机构”。这种运行中的机构，有业务规划使它们运转不停；这种组织，从家庭、公司、工会、同业协会到国家本身，我们称为“制度”。[②]（4）把制度理解为社会互动中形成的“文化模式”。美国学者亨廷顿也给制度下了一个定义：“制度就是稳定的、受珍重的和周期性发生的行为模式。”[③] 亨廷顿从社会发展的文化传统和文化冲突的视角来理解不同国家和民族之间的社会交往，他不把世界发展中的冲突视为有形（包括军事的、政治的）冲突，而视为无形的文化冲突，把制度理解为一种文化模式，抓住了制度在一个社会发展变化中潜移默化的塑造功能，强调了制度非实体性的内容。

对制度进行分析和研究，无论是哪一种研究路径，正式制度与非正式制度逐渐变成了一种基本的分析视角。作为两种具有不同适用环境、运行机制的秩序系统，正式制度和非正式制度对个体行为选择和经济社会发展产生不同的影响。二者之间复杂的替代、互补和冲突关系以及在社会变迁中作用的交替演化，对我们深刻理解中国社会转型过程中的各种矛盾和现实问题有着较强的解释力。尽管不同学科、不同的研究视角都已经或多或少地意识到了非正式制度的功能及其作用，但明确把制度划分为正式制度与非正式制度却是随着制度经济学的发展而逐渐被人们认识和理解的。按

---

① ［美］凡勃伦：《有闲阶级论——关于制度的经济研究》，蔡受白译，商务印书馆 1997 年版，第 138、139 页。

② ［美］约翰·康芒斯：《制度经济学》，于树生译，商务印书馆 1962 年版，第 86 页。

③ ［美］塞缪尔·P. 亨廷顿：《变化社会中的政治秩序》，王冠华等译，生活·读书·新知三联书店 1989 年版，第 12 页。

照诺思的定义，制度是一系列被制定出来的行为规则、守法秩序和道德观念、伦理规范等的总称。它旨在约束主体追求福利或效用最大化的个人行为，实质上是一个社会的游戏规则，是为决定人们的相互关系而人为设定的一系列制约。从广义角度来讲，它包括正式制度与非正式制度。正式制度也称正式约束，是指以某种明确形式确定下来，由行为人所在的组织进行监督并用强制力保证实施的一系列规则，通常以各种成文的法律、法规、政策、规章、契约等形式表现出来。正式制度是人们有意识地对社会行为确定的规范，具有一定的强制性，且一旦确立就会形成制度刚性，对经济活动产生深刻的影响。而非正式制度是人们在长期交往中无意识形成的，具有持久的生命力并构成代代相传的非正式约束。它一般包括价值观念、道德观念、伦理规范、风俗习惯、意识形态等因素。其中处于核心地位、影响最深的是意识形态和风俗习惯。从这个意义上来看，我们可以把农村非正式制度理解为与正式制度相对应的，内生于农村社会的价值体系、行为准则、伦理规范、风俗习惯和惯例等，是农村治理中发挥约束作用的"无字规则"。新制度经济学把人们对制度的理解推向了一个新的高度。

对非正式制度的研究和关注体现了对人类行为和制度研究的新进展。无论是政治学、社会学制度主义，还是制度经济学关于制度产生、演化的博弈分析，还是多元法律主义者关于民间法和国家法的争论和探索，还是文化人类学对"地方性知识"的"深描"，社会科学家们共同指向了制度研究的另外一个维度——非正式制度研究。

二　非正式制度的产生

社会与政治设计有关，但从来不是政治型塑的结果，社会拥有外在于政治的品格，社会的运作规则潜在地外在于政治领域，正是社会这一内在的运行机制，成为社会秩序规则产生的逻辑。人类学家埃文斯·普里查得研究了东非南部苏丹一个名为"努尔人"的部落发现：这个部落即使在没有中央权威、没有行政管理、没有明文规定的法律制度的前提下，部落内部也能有效地避免因追逐个人私利而带来的潜在影响。[①]

① Evans Prichard, E., *The Nuer*, Oxford University Press, 1940, p. 8.

非正式制度从何而来？它们来自于社会传递的信息，而且是我们所谓的文化传承的一部分。心智处理信息的方式依赖于“大脑的学习能力”，而这种能力通过一种或多种精心构造的自然语言程式来将感性的、态度的、道德的（行为的）以及事实的信息转化为能被接受的符号。文化则可被界定为“由教育与模仿而代代相传，并能影响行为的那些知识、价值及其他因素”。文化提供了一个以语言为基础的框架概念，来对由感官传递至大脑的信息进行编码和演绎。文化不仅将过去与现在和未来连接起来，而且是我们理解变迁路径的关键所在，文化限定了个人处理和利用信息的方式，因而可能影响到非正式约束的理解，惯例是文化的，规范也是。① 以诺思为代表的制度经济学家认识到了文化因素对于理解非正式制度的重要性，并且把道德约束、禁忌、习惯传统和行为准则等文化现象都归入了非正式制度约束中，除此以外诺思并没有告诉我们更多关于非正式制度文化方面更多的东西。从文化根源上来思考非正式制度的起源及产生问题，意味着我们要把理解非正式制度同理解人的存在方式、生产、生活、发展的特定需要结合起来，诺思意识到了进一步追问和研究的重要性，也意识到了进一步追问的困难。显然，比起正式制度，对非正式制度的描述和勾画要困难得多。所以诺思也坦承：对包含在非正式约束中的信息进行文化的处理，在长期意味着它在制度的渐进、演化方面起着重要的作用，从而成为路径依赖的根源，但要得到一个清楚的文化演进模型，我们还有很长的路要走。②

哲学人类学家恩斯特·卡西尔的文化样式理论为我们这一研究路径提供了支持和理论基础。卡西尔在其代表作《人论》中指出，人是一种文化性的存在，人类就生存在各种丰富多样的文化形式之中。而对于理解这些文化形式的丰富性和多样性而言，理性是个很不充分的名称。因此，我们应当把人定义为符号的动物来取代理性的动物。在卡西尔来看，人和动物最大的区别在于，人并不是直接而迅速地去把握世界、面对世界，而是以被延缓的、间接的方式去把握和面对世界。人除了具有在一切动物种属

① ［美］道格拉斯·C. 诺思：《制度、制度变迁与经济绩效》，杭行译，上海人民出版社2008年版，第50、51页。

② 同上书，第62页。

中都可以看到的感受器系统和效应器系统以外，在人那里还发现可称为符号系统的第三环节，它存在于这两个系统之间。换言之，人不再生活在一个单纯的物理宇宙之中，而是生活在一个符号宇宙之中。语言、神话、宗教、伦理和艺术这些文化形式都是这个宇宙符号的各部分，它们是织成符号之网的不同丝线，是人类经验的交织之网，人类在思想和经验中取得的一切进步都使这些符号之网更为精巧和牢固。“在某种意义上，人是在不断地与自身打交道而不是在应付事物本身。他是如此地使自己被包围在语言的形式、艺术的想象、神话的符号以及宗教的仪式之中，以致除非凭借这些人为媒介物的中介他就不可能看或认识任何东西。”① 卡西尔的论述向我们表明，语言、神话、宗教、伦理和艺术这些文化形式不仅是人们的存在方式，而且是人们理解和把握世界的基本方式。②

要对非正式制度的文化根源有更深入的把握，我们首先需要做一个方法论上的区分。那就是：把影响和决定非正式制度的内在文化因素和非正式制度的那些具体的外在文化表现区分开来。诸如道德约束、禁忌、习惯传统和行为准则等这些非正式制度的外在表现形式，我们通过实证的调查就能够直接获得和掌握，而对于影响和决定非正式制度的内在因素却是间接性的，它需要我们从更加抽象的文化层面来理解和把握。长期以来我们对非正式制度形成的认识是非正式制度是文化传承的一部分，同时它表现为道德约束、禁忌、习惯传统和行为准则等这些文化现象，除此以外再无其他。这一认识既忽视了上述方法论区分的重要性，也带来了理解上的混乱。因此，我们需要通过追溯语言、神话、宗教、伦理和艺术这些文化形式的不同来理解非正式制度。正是这些文化样式的不同决定了道德约束、禁忌、习惯传统和行为准则等这些非正式制度的直接表现的不同。更为重要的是，卡西尔还提醒我们，作为文化样式的神话、宗教、语言、伦理、艺术等，它们从生产之初就绝对不是互相分离、互相独立而存在的。事实上，那种单子式的完全独立的文化样式，是根本不存在的。无论是神话、

---

① ［德］恩斯特·卡西尔：《人论》，甘阳译，上海译文出版社 2004 年版，第 36、37、96 页。

② 部分内容作为研究的中期成果曾发表，参见刘招明《农村非正式制度文化根源的哲学考察——以民族地区为例》，《曲靖师范学院学报》2011 年第 2 期。

宗教还是语言、伦理、艺术等，它们之间都不可避免地联系在一起、交织在一起。这种联系和交织不是指那种文化样式之间的外在的互相影响和互相作用，而是指各种文化样式之间内容上的互相重叠和互相交错。①

非正式制度正是在长期的人类活动中逐渐积累演化中产生的。从某种意义上说，非正式制度的形成是人类从野蛮走向文明的标志。人类不仅在与自然界相处和抗争中形成某种价值观念和社会传统等非正式制度，而且在人与人关系的相处中也相应形成一套文化价值观念等非正式制度，这些非正式制度帮助人们认识自然界和人类社会，是人类生存、发展不可缺少的观念图景或制度传统和制度环境。②

非正式制度产生于物质生产的规范性需求。人通过劳动形式使自己从自然界中分化出来，形成了人类社会，但是人类的生存和发展并不能离开自然，相对于人类社会，自然界的存在具有时间的先在性，是人类社会产生、发展的前提和物质基础。人类要能持续地发展和演化下去，首先要解决吃穿住行的基本需要，因此第一个物质性的活动就是从事物质资料的生产，它以自然界为对象，运用人们自身的力量，借助于物质生产工具和手段，改造自然以获取人们生存和发展所需要的物质生产资料。正如马克思所指出的："在实践上，人的普遍性正表现为这样的普遍性，它把整个自然界——首先作为人的直接的生活资料，其次作为人的生命活动的对象（材料）和工具——变成人的无机的身体。自然界，就它自身不是人的身体而言，是人的无机的身体。人靠自然界生活。这就是说，自然界是人为了不致死亡而必须与之处于持续不断地交互作用过程的、人的身体。所谓人的肉体生活和精神生活同自然界相联系，不外乎是说自然界同自身相联系，因为人是自然界的一部分。"③ 为了能够持续地实现人与自然的物质和能量交换，保证生产活动的有序性、可持续性，人们正是在处理与自然的关系过程中形成了对于自然界特有的价值观念、行为规范。诸如人对自然的崇拜和敬畏，人与自然的和谐相处等，这也就构成了物质生产过程中

① 部分内容作为研究的中期成果曾发表，参见刘招明《农村非正式制度文化根源的哲学考察——以民族地区为例》，《曲靖师范学院学报》2011 年第 2 期。

② 伍装：《非正式制度论》，上海财经大学出版社 2011 年版，第 6 页。

③ 《马克思恩格斯选集》第 1 卷，人民出版社 1995 年版，第 45 页。

非正式制度产生的根源。因此“意识起初只是对周围环境可感知的一种意识，是对于开始认识到自身的个人以外的其他人和其他物的狭隘意识。同时它是对自然界的一种意识”[①]。内生于特定环境条件下的非正式制度无不与相应的物质生产活动联系在一起。比如在游牧地区，牧民一般崇拜水草等自然物，这主要源于他们通常生活在气候干旱少雨的草原地区，水草等自然物是他们世代依赖的生存和生活前提，生活在山区的少数民族一般都崇拜山、树等自然物。生活在云南的苗族一般都有“神山”，彝族一般都有“龙树”。因为山林是他们获取各种生活需要的依靠，正所谓“靠山吃山，靠水吃水”，人类对自然界的认识和崇拜，在此基础上逐渐演化、产生某种约束机制，这体现了对人与自然界关系的理性认识，更是一种出于生存和发展本能的环境辨识，反映了“人与自然的和解问题”。即使是现代社会，劳动生产力和物质生产水平已经大幅度提高，我们仍然可以看到很多物质生产规范性的隐秘约束，比如当前很多农村仍然存在很多“换工互助”“人情交换”等现象。

非正式制度产生于社会生活和社会关系的规范性需求。人除了同自然界发生联系外，人与人之间必然发生着各种联系、结成各种各样的关系，实现社会生活的有序化，人与人之间形成良性的互动行为是社会发展的内在要求。如果没有理性的约束机制，人与人之间的利益冲突或利益博弈的不均衡会给人类带来危机，造成社会秩序崩溃，即出现所谓的“霍布斯丛林”。与霍布斯的解释不同，以霍曼斯为代表的社会交换理论家认为，社会秩序的产生并非仅仅遵从正式制度外在强制的结果。正是在社会交换的互动过程中，社会规范得以产生，并直接约束着个体行动者的行动动机，从而使得集体行动表现出不同的特征。霍曼斯还讨论了在日常社会关系中展开的最基本的社会交换过程。例如成员 A 花费自己的时间和精力向 B 提供帮助，而成员 B 并不能向 A 提供同等帮助，此时 B 不得不以对成员 A 的赞同或服从作为报酬进行交换，这样，A 与 B 都从交换中得到了收益，交换得以继续。在这种持续的互动过程中，产生了对 A 与 B 的角色期待，即 A 期望 B 继续提供感激和服从作为回报，以提高其在群体中的地位，而 B 期望 A 继续提供帮助，作为服从的代价。这种并未明确

① 《马克思恩格斯全集》第 3 卷，人民出版社 1972 年版，第 34 页。

表达的角色期待实质上就是一种非正式规范。如 A 违反规范，不继续向 B 提供帮助，则其权力和地位的合法性将遭到群体成员的质疑；如 B 不继续提供感激和服从，他或她会被认为是忘恩负义，从而遭到群体成员的鄙视和排斥。以上的例子表明，非正式规范作为行为期待的准则产生于社会互动的过程之中。群体成员遵从规范，将会获得社会赞同；反之，将会引起群体成员的反感甚至排斥，以作为惩罚。从这个意义上说，群体内社会秩序是作为持续的社会互动的附产品而得到维持的。也就是说，初级群体内对成员们社会行为的控制并非由外部力量执行，而是由内生于社会关系之中的非正式规范自发实现的。① 正是在处理人与人之间、人与社会之间关系的过程中人们形成了对社会关系的认知模式及其观念图景，所以生活在相同地区的人们逐渐形成了某种特定的社会习俗和社会传统，这些传统和行为方式是大家熟悉、约定俗成的。这些以价值观念、伦理道德、传统惯例、意识形态等表现出来的非正式制度形态能够解决微观社会正式制度所不能解决的秩序问题。正如伊丽莎白·科尔森说的那样，“不论我们将它们称作什么：习俗、法律、习惯（usages），还是规范的规则，这似乎并不重要。重要的是，像汤加（Tanga）这样的社群（communities）就不允许其成员自行其道，或者去探索其他行为的各种可能路径。他们凭借一套规则或标准来运行，这些规则或标准界定了在各种不同情况下的适宜行为”②。

从特定的时空来审视非正式制度的来源，它应该有两个基本路径：其一是直接从之前的社会历史中继承和吸收。它作为文化传承的继承和修复具有较强的韧性和弹性，在社会重大变迁和历史进程中也被不断地延续下来。制度的产生，一种可能性是规则及整个规则体系靠人类长期经验而形成。人们也许曾发现过某些能够使他们更好地满足其欲望的安排，这种有用的规则若被足够多的人采用，形成一定数量（临界点）以上的大众，该规则就会形成一种传统并被长期保持下去，结果它就会通行于整个共同

---

① 甄志宏：《正式制度与非正式制度的冲突与融合：中国市场化改革的制度分析》，博士学位论文，吉林大学，2004 年，第 56 页。

② ［美］道格拉斯·C. 诺思：《制度、制度变迁与经济绩效》，杭行译，上海人民出版社 2008 年版，第 53 页。

体。当规则逐渐产生并被整个共同体所了解时，会被自动执行并被模仿，不能满足人类欲望的安排将会被抛弃和终止。日常生活中占有重要地位的规则多数是在社会中通过一种渐进式反馈和调整的演化过程而发展起来的，且多数制度的特有内容都将渐进地遵循着一条稳定的路径演变。①

其二是在特定的社会生活、社会交往和社会发展状态中不断形成的新规则新惯例、新观念等。其实我们不能用静止的、孤立的眼光去审视非正式制度，对此苏力教授明确指出："寻求本土资源、注重本国传统，往往被理解为从历史中去寻找，特别是从历史典籍中去寻找。这种资源固然是重要的，但更重要的是从社会生活的各种非正式法律制度中去寻找，研究历史只是借助本土资源的一种方式。但本土资源并非只存在于历史中，当代人的社会实践中已经形成或正在萌芽发展的各种非正式制度是重要的本土资源。"②

三　非正式制度的基本特征

1. 内生性。非正式制度产生于相应的社会结构，很大程度上并不是人为理解设计的产物，直接从人们长期的生产、生活、社会交往中演化而来，孕育在长期的交往与惯例之中，因而不同地域范围内，不同的时空条件下，非正式制度会表现出较大的差异性。从认识主体看，对非正式制度的认知与掌握并不需要有意识的学习与传授，而在实践中潜移默化地理解和掌握；对于非正式制度的表现形式而言，不需要用明确的文字去描述它，更没有正式的或官方的组织去实施，它往往以温情脉脉的方式被表达和实践。

2. 延续性。非正式制度的形成具有相对独立性和自身发展的规律性，它往往以思想观念、价值观念、伦理、习俗、惯例等多种方式不断地延续或传承，它不像正式制度那样可以在一夜之间改变或者废止，正如诺思所言："过去解决交换问题的非正式规则方式又带到现在，使这些非正式约束成为社会长期连续变迁的重要源泉。"

---

① ［德］柯武刚、史漫飞：《制度经济学》，韩朝华译，商务印书馆 2000 年版，第 35—36 页。

② 苏力：《法治及其本土资源》，中国政法大学出版社 1996 年版，第 14 页。

3. 软约束。大多数非正式制度不具有外在的强制约束机制，而是内在的心理约束，它首先不依靠外界的压力，而是依靠内心的自觉和自省，即使违反了也只受到良心的谴责和道德的批判，一般不会受到法律的制裁。当然特定时空条件下，某个历史演进过程中的地方性社会规范、惯例，也具有一定强制性，比如，我国西南地区在长期的社会发展进程中形成的少数民族习惯法（这将在第三章的研究中进行阐释）。

4. 广泛性。是指它不像正式制度那样对人们行为的控制是保留一定理性的，有一定的边界及范围，相对于理性构建的正式制度而言，它对人们行为的约束及影响涉及社会生活的方方面面，有经济的、政治的、文化的，体现为某种“社会隐秘”特点的约束机制，正是因为它这种无形的表现形式，增大了认识和研究的难度。

四 非正式制度的基本功能

非正式制度作为“软约束机制”，是规范社会行为、构建社会秩序不可或缺的制度要素，对经济社会发展起着重要的作用。它的基本功能主要表现在以下几个方面：

1. 凝聚功能。长期社会交往中形成的非正式制度，一般都是特定区域、特定人群较为熟悉、较为认同的约束机制，因而使生活在这一约束下的社会成员，形成了种族学上讲的共同的或相似的民族文化心理。这种文化心理体现了世代相传的亲缘意识，从而强化了社会成员彼此之间的认同感，起到了凝聚社会力量的作用。例如乡村社会中的“族谱”便具有“命运共同体”意识的特点，通过“家族”归属形成了比较大的内部凝聚力，会形成超越“个体”和“家庭”的团结性力量，在面对重大事件或处理具有某种公共性问题时发挥重要作用。这些凝聚力量不是依靠正式制度强制约束人们去这样做，而是一种自发性行为。

2. 信息功能。社会行为的产生和互动往往依赖于对环境进行科学、合理的辨识，借助非正式制度提供的信息，人们可以预期他人的行动，并做出合理的行为选择。人们通过对环境的辨识，自发地知道什么样的行为是社会提倡和认同的，什么样的行为是社会厌恶和禁止的。这样，个体在与他人发生关系、产生交往时，虽然不存在正式制度的强制性的约束力，但人们都清楚地知道自己行为的后果。比如一个生活在人情交往密切环境里的人，就必须要明白人情往来的基本规则和要求，并与他人展开持续的行为互动，不然将会使自己处于被孤立、被排斥的状态。

3. 激励功能。非正式制度中往往包含着一定社会的价值取向和行为评价的准则，规定了人们应该怎样做、不应该怎样做的基本规范。而且当人们尊重这些规范时就会受到社会的肯定和推崇，反之则受到否定和谴责。因此，一定的非正式制度总是包含着对人们行为选择的激励功能，它不仅激励着人们去做出何种选择，也给予人们选择的行为以巨大的精神动力。像爱国主义传统对民族抵御外侮保卫国家行为的激励，就是突出的例子。

4. 规范功能。由于非正式制度往往表现为世代相传的文化传统、价值观念、风俗习惯和行为惯例等，在一定条件下，它可以起到规范社会成员行为的功能。虽然非正式制度不具有强制的约束力，但它以共享价值观的形式型塑了生活在特定环境中的人们的信念体系和心理认知，以默契的行为习惯简化了对复杂环境的理解和辨识，使生活变得不那么复杂，往往仅凭经验便可做出。

5. 评价功能。关于人的行为是否具有合理性，社会的评价尺度是各种各样的。由于非正式制度是指导和规范人们行为的一种准则，因而它的评价功能是不言而喻的，不过这种评价带有道德经验性色彩。也就是说，作为评价尺度的非正式制度，是人们在长期交往过程中积累起来的生活经验和交往惯例的集合体，它借助于某些流传下来的共同道德原则，对人们行为的合理性进行道德判断。所以，它往往与其他评价尺度相得益彰，相互补充。而且这种非正式制度内部的评价功能也是靠人们的主观判断进行的。并且评价方式和范围也是相对的，没有绝对的对错之分，只是在不同的范围内其评价结果不同，符合此范围内意识形态的特点，就得到好的评价；否则就将受到舆论的谴责，人们的唾弃，因而在非正式制度的制约下人们的行为选择更多的是一种从众行为。①

---

① 胡晓霞：《非正式制度与中国农村基层治理》，博士学位论文，新疆农业大学，2007 年，第 7 页。

第二节 经济社会结构的嬗变与农村非正式制度的变化和发展

理解农村社会中的非正式制度产生、嬗变及其需求性，必须立足于农村特有的经济和社会结构。作为具有一定公共产品性质的制度，无论它是正式的还是非正式的，它的需求性均源于特殊形态下的经济发展水平和相应的社会结构。社会结构和经济结构是一个国家和地区的两个最基本的结构。经济结构是一个国家或地区的基本经济形态，是观察和认识这个国家或地区经济状况和发展水平的重要维度；社会结构是一个国家或地区的基本社会形态，是观察和分析这个国家或地区社会状况、社会发展水平中的重要维度。①

一 农村经济结构的转型与非正式制度的嬗变

1. 生产结构分化，农业主体地位正在下降。20 世纪 80 年代以来，以家庭联产承包责任制的确立为标志，农村进入了快速的经济增长时期。家庭作为最基本的经济利益组织，其价值和地位得到了重新认可，新中国成立以来曾在一定时期内被摧毁和压抑的家庭甚至家族观念得到了恢复和发展。但是随着国家工业化、现代化、信息化发展的推进，中国农村宏观层面的生产结构，正在从以农业活动为主变成以工、商、服务业为主的重大转变。农业生产性收入在总收入中的比例在减少，农业从业人员大幅度下降，这种生产结构的变化对农村社会的影响是决定性的。“土地”作为生产资料再也不是农民群体的“命根子”，传统社会中农民对土地的依赖关系被彻底打破。由于大量青壮年劳动力涌向城市或集中小城镇从事非农产业，加之从事农业生产比较收益低，有些农村特别是交通差、自然环境恶劣的山区，出现了大量土地被“抛荒”的现象。产业结构的变化也从根本上改变了农民的思想观念，传统农村“父母在，不远游”的律条，“物离乡贵，人离乡贱”的祖训已经不复存在。当前，农村的社会精英大多出自外出打工者或在外从事非农产业发家致富的人，在农村人来看，只有

---

① 陆学艺：《当代中国社会结构》，社会科学文献出版社 2010 年版，第 9 页。

“没用”“没出息”的年轻人才会待在家里干农活。

2. 农村市场结构调整，市场在农业资源中起支配地位。改革开放后，国家开始调整农产品的经营活动，由原来的统购统分逐渐向市场开放，市场经济取代计划经济体制后，市场在商品经济活动中的基础作用逐渐凸显。农村的各种经济活动结构性地卷入市场体系，市场经济冲击着农村的经济活动和生产者，农民成为自主的劳动者，在这样的背景下，如何整合资源提升自己，成为迈向现代化的农民必须要面对的问题。家庭作为最基本的生产经营单位，在国家宏观经济发展的结构下，家庭的“分散性”“流变性”如何与市场接轨又如何从事生产和经营都面临新的考验，这将为我们理解新时期农村家庭网络化社会关系提供坚实的基础。

3. 农村收入和分配制度发生了显著变化。改革开放以来，我国农村人均纯收入从 1978 年的 134 元提高到 2012 年的 7917 元，年均增长 7% 左右。随着市场经济的发展，农村结构调整和体制改革深化，农民收入来源多元化和非农化的趋势非常明显。农村非农产业和外出打工收入成为农民增收的主体部分。这表明，外出务工的工资收益已成为农户家庭现金收入的重要来源。农村劳动力人口大量外出务工和农村非农产业的发展，改变了传统农村的种植业和养殖业收入为家庭主要收入甚至全部收入来源的收入结构，从而使农民与土地的传统依赖关系出现了部分松动，土地不再是农民唯一的“命根子”。无论是地广人稀的农村山区、还是人口稠密的平原地区，都出现了势不可当的进城务工潮流，务工收入已经成为农户家庭现金收入最主要的来源。收入结构变化必然带来农村社会关系、社会观念的结构性变迁。① 以 2012 年为例，年末外出农民工人均收入为 2290 元，比上年增长 11. 8%。非农收入对农民增收的贡献在 60%—70% 之间，加之 2006 年国家取消了农业税，在收入分配层面加大了对农村转移支付的财政投入，整个农村的收入分配体现了制度层面的战略调整。这些方面的变化有助于帮助我们理解农村社会的阶层分化、思想观念及其社会关系的变化等。

4. 农村的消费结构发生了重大变化。农村经济的总体发展，农村居

---

① 饶旭鹏：《中国农村社会结构流变的历程——从“乡土社会”到“新乡土社会”》，《开发研究》2012 年第 5 期。

民收入水平逐渐提高，导致农村消费结构发生了较大变化。从总体上看，农村的生活性、享受性消费支出大于生产投入性消费；从增长趋势上看，前者的增幅远远快于后者，这与我国经济发展导致总体消费结构变化是基本吻合的。但是农村的消费结构与城市相比又具有一些特殊性。一是医疗、教育、交通等生活保障性的消费仍然占各层消费中的较大比例。二是现代电子产品消费相比城市稍微晚一些，最近几年才成为消费热点。近几年国家推进家电下乡、技术下乡、汽车下乡等发挥较大作用。三是文化消费比例少。农村拥有电脑的家庭仍然非常有限，家庭在文体娱乐、书籍报刊方面的需求近几年基本可以忽略。四是日常生活消费商品化的程度在逐年提高，但在消费的总体比例中仍居高不下。就云南而言，农村居民消费结构仍呈现出以食品消费为主的特点，恩格尔系数逐年下降，但其平均值仍然高达51.2%。① 同时，从消费行为及消费文化来看，在农村村民中存在大量的人情消费、隔代之间的不均衡消费、炫耀性消费与节假日突击性消费等。由于攀比心理的存在，导致人情消费愈演愈烈，家庭中利他主义倾向导致隔代之间的不均衡消费现象突出。由于民间的收入不均衡导致了炫耀性消费与钦羡性消费。传统文化的情结积淀导致了突击性消费也增多。② 农村消费结构、消费行为及消费文化的变化，对农村社会产生了较大影响，成为我们理解农村居民行为逻辑、价值观念的现实基础。

二 农村社会结构的变化与非正式制度的嬗变

农村经济结构的深刻变动必然导致农村社会结构的深化调整。正如社会学家迪尔凯姆所言，“对社会结构的分析是理解一切社会现象的出发点”。社会结构是社会学研究的核心问题，是研究社会变迁和社会转型的重要理论工具。一方面，对社会结构的分析是理解众多社会现象的出发点。通过对社会结构的研究，就是要发现社会最基本、最普遍、最稳定的要素，尽可能全面和准确地研究分析这些要素的相互关系和构成形式，从而可以整体把握社会变迁的基本趋势和一般规律。另一方面，分析和认识

① 李春波：《云南居民消费结构统计研究》，《中国农学通报》2012年第11期。

② 韩丽娜、金晓彤、马树昇：《传统文化视觉下的农村居民消费行为探讨》，《社会科学辑刊》2010年第2期。

社会结构，必须同国家或地区的社会相结合，摸准弄清社会结构方方面面的状况，就是要调整并形成合理的社会结构、形成协调的利益关系，这是社会和谐稳定的基础，是一个国家和地区经济、社会、文化协调发展和健康运行的重要支撑。① 分析农村社会中非正式制度的产生和演变，同样离不开对农村社会结构的把握和研究。

社会结构是指一个国家或地区的占有一定资源、机会的社会成员的组成方式与关系格局。社会成员是文化结构的主体，是资源与机会的载体。社会成员包括个人，还包括集体意义上的群体、组织等文化实体（也包括宏观意义上的政府、市场、社会三大主体）。资源是社会结构的基本要素。在现代社会，分布于国家、市场、社会三大主体中的诸要素日益凝聚为资源和机会两大类别，对于中国社会结构，我们同样认为组织资源、经济资源、文化资源是最主要的决定性资源。社会资源的空间分布，直接决定着城乡结构和区域结构的特征；社会资源在不同主体中的配置情况直接决定着社会阶层结构的格局等；机会是指社会成员获取资源的可能性，如获得生存资源的机会，获取接受教育的机会，获得职业的机会，实现向上流动的机会等。这里主要强调资源配置的公平性。机会决定着社会结构的公正、合理、开放。组成是指占有一定的资源与机会的成员形成的社会结构成分（如阶层结构中的不同阶层，收入结构中的不同收入群体，就业结构中的不同职业群体等），这些结构成分的形成受诸多社会机制影响，我们把这些社会机制发挥影响的过程称为社会结构的组成方式。当一定社会机制下的资源配置倾向于社会结构中的某些要素，社会结构就会出现失衡，在城乡结构中，社会资源过于集中配置给了城市，必然导致城乡差距过大，城乡结构失衡；在阶层结构中，社会资源配置过于集聚某些阶层，必然导致其他阶层的不满与抱怨，甚至引发冲突与革命。关系格局是指占有一定资源、机会的社会成员在社会行动中所形成的稳定的网络。社会结构是一个有机的整体，各社会成员遵循一定的秩序行动，实现资源与机会的配置，所以也可以把社会结构看成社会关系的组合形式。社会结构中的关系格局从维度上看，有等级关系与水平关系；从属性上讲，有利益关系和非利益关系；从表现形式上看，有冲突关系、博弈关系与合作关系等

① 陆学艺：《当代中国社会结构》，社会科学文献出版社 2010 年版，第 13 页。

等，这些关系格局都直接或间接受到资源与机会配置状况的影响。[①]

1. 农村家庭结构发生重要变化

家庭是指以婚姻、血缘和供养关系为纽带而组成的特殊的社会生活组织形式。它作为“社会的细胞”，是人们最基本的生活单位。任何大的社会变动必然会引起家庭结构的变动。因此，“当社会由低级状态演进到高级状态时，家族（庭）制亦随之由低级形态向高级形态而演进，最后脱离低级的形态而达到另一种高级的形态”[②]。改革开放以后，我国农村家庭机构的变化是各种社会变化中最为突出的。

自新中国成立以来，农村家庭结构至少发生了三次重大的变动：一是新中国成立初期复合家庭快速解体；二是改革开放前后，农村中核心家庭大量出现；三是20世纪90年代以来，父子分家成为趋势，尤其是独子婚后也开始同父母分家，农村空巢家庭大量出现。总体上看，当前农村家庭结构的变化有如下几个特点：（1）隔代家庭、分离家庭、漂泊家庭大量出现。由于城乡人口流动的加快，一些中青年夫妇离家到外地工作和寻找发展机会，而将子女留于父母照顾，从而构成隔代家庭；在工业化过程中，农村的核心家庭向工业城市的流动成为家庭结构变迁中的重要特征。核心家庭流向城市，但并没有在城市实现家庭的稳定化，家庭成员因工作机会、工作性质的差异，处于分离状态。所谓分离的核心家庭，是指由于家庭成员的流动，导致家庭成员间在大部分时间里处于离散的状态，家庭生命周期结构不同于正常的核心家庭，过早地陷入缺陷，真正的夫妻家庭只有在人生的老年阶段才相对实现。[③] 有人对福州市五区132户独立居住的农村务工人员家庭调查发现：所有家庭成员都在福州生活的为67户，占50.8%；夫妻带着部分孩子在福州生活，其他孩子留在老家生活的为25户，占18.9%；只有夫妻二人在福州生活，孩子留在老家的26户，占19.7%；夫妻只有一方带着部分孩子在福州，另一方带着其他孩子留在老家的14户，占10.6%。因此在该项调查中，分离的核心家庭占49.2%。

① 陆学艺：《当代中国社会结构》，社会科学文献出版社2010年版，第10—11页。

② ［美］L. H. 摩尔根：《古代社会》，杨东莼等译，生活·读书·新知三联书店1957年版，第495页。

③ 陆学艺：《当代中国社会结构》，社会科学文献出版社2010年版，第99页。

多数选择丈夫外出打工，如对河北定州3个村100户农村家庭的调查中，95%的丈夫外出，妻子在家留守，只有5%的农民家庭选择夫妻双方一起流动。[①] 尽管有些家庭整体性地流向城市，但因其职业和工作的不稳定而漂泊不定四处流动。（2）家庭人口基数大幅度减少。在家庭联产承包责任制和计划生育制度的双重作用之下，通过土地集体化和单一行政组织对个体行为的限制，自留地与宅基地的分配制度以及由此派生出来的分家惯性，家庭的核心化发展加快，家庭人口规模下降趋势明显：从1982年4.41人减少到2000年的3.44人，至2005年下降至3.27人[②]（3）妇女地位提高。妇女在经济收入、社会融入等方面越来越与男性趋于平等化，大部分地区的农村家庭都是妇女管钱管物，正所谓"男人苦钱，妇女当家"。同时近些年来，受生育政策的影响，以及大量年轻女孩流向城市，农村男多女少是一个客观现实，进一步提高了妇女的选择和谈判能力。妇女地位有了极大提高，真正成了"半边天"。（4）家庭功能的进一步改变。在市场化、城市化的冲击下，家庭作为基本的生产、生活单位，经济功能正逐渐增强，成为中国市场经济发展过程中具有较强适应性、灵活性的经济组织单位，在个体发展社会融入方面起到了很好的整合作用，降低了经济社会改革的成本。但是家庭结构变迁也对社会发展产生了不利的影响。当前农村家庭养老功能在逐渐减弱。家庭养老自古以来在中国都被认为是家庭的主要职责所在。"老吾老，以及人之老""父母在，不远游"是传统的尊老敬老观念。费孝通把中国传统的家庭养老模式归纳为"反哺模式"，说明家庭养老已成为中国一种非正式的制度安排。但是随着人口老龄化的提前到来、家庭规模的小型化、家庭结构的核心化以及重幼轻老观念的变迁，家庭的养老功能在逐步萎缩。一般来讲，农村老人在经济上没有制度化的养老保障，生活上的经济需求基本上靠家庭。在自己失去劳动能力之后，主要经济支持来源于子女。在生活不能自理的时候，家庭照顾也不能通过社会化的方式来解决。目前农村的老年家政服务不论是在观念上还是在市场的有限性上都没有发展的可能。那么家庭是否能够起到

① 周伟文等：《生活在边缘——流动家庭》，河北人民出版社2002年版，第12页。

② 1982年、1990年、2000年的数据为全国人口普查的数据，2005年为全国1%人口抽样调查的数据。

生活照顾的责任呢？目前农村人口的家庭收入已经主要依靠外出打工。如果让农民在放弃维持生活主要来源的外出打工收入和照顾老人生活方面二者进行选择，农民会选择放弃和疏忽对老人的生活照顾。[①]

家庭结构的变迁是社会结构变迁的最初“感应区”和“缩影”，体现和包容着人口就业，城乡区域阶层、消费和文化的多重基础的、地位身份的、时间空间的、意义符号的结构和系统。[②] 正是家庭结构这样的变化使传统思想观念发生了变化，新的价值逻辑和行为方式产生，成为我们理解农村非正式制度发展变化的客观基础。

2. 农村人口流动性越来越强

改革开放以来，农村社会结构最重要的变化是农村人口社会性流动的增加。根据《中国农民工调研报告》（2006 年），我国现在外出农民工数量为 1.2 亿人左右；如果加上在本地乡镇企业就业的农村劳动力，农民工总数为 2 亿人，已超过农村人口的 1/5。长期以来，农民外出打工主要表现为两种形态：一是“候鸟式”流动，即农民外出务工以年为周期在城乡和地区之间往来；二是“兼业式”流动，即农村劳动力利用农闲季节性地外出打工。近年来，农民外出打工出现了两个新的迹象：一是完全脱离农业生产、常年在外打工的农民工已经占到较大比例；二是举家外出、完全脱离农业生产和农村生活环境的农村劳动力已经占到一定比例。越来越多的农村劳动力正在由“亦工亦农”向“全职非农”转变，就业兼营性减弱；由“候鸟式”流动向迁徙式流动转变，转移稳定性增强；由城乡间双向流动向融入城市转变，在城镇定居的农民工逐渐增多。[③]

3. 社会分化加快

卢晖临曾指出：中国农村曾经是绝对平均主义的试验场，农民对平等的诉求因此非常强烈。[④] 改革开放前 20 多年人民公社体制的历史实践，呈现在世人面前的农村社会是一个“超稳定结构”，即经济上的均贫、政

---

① 陆学艺：《当代中国社会结构》，社会科学文献出版社 2010 年版，第 116 页。

② 同上书，第 107 页。

③ 韩俊：《改革开放以来农村经济社会转型研究》，《经济研究导刊》2008 年第 2 期。

④ 卢晖临：《集体化与弄寻平均主义心态形成——关于房屋的故事》，《社会学研究》2006 年第 6 期。

治上的同质、文化上的单一和社会上的封闭。改革开放以来，农村社会的超稳定结构开始动摇，农民不再只是从事农业生产经营，不再只是在农村生活和工作，农民开始了前所未有的社会大分化。农村改革启动不久，随着乡镇企业的崛起，出现了大量的乡镇企业工人和一批私营企业主和个体户。20 世纪 90 年代以后，随着农村劳动力进城务工，出现了一个庞大的农民工阶层。近年来，农村社会中出现了农民工人、农民个体工商者、农民私营企业主、农民知识分子、农民企业家、农村管理者等不同的利益群体和阶层。改革开放前，导致农村社会分化的主要因素主要是家庭、出身、亲属等，以及农民参军、考学等。现在，除了以上因素仍在起作用外，农民可以通过当干部、打工、经商、创业、从事专业种养殖等多种途径改变自己的身份。农村正在由“先赋型”社会演变为“后致型”社会。无论是从职业角度，还是从拥有经济资源角度，农民已经不再是原来意义上的农民，农民不再是一致的均质性社会群体，农村也不再是单一的同构性社会。随着市场经济的深入发展，农村不同社会群体和阶层的利益意识会不断被唤醒和强化，对利益的追求成为广大农民社会行为的一种强大动力。[①]

但自改革开放以来，由于劳动力、经济意识和机遇等多方面的原因，农民的收入差距日益增大。而在相当多的农村，村干部在任职后一般都“迅速致富”，这更加剧了村民的不平衡心理和逆反心理。其中主要是村级干部、个体户和私营企业主，在村里他们有时候紧密结合在一起、甚至是互相转换的。这一情况，近年来又有愈演愈烈之势。在此背景下，笔者调查发现，与一部分“经济能人”热衷于村级事务形成鲜明对比的是，不少村民（主要是收入处于中低档次的村民）牢骚满腹、对他们充满激愤，以至于将自己隔绝于村集体生活之外。不能否认的是，不平衡心理严重危害了村民民主参与的积极性，更影响了参与的质量；无所谓的心理掩盖了村民的真实意向；冷漠心理则导致村民对村务有关制度和过程的陌生，由此也影响到参与的质量；而偏激逆反心理导致权力的反意向行使和对村级组织建设的抵触情绪，所有这些消极情绪的产生与贫富差距都不无关系。同时，贫富差距带来了村落内的心理鸿沟，对各类公共组织的认同

① 韩俊：《改革开放以来农村经济社会转型研究》，《经济研究导刊》2008 年第 2 期。

也难以达成。①

快速的社会结构转型推动了中国农村传统“乡土社会”向“新乡土社会”的转型。中国整体的现代化、城市化和市场化进程直接导致了农村生产方式的变革、传统乡村社会乡土归属意识的式微、农户家庭规模的小型化及家庭功能的单一化倾向，从而改变了中国传统农村社会秩序的文化基础和非正式制度环境。这种转变提高了农户家庭的现金收入水平和物质生活水平，引起了农村居民文化价值观念的现代转型，也推动了地方经济的快速发展。② 对农村社会转型可能引发的问题的关注是理解当前中国农村社会发展的基础，也是加强和创新社会管理、促进地方经济发展和推动社会和谐发展的基本前提。

中国农村经济和社会结构转型表明农村在发生着剧烈的分化和重构，这既是改革开放带来的变化，也是农村迈向现代化的起点，在这一过程中有些传统得到了恢复发展，有些观念正在型塑和重构。人们的社会关系正在发生着种种变化，对于传统的中国农村而言，费孝通先生曾用“乡土中国”来标志其社会性质，但当前“分散性和封闭性的乡土社会”已经越来越深地进入或者卷入一个开放的、流动的、分工的社会体系中，与传统封闭的小农经济形态渐行渐远。③ 把握农村经济和社会结构嬗变的内在规律和总体特征是理解农村社会“内生型”非正式制度产生、嬗变及其把握和梳理其当代形态的前提条件。

第三节 非正式制度的当代形态及其主要内容

由于受到理论分析框架及非正式制度本身的复杂性、多样性的限制，对非正式制度的内容及其作用进行研究是一项极具冒险性的工作。就连制度经济学的代表人物诺思也承认“要描述和准确勾画那些由社会设计的

---

① 刘伟：《难以产出的村落政治——对村民集体性活动的中观透视》，中国社会科学出版社2009年版，第226页。

② 饶旭鹏：《中国农村社会结构流变的历程——从“乡土社会”到“新乡土社会”》，《开发研究》2012年第5期。

③ 徐勇：《“再识农户”与社会化小农的构建》，《华中师范大学学报》（人文科学版）2006年第3期。

正式规则，要比描述和准确勾画人类曾用之以规制人类互动的那些非正式的行事方式要容易得多。尽管（绝大多数）非正式约束并不能被描述，且对其显著性争议的检验也是特别困难的事，但他们却是重要的"①。也正因为如此，对非正式制度进行理论和实践层面的科学分析也就显得弥足珍贵，从某种意义上看也是完成理论工作者和社会科学家"未竟"的事业。

制度是一个完整的体系，具有不同的层次性，从上到下形成了如凯尔森所说的由基本规范、宪法、一般规范、个别规范所构成的由高到低的规范体系一样。制度嵌套在一个规则的等级体系里，制度系统的这一特征和生态系统的特征具有很大的相似性。诺思将制度分为三个层次：宪政的（constitutional rules）、操作性的（operating rules）和规范性行为准则（normative behavioral codes）。凯泽和奥斯特罗姆也将制度划分成三个略微不同的层次：宪政的（the constitutional level）、集体行动的（the collective choice level）和操作性的（the oprative level）。在三个层次角度下，杨立华将制度划分成个体层次（the individual level）、组织层次（the organizational level）和宪政层次（the constitutional level）。② 同样非正式制度也具有不同层次的，也是一个嵌套性的体系，有的植根于行动者的思想认识和价值诉求层面，有的渗透在多个行动者行为互动中，有的直接在个体行动者的行为过程中表现出来。通过理论推演，结合实证材料的分析、提炼，笔者将非正式制度划分为观念性层次、规范性层次和操作性层次。观念性层次主要以思想观念、价值观念、意识形态等要素表现出来。规范性层次主要通过宗教信仰、伦理道德、人情面子、家庭关系等要素形式表现出来。而操作性层次主要通过地方性禁忌、少数民族习惯法、地方性社会规范等要素形式呈现出来。

按照这样的逻辑，结合当前非正式制度的研究成果以及课题的实证调查材料进行归纳分析，我们可以尝试性地对农村治理中的非正式制度进行

---

① ［美］道格拉斯·C. 诺思：《制度、制度变迁与经济绩效》，杭行译，上海人民出版社2008年版，第50页。

② 杨立华：《沙漠化治理制度变迁的设计原则：基于中国北方五省的实证分析》，《公共管理评论》2011年第1期，第22页。

细化的梳理，以期为非正式制度研究提供“中国版”的实证材料与理论素材。需要说明的是，正如法律政策等正式制度是一个整体性体系一样，非正式制度同样是一个整体性体系，不同的层次和要素之间是相互渗透、相互影响的，进行这样的划分和归类是为了进一步的深入研究和细化分析。

一　作为非正式制度的乡村社会意识

乡村社会意识是乡村社会存在的观念反映或精神方面，是对乡村社会的生产、生活、交往方式、社会结构的观念反映。它具有复杂的结构，而且在不同的农村社会，不同的地域经济及生存空间下，乡村的社会意识会有很大的区别。从方法论上我们可以把它区分为两个层面：一个是人们在长期的农村社会生活中形成的思想及价值观念。价值观反映了人们对价值现象的认识，是人们对人和事物的评价标准、评价方法和评价原则的观念体系，凝聚了人们对善与恶、美与丑等最基本的看法和观点。“价值观在文化中处于核心地位，是一种评价性的观点，它既涉及现实世界的意义，也指向理想的境界。”① 人类社会发展的历史表明，对于一个民族、一个国家来说，最持久、最深层的力量就是全社会共同认可的核心价值观。社会主义核心价值观，凝聚了当前中华各民族的主流价值诉求。但是，在统一性的背景下，我们不排斥价值观的民族性和区域性。比如，在审美方面，有的少数民族“尚黑”，有的少数民族“尚白”。在人生追求方面，有些民族看重物质利益，有些民族却看轻物质，追求互助和社会奉献。另一个是国家塑型之后，国家层面渗透到农村社会的一套价值体系、观念体系，也称国家意识形态。二者又是相互联系、相互影响、相互作用的，但做以上区分有助于帮助我们理解乡村的精神结构、观念结构、作为衍生于农村社会文化特质的乡村社会意识是国家与农村社会共同作用的结果，它更倾向于诺思关于制度演化分析中的意识形态。

诺思把意识形态理解为人们的世界观和价值观，是个人和团体的行为方式理性化、理性化的“普通”知识，包括对人们的行为进行约束的一

---

① 张岱年、方克立：《中国文化概论》（第2版），北京师范大学出版社2004年版，第304页。

整套习惯、准则和行为规范。意识形态产生于人们理解周围环境的需要，面对来自周围环境的强大的不确定性，人们总会发展出各种各样的解释。“在意识形态上，我是指所有人在解释他们周围世界时所拥有的主观观念（即模型和理论）。无论是在个人相互关系的微观层次上，还是有组织的意识形态的宏观层次上，它都提供了对过去和现在的整体性解释，诸如共产主义信仰，宗教信仰，个人所建立的理论都具有根据世界应该是怎样组织的规范看法色彩。”①

国家意识形态反映的是国家、政权合法存在性及其主流价值导向的完整价值体系，它是一个国家的主流意识形态。国家意识形态可以看作是国家提供的社会价值观念，按照马克思的理解，它是政治上层建筑的重要组成部分。个人的价值观念，是指人们思想、行为准则和对客观事物的评价、认知体系。在农村社会，个人价值观念的形成和变化受当地的社会习俗、习惯规范、宗教信仰及国家意识形态的影响，反过来，个人价值观念，也会对习惯风俗的认可和遵守以及国家意识形态的认同产生影响。

之所以做上述区分是因为作为个人的思想观念、价值观念在农村特定社会中对行为人的行为约束和影响更为直接和现实。比如在山西贵家营村调查显示，该村的父母都有一些共同的想法：在自己身体健康良好的阶段尽快为子女安家，女儿找个好人家，儿子娶个好媳妇，为此村里大多数父母一般都省吃俭用，一定要尽到父母的责任，特别是为儿子娶媳妇一定要盖好新房；同时尽量多攒些零花钱以及养老钱，一方面不给孩子过多的负担，也避免晚年生活过得凄凉无助。反之，云南鲁都克村的情况却大不一样，村里的父母大多认为成家立业那是孩子自己的事情，至多年龄大了些的时候多唠叨一下，不会过多地把责任扛在自己肩上；反过来对子女特别是儿子却提出了明确的养老要求，一般到六十岁左右，父母都希望自己的子女能更多地照顾一下自己的生活，认为这是孩子应该履行的基本责任。个人或共同体的思想观念和价值观念，是我们理解村庄非正式制度的核心内容。

当然，国家意识形态作为宏观的价值观念也对特定乡村社会的思想和

① ［美］道路拉斯·C. 诺思：《制度、制度变迁与经济绩效》，杭行译，上海三联书店1994年版，第36页。

价值观念产生影响，二者是相互渗透、相互影响的。我们在广西的平圩村看到的是另外一种场景：平圩是近代邓小平领导的左右江革命根据地辐射到的村子，红色文化对该村产生了较强的影响，就连村民自己都认为该村是一个“政治性的村庄”（村民语），前几年国家投资建设百色水利枢纽工程后，村民加大了旅游开发的力度。该村生活条件较好，老百姓对党和国家比较认可，村里集体行动能力强，村庄认同度高。

二　作为非正式制度的人情交往

人情规则之于中国社会犹如一张无形的大网，覆盖在中国人社会生活的方方面面。从古到今中国一直是一个非常重人情的国家。费孝通先生曾说中国的乡村社会是一个熟人社会，在血缘主导、地缘主导或血缘与地缘混合主导的农村，更是一个重人情的社会。人情包含三个方面的含义：人之情感，诸如亲情、爱情；人与人之间进行社会互动和交往时与对方进行交换的资源，这种资源可以是物化、有形的实际存在物，如金钱、礼品等；人之衣、食、住、行所需之一切物品，也可以是非物化、无形的，如给予别人一次机会或帮助、提供某些便利或支持，做出某些允诺或让步等；人与人交往相处应遵循的规范准则，即人和人的相处之道。[①]

“人情”在中国不仅仅是人情现象本身，而且它有着伸缩的边界和丰富的内涵。一方面，人情规则体现为个体的心理特征和行为模式；另一方面，人情也是整体的社会现象。在中国人的观念里，人情往往与关系、面子联系在一起，与传统社会中的“礼仪”也有深刻的关联。人情的表现形式和运行机制尽管非常复杂，但是人情规则在熟人社会里确实成为一种无形的社会运作机制，反映了特定社会网络里人们发生各种社会关系的样式和质态。人情规则既能满足人性社会需要，也能体现公共性诉求，具有重要的社会功能。人情规则在不同的地域不同的生活方式下，存在较大差异。但是人情交往会出现异化现象，诸如人情仪式的异化、人情往来上的异化，人情成为经济负担、人情成为社会分化的工具、人情成为乡村治理

---

① 李伟民：《论人情——关于中国人社会交往的分析和探讨》，《中山大学学报》1996年第2期。

的手段等。[①] 在传统的乡村社会中，人情往来的领域是非常广泛的，这些领域既包括仪式性场合，也包括非仪式情境。仪式性场所指生育庆典、婚礼、丧礼等，非仪式场所主要指平时的节日拜访、探望病人等。[②] 农村的大部分地区，人情往来通常具有社会协作功能，我们可以称为“人情交换”。国内已有专家和学者对农村的人情交换现象和范畴进行了初步的研究和分析，但缺乏科学系统的分析和论证。笔者认为，所谓的人情交换指的是农村居民在生产生活中，基于特定的生产生活需要，以情面或人情关系为轴心而形成的自发性互助行为关系。它具有以下特征：第一，它是一种自发性行为关系，是在村民生产生活中逐渐形成的，具有一定稳定性、常态性、习得性的社会关系；第二，它以村民之间的情面关系而非利益关系为村民互助行为产生的依据和出发点；第三，它限于农村特定的地域和时空条件。一般以家族、宗族互助为主，也可以扩展到村民相对熟悉的地域范围，这以农村村民生活的辐射圈为限。

人情交换的产生根源于农村社会特殊的社会结构和农村发展的特定阶段。改革开放以来，人情交换关系之所以在农村互助行为中变得越来越普遍，与农村社会的转型，特别是人民公社制的废除，家庭联产承包责任制的确立有密切的关系，加之城乡二元结构的客观存在，农村缺乏像城市一样的公共服务机构，“原子化”的家庭自助在农村生产生活中，特别是在农事方面，还有在婚丧嫁娶等具有一定仪式性的重大活动中，是无法满足农村的客观实际需求的。因此以人情交换为基本形式的帮忙解困现象就成为农村社会发展中的传统和习惯做法。在调查的鲁都克村，这种现象是非常普遍的。笔者调查的时候正赶上村里在积极修建水窖，因为这一年云南出现了罕见的旱情，好几位村民正在帮村民张玉明家修水窖，村民们说修好他家的，又要去帮杨家修，他们都采取这种方式，七八个人组成“一小拨”相互换着修，这样修一个水窖五六天就能完工，一来可以节约大量的成本（请外面的施工队来修就要花较多的钱），二来村民之间通过这样的方式彼此联系会更加紧密，相处起来会更加和谐、融洽，至于说村里

---

① 宋丽娜：《人情的社会基础研究》，博士学位论文，华中科技大学，2011年，第9、36页。

② 阎云翔：《礼物的流动》，李放春、刘瑜译，上海人民出版社2000年版，第221页。

的婚丧嫁娶这种“大事情”就更不用说了，只要告知一声就可以了。

从调查的总体情况看，调查的个案村镇（乡），除了保留人民公社制的河北晋州周家庄乡通过“村规民约”对村民的人情交往进行约束外，其他农村基本上仍然属于“自由放任”的阶段。典型的特征是：人情越来越物质化，人情往来的空间范围扩大了，人情礼（金钱）的数目大了，名目也多了，人情往来在很大程度上反映了农村社会在关系、名誉、地位、财富、权力等层面的分化。

三 作为非正式制度的面子观

在中国社会里，自古就有“人活一张脸，树活一张皮”的俗语，这里的“脸”与生物学意义上“脸”不是一回事情，本质上反映了中国人的“面子观”。对“面子”的理解不能仅仅停留在“脸面”这个层面，它本质上反映的是个人在社会上有所成就而获得地位或声望，“面子”最终反映的是群体内部的关系和群体本身的特质[①]“面子观”作为非正式制度要素，对中国人的行为和社会交往的影响非常大。在东西方文化碰撞的背景下，西方人更是非常不理解中国人的“面子”问题。不同时期，人们对面子的理解是不一样的，比如封建社会的面子观主要反映的是对精神层面、道德层面的追求。在当今社会，可能人们更加看重通过社会财富、权力、社会地位来获取“面子”。当然，从社会发展的角度看，社会赋予“面子观”的功能是双重的。一方面，人们为了在社会生活中获得面子和社会声望，就必须要通过一定的方式和手段去实现，比如努力去创造社会财富，努力去提取自身的社会地位等。这种自觉性行为客观上促进了经济、社会的发展；另一方面，人们为了追求虚假的面子需求可能会导致“自我欲望”的极度膨胀，以及付出巨大的经济、社会成本。从当前农村的实际情况来看，受城市化、市场化、现代化的冲击和影响，农村社会中的“面子”追求更多地体现出“负功能”的特征。从调研的个案村反映出的情况来看，村民在丧葬、住房、等方面的面子竞争最为突出。结合当前农村社会转型、发展水平来理解新时期的面子观是非常有意义的，这有

---

① 陈柏峰：《村庄生活中的面子及其三层结构——赣南版石镇调查》，《广东社会科学》2009 年第 4 期。

助于我们理解在旁观者看来有悖常理的行为现象。

“面子”在很大程度上赋予了村庄村民生活的意义。在大部分农村，当你走进村庄想了解某位村民时，你问：“这个人怎么样?”村民大多这样回答你：“新房盖了，人也不错。”反之的回答大多也是“人是不错，就是还没盖房”。在这样的村庄价值生产逻辑下，农村人的面子问题在两个问题上表现得非常突出，一是激烈的建房竞争，二是老人去世后盛行的厚葬风气。尤其在那些近几年来经济条件大幅度改善、农民收入增长较快的农村愈演愈烈。比如在山西的贵家营村，走进村里，你会感觉房子建得一家比一家漂亮，60%以上的农户建了新房，建筑面积大多两百多平方米，相当于城市的别墅。从设计来看，基本上都是朱漆大门中间一个小天井，房屋1—2层在后排，房间在6—10间，在房子周围一般建有围墙。从整体上看房子建得越来越高，一家比一家气派，甚至大户家庭在外工作的人也会在老家盖有新房。

同时，与盖房相比，村民的生活条件却相对较差。作为新农村示范村的贵家营村有一半左右的村民收入在4万元以内，盖房大多需要花费10万—20万。走进农户家里，你会发现大多农户生活简朴，省吃俭用，大部分新房还未装修就已入住，家里的家具也很少。我们研究组在蔚主任家吃住，馒头和咸菜是餐桌上比较常见的食物，很少有肉吃，调查组出村的那天，主人特地买了二斤肉，炒了一个青椒小炒，外加几瓶啤酒，改善一下我们的生活，也算留个念想。一个秦姓小学五年级学生这样说：“家里建新房花了10万多元，爸爸在村里的一个砖窑里‘抡伙’（即砖窑里负责烧火的伙夫），每个月3600元，妈妈在经济林里干活，收入不均。家里盖房差了5万多元，大多从亲戚那里借的。”与建房攀比相一致的是村民在办丧事时的攀比更加突出。村里的蔚老伯反映，现在经济条件好了，办丧事一般要花七八千元，高则几万元，没有具体标准，条件越好的人，丧事办得越隆重。他说村里有个搞建筑的老板，父亲去世后仅买鞭炮就花了三千多元，丧事办了六七天，村里都不得安宁。稍加思索，我们可以对这种现象进行分析：市场经济发展了，面子观的问题不仅仅是传统意义上的“德行”“礼仪”，还具有“物质”性质，能挣钱、盖新房，这里面包含着能力、地位、财富的物质基础，说明你是个“能人”，你按规矩办事，孝顺老人、对邻居好，说明你在村里面是一个“好人”，既是“能人”又是“好人”，说明你在村子里是一个有“面子”的人。

四 作为非正式制度的宗教信仰

把宗教因素归于非正式制度是具有一定风险性的，因为从宗教本身的性质、涉及的内容以及对社会的影响来看，宗教是一个纷繁复杂、难以驾驭的问题。但是从文化的角度分析，从正式制度与非正式制度的区分来看，宗教因为不具有国家强制性特征，又确实对农村居民产生了较强的约束力，甚至有研究者把儒家文化影响下的农村治理称为儒家文化伦理主导型治理，而把受宗教影响较大的农村治理称为宗教主导型治理，并对二者之间的关系进行了系统分析和研究。从这个层面来理解，结合当前非正式制度研究的成果，把宗教因素纳入非正式制度有其合理性。宗教是一种重要的社会现象，重要的文化要素，马克斯·韦伯在《新教伦理与资本主义精神》中对宗教的社会功能进行详细的研究，论证宗教对资本主义社会的重要意义。恩格斯也这样分析过：“一切宗教都不过是支配着人们日常生活的外部力量在人们头脑中的幻想的反映，在这种反映中，人间的力量采取了超人间的力量的形式……但是除自然力量外，不久社会力量也起了作用，这种力量和自然力量本身一样，对人来说是异己的，最初也是不能解释的，它以同样的表面上的自然必然性支配着人。最初仅仅反映自然界的神秘力量的幻象，现在又获得了社会的属性，成为历史力量的代表者。”① 信仰某种宗教，意味着要按照这一宗教的要求来规范自己的行为，信仰宗教的人可以在同一种宗教信仰中形成共同的心理体验以及社会行为习惯、方式、思想观念等。著名经济学家马歇尔也认识到由宗教信仰而引起的力量和作用不比经济的力量要小，只不过它不像经济那样是一种持续性、经常性的力量而已。他指出：“世界的历史是由宗教和经济的力量形成的……尚武和艺术精神的热情虽然在各处曾经盛行一时，但是宗教和经济的影响无时无地不是居于前列；它们一直是比其他影响合在一起还要重要。宗教的动机比经济的动机还要强烈。但是它的直接作用，却不像经济动机那样普遍地影响人类生活。”② 从调查的情况来看，调查组调查的七

---

① 《马克思恩格斯选集》第 3 卷，人民出版社 1972 年版，第 354—355 页。

② ［英］马歇尔：《经济学原理》，陈良璧译，商务印书馆 1997 年版，第 23 页。

个“村镇”中，均有信教群众，有的是群体性信教，有的是个体性信教，所以宗教五花八门，既有传统性宗教，诸如佛教、少数民族地区的原始宗教等，又有19世纪以后传入中国的西方宗教，诸如基督教、天主教等。总体上看，信佛教的较多，次之是民间信仰和基督教，信仰天主教的最少。

现代化的发展进程使民主与科学的思想深入人心。但是，与社会存在相比，社会意识形式具有相对的独立性。在我国广袤的农村，特别是少数民族地区，原始崇拜和宗教信仰仍然对人们的行为产生着重要影响。我国实行宗教信仰自由政策，各地区、各民族的宗教信仰也各不相同、纷繁复杂。有同一地方信仰不同的宗教，有多个地方信仰同一宗教，有同一个民族信仰不同的宗教，也有多民族信仰同一宗教。有的民族全民信教（比如云南西双版纳的傣族）；有的民族只是部分群体信教；有的民族甚至谈不上正规的宗教信仰，仅仅是一种原始信仰，我们可以称它为“原始宗教”，常见于我国西南、中南地区，通常表现为在自然崇拜基础上发展起来的一些动植物“图腾崇拜”。比如苗族、壮族中的“神树”“神山”崇拜，彝族的“虎崇拜”，均属于此类。原始崇拜和宗教信仰通过塑造圣神的形象去理解人和世界以及人与人之间的关系，以实现减少生活和行为不确定性的目的。近几年，农村“宗教热”是一个客观的现实，特别是一些经济文化相对落后的农村，宗教的影响有增强的倾向，但农村宗教活动总体的水平和层次不高，因此不同地区宗教的影响和作用差异性较大。但是，只要管理和引导科学合理，宗教的积极作用也是不容忽视的。比如，云南的鲁都克村由于是受近代西方宗教渗透和影响较早的地方，法国人在19世纪末就在此传播天主教，宗教就对该村产生较大影响，现村里仍然保存着一座天主教堂。尽管鲁都克居住着苗、彝、汉等民族，但是村宗教信仰却相对自由，信不信由村民自己决定，宗教信仰的差异和不同并没有影响村子里的团结，相反，作为一种非正式的约束机制，宗教信仰却一直对当地的生产、生活发挥着积极的影响。据现任村天主教主铎熊子钦介绍，村里的教堂在早期有学校的功能，不管信不信教都可以来这里上学，一边传教一边办学。在20世纪三四十年代，由于地方教育资源的严重不足，周边各地学生来此学习的读书人多达500余人，学习成绩好的还有机会到昆明上学，有的甚至到马来西亚留学。后来这些学员有的当了教师，有些当上了国家干部，有些在国外还当上了教授；新中国成立后由于政策发生了变化，所以信教的村民越来越少了，慢慢地只有中寨村（自然村）的少数民族信教了，他们大多比较忠实，比较善良。农忙时，经常去教堂参加礼拜的村民有二三十人，不太忙的时候有八十多人，教堂里的活动除了一般意义上的传教礼议，教人们道理外，还结合农村的实际，要求信教的村民要敬畏自然、保护环境，邻里之间要相互帮助，言行方面不偷、不盗、不抢；当前，教会在开展常规的宗教活动以外，还从事一些慈善活动。在鲁都克村，如果哪家农户要修水井，这个教会每口井补助2500元，水泥和钢筋由国家提供。此外，天主教会还照顾德黑村（毗邻鲁都克村）的麻风病人。一些教会及其信徒在医疗、救灾、扶贫、关爱弱势群体等方面做了大量的服务工作，发挥了积极作用，这是我们在加强社会建设、推动社会治理创新中应该汲取的积极因素和组织力量。

五　作为非正式制度的地方性社会规范

1. 地方性惯例

地方性惯例是在长时间的社会演进过程中自发形成的，通常具有维护社会秩序、规范人们日常行为的功能，相对于城市而言，由于农村相对缺乏国家法律制度的资源环境，因此在法律制度渗透薄弱的农村地区，地方性惯例的存在与发展有其独特的社会需求和现实原因。它区别于地方性知识，也区别于地方性规范。地方性知识是一个地方的人们关于规则和规范的知识，是指为当地的人民所共同分享和认可的规则，认为理当如此的共同规范，它类似于吉尔兹的地方性知识，地方性知识只是地方人们所共同拥有的关于规则的知识。至于规则的好坏不在地方性知识所关心的范围。[①] 地方性规范指一个地方主导的关于什么是正确的、什么是错误的以及是否应该按照正确的规范行事的规则，是关于规则的规则。具体地说，地方性知识标出地方性的规则是什么，而地方性规范则要标出地方性规则是否必须得到遵守，以及不遵守地方性规则会受到什么惩罚。我们提出的地方性惯例则指一个地方形成的处理某类问题、规范某种行为，或者处理纠纷的习惯性规则，它既包含强制性的规范（规则），也包含仅仅是出于

① 贺雪峰：《村治模式——若干案例研究》，山东人民出版社2009年版，第314—315页。

习惯的、自愿的某种约束。地方性惯例属于非正式制度构成内容中最接近于社会法律制度的要素。它渗透到社会生活的方方面面，包括经济类惯例、政治性惯例、文化类惯例等，一般在国家权力或国家意识形态影响和渗透较小的南方地区、西部地区，特别是传统文化保留较好的少数民族地区最为常见。例如，在云南的纳西族社会生活中，较为典型的一种社会关系网络就是“上賨”组织，它不仅是一个组织，更重要的是一种文化网络关系，人们通过“上賨”密切了相互关系，使“上賨”成为一种相互帮助的形式，它对维持纳西族社会中人们的社会关系和谐、促进人们之间的互助、解决人们之间的困难应该是有积极作用的，同时也成为一种人们的娱乐及亲情、人情圈子。[①] 我们将在后面的研究中，对它在农村社会中的影响和作用进行分析和介绍。

2. 地方性风俗习惯

风俗习惯是各民族在物质和精神生活方面广泛流传的风尚、习俗，是组成一个民族的人们在一定的生存环境下，受各自民族普遍流传的价值观念支配，为满足生产生活需要，在各种生产生活领域的实践活动中长期传承的行为心理和行为方式。它表现在各个民族的衣食住行，婚丧、节庆、娱乐、礼仪等多方面的社会活动之中，反映和折射出各个民族的经济生活、自然环境、历史传统、生活方式和心理感情等社会生活的许多内容和诸多特征。这些风俗习惯拥有广泛的群众基础，并具有相对的稳定性，是长时间积淀的产物，并随着社会经济的变化而发生变化，尤其是一些少数民族的风俗习惯，还具有极大的敏感性。在地方社会发展过程中，由于特殊的地理环境、气候原因形成了各具特色的风俗习惯，这些风俗习惯是一个地方的人们在长期生活实践中形成的、独具特色的行为模式和心理依赖，它深刻地体现了地域文化的特征。从这个意义上说，风俗习惯是一种在正式规则无定义的场合起着规范人们行动的惯例或“标准行为”，而“标准行为”在规则没有定义的场合，通常只能表现为前人或多数人或年长的人的标样式行为。所以，习惯可以理解为在一种文化背景下的个人在某时刻以前所积累的经验所决定的标准行为。风俗习惯是历史的“烙

① 郑晓云：《社会资本与农村发展——云南少数民族社会的实证研究》，中国书籍出版社2008年版，第139页。

印”，尽管在社会生活中起着“软约束”的作用，但是具有很强的“渗透力”。

3. 地方性禁忌

所谓禁忌，是指人们为了避免某种臆想的超自然力量或危险事物所带来的灾祸，从而对某种人、物言行的限制或自我回避。禁忌是一种历史悠久且极其复杂的民间文化现象，它渗透到人们生活的方方面面，通过对自我言行的限制来祈福、辟邪，以便达到生活更加便利的目的。在农村，特别是少数民族聚居的地方，禁忌随处可见，往往与民间宗教信仰联系在一起，大多与自然崇拜、图腾崇拜、祖先崇拜及鬼神崇拜的内容相关。危险和具有惩罚作用是禁忌的两个主要特征。禁忌大致分为原初阶段、次生阶段与转化消亡三个阶段。丧葬禁忌与祭祖是禁忌的原初形态，与鬼魂信仰的联系最直接。次生阶段人们继承了原始时期的鬼魂崇拜所出现的禁忌，将它们制度化、礼仪化，并作出烦琐的规定。在人们的生活中，无论是礼仪、节日、行业等，凡认为不吉利的，几乎都在禁忌之列。从解放思想、破除迷信的近代开始，科学逐渐深入人心，禁忌自然消亡、转换。禁忌本是古代人敬畏超自然力量或因为迷信观念而采取的消极防范措施，它在古代社会生活中曾经起着法律一样的规范与制约作用。今天，许多禁忌随着人们对被禁物的神秘感和迷信观念的消除，已经逐渐消亡，但仍有不少禁忌遗留了下来，并且影响着人们的生活，从制度层面讲，禁忌也是一种非正式规则，起到调节社会、维护稳定的功能。

4. 少数民族习惯法

少数民族习惯法本质上属于地方性惯例，只不过由于它在民族地区的作用非常突出，所以有必要对它进行单独的阐释和分析。少数民族习惯法是少数民族在长期的社会交往和社会生活中形成的评判是非的标准和维护社会秩序的行为规范，形式上表现为成文法和非成文法的特征。不同的少数民族对于本民族的习惯法有众多不同的称谓。例如，位于青藏高原东部地区、云贵高原和四山盆地过渡地带的凉山地区的彝族称习惯法为“节威”，漓江源地区侗族的习惯法称为“款条”，苗族习惯法称为“苗例”，仡佬族的习惯法称为“会款”，瑶族的习惯法称为“石碑律”等。这些习惯法有的保存在诗歌里，有的保存在传说里，有的反映在石刻碑文里，有的刻在竹简和木简上，传播的方式主要有口传、行为示范、后天习得等。

以凉山地区的彝族为例，他们有专门的“法律人”“德古”，他们一般是家支的头人，是习惯法的熟识者和传播者，也是民间的调解人和司法官。彝人“德古”的培养虽无专门的学校、更无职业教育，但却从小生长于习俗、规范与道德的熔炉之中。幼年时期，在火塘边、山坡上他们便背诵家支的谱系，听长辈讲述训世诗、习惯法与传统典故，在婚丧嫁娶和节日之中，他们则参加激烈有趣的“赛说”活动。立志成为德古的青少年还会主动跟随长辈或是知名的德古云游四方，观看纠纷的解决，熟悉古老的法规和判例。然而，德古的成长并不仅仅是一个熟悉规范的“技术性”过程，它更是一种精神与道德境界不断升华的过程，一个机巧善辩但却心术不正的人为众人所轻视，决不能成为德古；而真正的德古不仅需要知识和智慧，更需要崇高的道德和无私奉献的精神，这些品质非生而有之，而是在生活中逐渐培育和思悟的结果。[①] 德古是彝族人心目中的权威，也是彝族文化和价值的继承者。凉山地区的彝族习惯法经过漫长的历史演进，形成了独具民族特色、体系完备的民间法律体系，它涉及生活的方方面面，从日常的口角之争、夫妻吵架，到一般的民事纠纷，再到刑事命案（凉山彝族称为“死给案”），都有一套体系完备、内容详细周全的约束和惩罚条款。尽管随着国家法治建设的快速推进，国家法律制度成为约束和调控社会行为的主要规范，少数民族习惯法受到了前所未有的冲击，但是在一些少数民族地区，其作用和影响依然强大。

六　作为非正式制度的村规民约

村规民约，也称“乡规民约”，是指在某一特定乡村地域范围内，按照当地的风土民情和社会经济与文化习惯，由一定组织、人群共同商议制定的某一共同地域组织或人群在一定时间内共同遵守的自我管理、自我服务、自我约束的共同规则或约定。严格地说，村规民约是由“村规”与“民约”两部分组成的。“村规”指的是乡村社会中村民共同制定和遵守的规则，其所维护的是乡村的整体利益，事关全部或绝大部分居住于某一特定区域范围内的村民；而“民约”则是部分村民为某一特定事项而进行的某种约定。这种规则或约定，大多是以文字为载体出现，也有一些非

---

① 陈金全、巴且日伙：《凉山彝族习惯法》，人民出版社 2008 年版，第 177 页。

文字的村规民约。[1]《中华人民共和国村民委员会组织法》第二十条规定："村民会议可以制定和修改村民自治章程、村规民约，并报乡、民族乡、镇的人民政府备案。"笔者比较认同谢晖先生的说法：（狭义的村规民约）仅指在国家政权力量的"帮助、指导"下，由乡民们"自觉地"建立的相互交往行为的规则，它们是国家政权与社会合作和互动的产物。从调查的情况来看，七个调查点均制定有村规民约，只是周家庄乡基本保留了人民公社制的机构设置，在乡镇下面没有设村委会而仍然是以生产大队组成，但是乡党委、乡镇府同样制定了乡规民约，但是在不同的地方，村规民约制定的科学性、合理性以及实际发挥的作用方面存在着较大差异。下面通过个案材料进行说明和分析。

鲁都克村民委中倮朵村民小组村规民约

为维护中倮朵村民小组社会治安稳定、民族团结、经济发展、构建平安和谐的民族大家庭，特制定以下村规民约：

一、为维护我村社会治安稳定，保护好人民群众的生命、财产、安全，护村队按定期加强巡逻。

二、本村党员干部及护村对，随时相互配合，不能参与赌博，如发现参与赌博者，罚 80 元，严重者给予开除。

三、农户与农户之间有打架斗殴、产生矛盾，应及时调解，不能拖延时间加深矛盾，违反者处罚 16 元。

四、经常家访特困户，引导科学技术，发展经济快速脱贫致富。

五、婆媳争吵，要进行教育，必须懂得尊老、敬老、爱老、养老的好风尚，如不听劝解，再发生这类事，处罚违约金 16 元。

六、丈夫殴打老婆的，要严厉批评教育，知错认错，知错不改的处违约金 20 元。

七、儿童与儿童争吵打架，大人不能参与帮忙，应该劝解，说服，否则产生两家矛盾着处罚 80 元。

八、大人与大人之间发生打架斗殴的给予处罚 80 元。

---

① 卞利：《明清徽州村规民约和国家法之间的冲突与整合》，《华中师范大学学报》（人文社会科学版）2006 年第 1 期。

九、按规定时间内召开群众大会，迟到一次罚 5 元，缺席一次罚 10 元，党员、干部、护村对违反者加倍处理处罚 20 元。

十、为搞好我村的环境卫生，规定在每周星期一大扫除一次，不按规定和不参加活动的罚违约金 5 元。

十一、在办理红白喜事中，不能饮酒闹事，本村和外来客搞好和睦相处，搞好团结，共同办事，违者本村的罚 100 元，外村的罚 60 元。

十二、集体事业大家做，无故不参加公益事业的罚 60 元，损坏和破坏公物的处罚 100 元，并负责赔偿和修复。

十三、特困户家有丧事，群众应该献出自己的爱心，捐款捐物，共同帮忙处理后事，群众和老干部负责监督村干部，党员违反上述条款者则加倍处罚，不依劝告者撤职。

鲁都克傈朵村民小组制

2008 年 11 月 10 日

（后附有参与制定成员的签名和手印）

该村的村规民约显然带有“以罚代管”的特征，规范性不高，很多方面明显与法律、法规不相吻合。《中华人民共和国村民委员会组织法》第二十条规定：“村民自治章程、村规民以及村民会议或者村民代表讨论决定的事项不得与宪法、法律、法规和国家的政策相抵触，不得有侵犯村民的人身权利，民主权利和合法财产权利的内容。”

贵家营村村规民约

2009 年 11 月 1 日村民会议讨论通过

一、遵守国家法律法规和上级政府的各项规定，以经济建设为中心，坚持改革开放，建设文明富裕的新农村。

二、合理利用自然资源，禁止非法买卖土地，禁止乱砍伐林木，做到不违法占地，不违法建筑，不弃耕抛荒，坚持植树造林。

三、爱国家、爱集体、勤劳致富，家庭和睦，邻里团结，助残扶弱，文明办事，礼貌待人，乐于助人，见义勇为，争当文明村民。

四、严格执行婚姻法和计划生育国策，严禁非法婚姻。提倡晚婚晚育，自觉实行计划生育，做到不早婚早育，不弃婴、不溺婴。

五、自觉履行纳税意识，按照规定缴纳各项税、承包款以及按规定承担的其他费用。自觉执行义务工和劳动积累工投工制度。

六、遵守社会公德，维护社会秩序，做到不聚众赌博，不打架斗殴，不无理取闹，不偷盗拐骗，不敲诈勒索。违者视情节严重予以批评教育、赔偿经济损失，直至依法追究刑事责任。

七、树新风，破旧俗，不搞封建迷信活动，提倡喜事新办，丧事俭办，自觉实行殡葬改革，积极推行火化，禁止乱葬乱埋。

八、夫妻地位平等，共同承担家务劳动，共同管理家庭财产，坚决反对家庭暴力。

九、尊老爱幼，村民应尽赡养老人的义务，禁止虐待歧视老人，父母应尽抚养教育未成年子女的义务，保证九年义务教育实施，对不尽义务的，轻者给予批评教育，重者报司法机关处理。

十、村民之间要互尊、互爱、互助，和睦相处，建立良好的邻里关系，在生产生活社会交往中应遵循平等、自愿、互惠、互利的原则，发挥社会主义新风尚。

十一、爱护公物，自觉保护公共设施，不损坏、不破坏。

十二、爱清洁，讲卫生，不随地吐痰，建筑垃圾应该及时放入垃圾场，保持良好的村容村貌。

十三、养羊户一律实行圈养，禁止羊出村，羊入地，若发现羊出村每只罚款 100 元，羊吃庄稼每只罚款 100 元。

本村规民约如有与国家法律法规政策相抵触的，按国家规定执行。

本村规民约由村民委员会负责解释

本村规民约自村民会议之日起执行

相对而言，该村的村规民约较为规范，这主要源于地方政府和相关部门的全面审查和合理引导。运城市已有 724 个行政村修订或完善了《村规民约》，并由运城市委组织部牵头，组织市民政局、农业局、司法局对其进行全面审查。新修订的《村规民约》由村民自己制定、自己执行、自己监督，被村民们形象地称为建设社会主义和谐社会新农村的“小宪法”。“去年7月份，我们队进行了一次土地流转资金分配，以往20天都分不清楚的钱，这次一天就分清楚了。”平陆县西寒窑村村民丁大伯高兴地说，“以往都是干部们说了算，分完后谁都有意见，现在有了‘小宪法’，规定要求村务公开，对租地款、民政救济款、粮食补助款等实行财务公开，经村民讨论，上墙公布拍照并附表报销。公开、公正、公平，让大家都清楚，谁也没意见。”西寒窑村村支书刘德法告诉记者一行：“只要民主，只要公开，就不会有问题。村规民约是全村老百姓公开提议制定，由137个村民代表讨论通过的。村规民约就是我们村的‘小宪法’，谁要是不执行，就是跟自己过不去，也是跟全村3056口人过不去。”①

从以上村规民约的具体内容以及对农村社会的影响来看，各地制定的村规民约可以说是参差不齐，有些明显与法律制度的基本精神和理念是违背的，当然，这样的村规民约肯定也不会执行得好。反之，如果政府加强指导，进行合理引导，提升村规民约的规范性和合法性，它的确可以在农村治理中大有作为。

七　作为非正式制度的家族认同

“家庭”“家族”在中国社会里有较强的伸缩性，从家族的视角来审视农村社会有着非常强的科学性，中国传统社会重土地依赖，重人情、重家族归属无不与“家”“家庭”联系在一起。有学者还尝试从家庭结构出发来探讨村庄的治理模式，把存在着强有力宗族组织的村庄看作村庄社会关联度高的宗族型村治模式，视村民原子化状况的村庄为低关联度的村庄，并把它归类于原子化村庄治理模式，但是目前从宗族去理解农村社会的村庄秩序，其实已经不具有代表性和普遍性。我们知道，20世纪以来，宗族组织受政治运动及市场化发展的冲击，宗族组织已经逐渐解体，宗族的观念也开始弱化，特别是新中国成立后，国家的现代化努力对农村基层组织进行了重构，尽管家庭联产承包责任制确立后，在有些地方又有恢复和延续的表现，但除了部分地区，如江西、福建、湖南等少数农村外，宗族作为共同的认同和行动单位的农村已经不多了。但是在经济逐渐发展、

---

①《村规民约：运城农民和谐的“小宪法”》，2010年3月，民主与法制网（http://www.mzyfz.com/news/times/v/20100331/110712.shtm）。

现代化不断推进的过程，家族认同仍然发挥着重要作用。有学者把宗族解体后，建立在家庭之上以血缘认同为基础构成的农民行动单位划分为三种类型：小亲族、户族、联合家庭。小亲族是指具有较强行动能力尤其具有一致对外能力的兄弟、堂兄弟乃至五服内关系基础上的家庭联合体；户族区别于小亲族，具有弱的对外一致行动和强的对内合作的典型特点，指具有较强对内合作能力的兄弟、堂兄弟乃至五服内关系基础上的家庭联合体，户族的对内合作主要体现在婚丧嫁娶等活动上的合作；联合家庭，是指由已经分家的兄弟，由于仍然相互承担诸多权利义务关系，由此实现兄弟家庭的联合，组成家庭的联合体。小亲族和户族都是范围比较广大的血缘共同体，在农村社会中的作用更为突出，特别是小亲族在村治各方面发挥重要作用；联合家庭因为只涉及兄弟，规模较小，在村庄公共事务中发挥作用的空间不大。①

家族组织在中国乡村社会的重建，主要由以下三个原因导致。（1）传统文化因素。儒家文化是中国传统文化的正统文化，儒家文化非常强调人伦、道德、礼治，而这些规范和要求都是以家庭血缘关系为基础的。在中国传统文化里，个人从来都不是像西方社会里那种是一个“意志自由”“思想独立”“行为自觉”的独立个体，庞大的家庭结构以及与这个结构相适应的“家文化”主宰着个体的意志和行为。（2）制度原因。取缔人民公社制后，国家行政控制在乡村社会弱化，政府所提供的各种服务，既不能完全满足村民的技术和市场需求，也不能满足农民的社会和心理需求。家族组织作为地方性现象，实际上可视为一种非正式的特殊关系网络，不仅维护了乡村社会的秩序，填补了正式制度的漏洞，而且是政府发挥作用的基础性网络组织。（3）经济根源。改革开放以来，家庭联产承包责任制恢复“家庭”作为最基本的生产和经营单位，由于农业生产力水平低下，大多数农民群体都是通过家庭获取基本的生产生活资料，这进一步强化了农民对家庭家族的归属感和认同感。

费孝通先生在《乡土中国》一书中提出了“差序格局”这一极为重要的概念，以说明中国传统社会中社会关系的特点。费先生明确地讲到，血缘关系和地缘关系是中国传统社会的社会关系的基础，其中最重要的是

---

① 贺雪峰：《村治模式——若干案例研究》，山东人民出版社 2009 年版，第 31 页。

血缘关系。这种以“己”为中心形成的社会关系，一圈圈推出去，愈推愈远，也愈推愈薄。换言之，以差序关系构建的社会关系，离“己”越近，道德性和工具性责任越重，这就是传统中国社会结构的基本特征。“差序格局”实际上是以首属群体（如家庭、亲属、朋友、熟人等）为基础的权利义务关系，在人际关系模式上，遵循着特殊主义的原则，具体表现为一种“顺差格局”式的“熟人关系”。从根本上讲，“熟人关系”可以概括乡村社会关系的基本面貌。家族认同仍对当前的农村社会产生着重要影响，在农村你会经常听到诸如“我们是一家”“自家人”“一家子”这样的说法和表达。家族认同建立在同宗、同姓或血缘、亲戚关系基础上的家庭联合体的认同感和归属，体现在它既是同姓家庭的联合体，也包含血缘关系的亲戚家庭联合体。比如西南地区大小凉山彝族的家支制度就是家族认同的典型例子：家支是一个复杂的血缘网络，在一个共同祖先的血缘组织上成长起来的一代又一代有共同血缘关系的人们，形成了一个以血缘为基础的强大家族社会网络，在彝族社会中每个彝族的社会成员都由家支谱系贯穿于一根根无形的链条上，每一个男人和家庭就是一环扣，从而构成一个庞大的血缘系统。在社会中家支对于彝族社会、经济、文化、政治、军事等方面都产生着重要的作用，发挥着重要的功能，家支在社会生活中犹如一张无形的网保护着每一位成员，对外则以家支的集体力量维护着本家支的尊严，保护着家支成员的利益不受侵犯，而对内则协调着家支成员和家庭之间的关系。家支由共同的祖先符号作为家支的凝聚力，也有家支的神灵、家支的墓地，这些都是一个家支的凝聚因素，遇到荒年家支内如果有人缺粮，家支的其他成员就会予以救济，共同渡过难关。家支内有人父母早逝，家支内的其他成员也会对其遗孤进行扶持抚养，作为家支的一个成员只要认同于家支就不会有生存上的困难，人们不论走到哪里，两个彝族人只要相互背诵自己的谱系往往通过谱系就可以知道自己是否属于同一家系，而找到了自己的家支，就可以获得这个人无私的帮助与照顾。①

事实上，仅从血缘认同的角度来理解农民以家庭为载体的行动单位和

① 郑晓云：《社会资本与农村发展——云南少数民族社会的实证研究》，中国书籍出版社2008年版，第99页。

逻辑是不够的（尽管非常重要）在现代化、市场化、城市化发展的驱动下，从“家”出发而形成的认同和行动逻辑除了血缘认同外，地缘认同也是一个重要的因素，比如在农村，一位张姓村民可能仅仅因为欣赏、佩服、认同，或者其他原因而支持没有任何血缘关系的李姓村民，或者王姓村民跟着李姓村民出去打工，彼此相互照顾、相互支持变得越来越普遍了，因此从这个层面来思考，家的认同不仅仅来源于血缘基础上的“一家子”，从抵御风险和对外发展来看，“家乡人”“老乡”仍然是重要的社会网络资源。

第四节　非正式制度对农村社会的影响

农村社会中的非正式制度是与相应的农村社会结构、文化特质、生产生活方式紧密联系在一起的，但是中国农村地域广，地理环境、文化传承、历史发展差异较大，使非正式制度的具体表现形式，及其作用和功能差异性大，造成了非正式制度在农村社会中的不平衡性。总体上看，一方面，受国家权力和意识形态渗透较强的北方农村和经济相对发达的东部农村，传统性非正式制度保留较少，总体存量少，而西部欠发达地区农村非正式制度约束力强；另一方面，在不同区域、不同地方的农村，非正式制度要素在农村社会中的地位是不同的，比如宗族势力在江西、福建等地较突出，而其他地方的农村很少有影响，宗教在西部地区特别是少数民族地区影响较大。非正式制度的这种不平衡性对我们探讨非正式制度对农村治理的影响带来了难度，也很难形成一个让人信服、具有较强解释力的理论模型。但是无论非正式制度在不同的农村社会中的构成要素和拥有量的差异如何，非正式制度的作用和影响是有规律可循的，也是可以通过具体分析得到证明的。下面我们将从积极方面和消极方面对其在农村治理中的作用进行分析和论证。

一　非正式制度对农村社会的积极影响

1978 年以来，随着家庭联产承包责任制的推行，原有的人民公社管理体制实际上处于瘫痪状态，即使到了今天我们仍然感受到村民自治制度在农村的实践并没有理想中的好。国家行政权力在农村弱化，但是农村社会并没有想象的那么杂乱无章，这其中一个重要的原因就在于农村有一套内生型非正式制度在发挥着重要作用。非正式制度正是生活在农村的人们必须共同遵守的秩序和社会规范，这些规范及秩序的遵守是一个社会按照一定规则稳定运行的基本保证，诸如面子观、道德观、伦理观不自觉地对人们的行为起到强有力的约束作用，乡村的社会认同形成了村庄集体行动、提供村庄公共产品的重要驱动力等。在传统农业社会中，由传统、习惯、风俗、经验、常识等构成的非正式制度，对人的行为约束是十分有力的，这些行为约束规范细化到人们的生活工作里面，“没有大量的习惯、传统、惯例，生活就不能顺利的展开，人的思维就不能这样迅速地对外部世界做出反响”①。

1. 地方性惯例、某些禁忌在一定程度上弥补了法律制度的欠缺和不足

地方性惯例是在长时间的社会发展演进过程中自发形成的，通常具有维护社会秩序、规范人们日常行为的功能。相对城市而言，由于农村一直缺乏国家法律制度的资源环境，在法律制度渗透薄弱的农村地区，地方性惯例的存在和发展有其独特的社会需求和现实原因。比如在云南仍然保留的“挂红”“打东道”等地方性惯例，以及少数民族习惯法的影响等，都在一定程度上弥补了法律制度的欠缺和不足。“挂红”是当地的一种惯例，是旨在对某些禁忌和需要规避的行为进行矫正或者祈福的行为方式，它从某一个侧面反映村民理解和把握世界的基本方式，具有某种神话和原始宗教的特点。比如，一个外来的人喝醉酒在主人家里闹事的话，这会对主人家造成不好的影响，会被认为不吉利，这个时候为了消除这些不好的影响，主人家就会要求“挂红”。“挂红”一般情况下就是用红纸包上一定数额的钱币交给主人家，钱数要带个吉利数字，同时以给对方造成的影响和当事人的意愿为主导向主人家支付诸如 3 元 6 角、6 元 6 角、36 元 6 角，等等。“挂红”习俗集多种功能为一体，既有宗教功能，也有教育功能，同时还兼具一定文化功能。“打东道”（当地人把它简单称为“一起吃的意思”）是当地一种具有惩罚和教育性质的地方性惯例，主要针对偷

① ［匈］乔治·卢卡奇：《审美特性》第 1 卷，徐恒醇译，中国社会科学出版社 1986 年版，第 27 页。

盗行为。比如某位村民偷了别人家的粮食，或者做了其他偷鸡摸狗的事情后，只要证据和事实确凿，几位村民就可以去他家里拿一些东西，甚至牵头猪、牵只羊进行宰杀或者让他给村民交些罚金买些食物，然后做成饭，请村民在一起吃，在吃饭的过程中对该村民进行批评教育。但是，村里人说，随着近些年法律的完备和社会的发展，这种做法现在越来越少了，有时候只是一种象征性的行为。[①]

在法制化水平较低的彝族聚集的凉山地区，当地人在大多数情况下会选择彝族“习惯法”来解决各种矛盾和纠纷，而很少诉诸法院。以凉山州美姑县和昭觉县为例，美姑县法院每年解决的民事案件仅有70—80起，起诉到法院的仅有10%，也就是说，90%的案件均在山野田间坡被“德古”采用习惯法解决了。不仅如此，不少诉至法院的案件，经法庭开庭审理并判决后，纠纷并不能解决，双方还得再用习惯法重新调解一次。昭觉县人口20万，彝族人口占95%，以1997年、1998年、1999年三年为例，县法院受理刑事案件的数量分别为80件、104件和127件，民事案例210件、169件和176件，受理案件数量与人口的比例远远低于全国各县的平均值。有时用习惯法解决案子的“德古”甚至围坐在法院大门外，形成“坎上法庭”与“坎下法庭”对峙的特有景观。这种情况在昭觉、美姑、布拖等县最常见，甚至近年来在越西、金阳、雷波、甘洛、西昌等彝族聚居区也存在。[②]

2. 具有认同功能的意识形态能有效降低制度创新和执行的成本

作为体现国家整体指导思想、价值观念的国家意识形态，如果能得到人民的认同和支持，必然会对国家和个人的行为起到规范作用。它是一个国家“软实力”或者“软约束”的重要来源。所谓国家的“民意”支持在某种意义上体现为民众对国家意识形态的理解和支持，意识形态认同能增强人们的规则意识和法律意识，从而减少因大量违规行为带来的执法的费用以及实施机关制度带来的支出，同时因认同也会产生追求集体利益、国家利益的奉献行为，以及追求自我成就感的实现等，起到规范和激励的

---

① 高满良：《改革开放以来农村治理：制度研究述评——基于新制度主义的视角》，《云南行政学院学报》2011年第5期。

② 陈金全、巴且日伙：《凉山彝族习惯法》，人民出版社2008年版，第439页。

作用。

从宏观的制度创新来看，我国农村家庭联产承包责任制的确立和社会经济体制的建立等无不与党和国家对“解放思想、实事求是”“改革开放”“独立自主”等意识形态的宣传相关。从具体制度执行过程来看，在中部经济相对发展的农村，国家意识形态渗透强，民众对制度更加的支持和理解。反之大部分西部地区、欠发达地区的农村，广大农民对国家的政策不仅不熟悉，反而出现排斥状态，这与意识形态的认同和理解有很大关系。以广西平圩民族村为例，平圩民族村是广西左右江革命根据地红色文化中心区。国家也一直重视对该地区的开发与建设，该村因国家西部开发标志性工程——百色水利枢纽工程而搬迁建成的移民村。2008 年，胡锦涛总书记到该村视察工作，该村有一个非常典型的特点：对国家政策十分认同，非常支持国家的各项工作。这里面的一个重要原因：长期受到红色文化影响，加之国家和政府开发力度大，该村在意识形态方面具有较强的认同性，在这种认同逻辑下，会更加支持国家的方针政策。

但是，由于非正式制度具有内控性、延续性的特点，这往往使它成为阻碍制度变迁与创新的因素，延长制度变迁的时滞，并强化制度创新的路径依赖。同时，不适当的非正式制度安排，也将干扰正式制度功能的发挥，扰乱社会运行的秩序，从而增大社会运行的操作成本，降低制度绩效。市场经济秩序之所以在我国乡村社会难以确立和认同，就是乡村社会非正式制度复杂并具有惰性的缘故。非正式制度是个人与环境达成“协议”的一种节约信息费用的工具，即人们通过在实践中形成的意识形态和习惯准则，达成一种个人与外部世界的确定关系，因而大大简化了人们认知和选择的过程。同时，它所包含的与公正相关的道德评价，有助于缩减人们在相互对立的理性之间进行选择所耗费的时间和成本，节约交换的费用。正如诺思所说，意识形态是减少其他制度安排服务费用的最重要的制度安排，一定的意识形态的伦理道德提高了人们遵循正式制度安排的自觉性，从而大大地减少了实施的摩擦与冲突及监督费用。

3. 家庭外部关系网络化带来农村发展，加速农民社会融入

中国的家庭观念和家族意识，为此农村实行的家庭联产承包责任制为核心、以农民多种经营为补充的正式制度改革，提供了组织基础和认同机理，减少了实施成本，促进了农村经济社会的发展。

在家庭关系模式的家庭内部关系表现为平等化趋势的同时，家庭外部关系（即家庭与家庭之间的关系）则表现为网络化趋势，在市场经济条件下家庭经济功能逐步恢复和加强，而家庭规模的小型化趋势与这种社会要求明显存在不适应。在这种情况下，基于婚姻血缘关系的家庭之间的人际关系网络则满足这种需求，因而形成家庭外部关系的网络化。因此，家庭外部关系的网络化是以一种关系模式复制了传统大家庭的结构和功能，并在今天的社会变迁中发挥着作用。

所谓家庭外部关系的网络化，是指几个有亲属关系的家庭之间组成的网络。这一网络中的所有家庭有可能联合成一个“家庭组合”，但与传统大家庭不同的是它们之间的关系仅以网络化的关系存在，并不同居共财；也不受制于一个家长之下，而是保持着相互间的独立和平等；而且夫妻中女方的亲缘关系也被列入其中，这就突破了传统男权下的家庭间交往模式；各个家庭间关系的紧密度通常以日常交往及相互援助的方式体现。

改革开放以来，随着家庭作为独立的经济组织的功能恢复，家庭及家族的聚集互助功能也在恢复与发展。中断了数十年的家庭与家族在劳动经营、聚敛财富及应对职场和生活环境动荡方面的作用获得重生。家庭与家族对社会的作用力强度越来越大，同时日益变化的社会也影响着家庭与家族的形式向多样化方向发展。同时，由于社会组织缺位，政府组织难以到位或组织成本过高，于是以家庭、扩大家庭为单位的社会网络迅速发展起来。可以说这种网络化的家庭关系是传统家庭关系在现代化发展背景下的新表现、新形式。

传统中国社会历来以家为本，在社会主义市场经济迅速发育的条件下，这种“家本位”不是消隐和退出，反而显得更加强劲和活跃，渗透到经济生产、社会生活等各个领域。以家为本，依托血缘、姻缘、地缘等关系逐步构建家庭网络，这种家庭网络越是跳出和远离家的原住地，越显得紧密和珍贵，出门在外几乎没有其他资源可以比“家”的资源更方便快捷地办事情和成就基业、做大市场、开拓创新、抗拒外力、确保安全。改革开放后出现的家族企业、农民工外出的家庭网络化的社会支持等，这正是当代中国传统性社会资本复兴下，显现着家庭间强大的社会资本积极性（正功能）。[①]

4. 人情交换实现了没有“组织”的“组织化”效果

中国社会是一个非常讲究“人情”的社会，谙熟“人情世故”对一个人来讲是具有重要意义的，特别是在农村社会里表现得非常突出，中国社会结构一个显著的特点就是社会组织的发展相对于社会发展来说是相对滞后的，但是中国社会又是相对稳定、有序的。其中“人情关系”“人情运作”甚至“人情交换”在某种程度上实现了没有“组织”的“组织化”效果。

国内已有专家和学者对农村的人情交换现象和范畴进行研究和分析。但是，从现有的研究成果来看，缺乏科学系统的分析和论证。笔者认为，所谓的人情交换指的是农村居民在生产生活中，基于特定的生产生活需要，以情面或人情关系为轴心而形成的自发性互助行为关系。它具有以下特征：第一，它是一种自发性行为关系，是在村民生产生活中逐渐形成的，具有一定稳定性、常态性、习得性的社会关系。第二，它以村民之间的情面关系而非利益关系为村民互助行为产生了依据和出发点。第三，它限于农村特定的地域和时空条件，一般以家族、宗族互助为主，也可以扩展到村民相对熟悉的地域范围，这以农村村民生活的辐射圈为限。

人情交换的产生根源于农村社会特殊的社会结构和农村发展的特定发展阶段，从近现代农村发展的现实来看，改革开放以后，人情交换关系之所以在农村互助行为中变得越来越普遍，与农村社会的转型，特别是人民公社制度的废除，家庭联产承包责任制的确立，有密切的关系，加之城乡二元结构的客观存在，农村缺乏像城市一样的公共服务机构，因此家庭自助在农村生产生活中，特别是在农事方面，还有在婚丧嫁娶等具有一定仪式性的重大活动中是无法满足农村的客观实际需求的。因此以人情交换为基本形式的帮忙解困现象就成为农村社会发展中的传统和习惯做法。在鲁都克村，这种现象是非常普遍的。笔者调查的时候正赶上村里在积极修建水窖，因为这一年云南出现了罕见的旱情，好几位村民正在帮村民张玉明家修水窖，村民们说修好他家的，又要去帮杨家修，他们都采取这种方

① 颜烨：《转型中国社会资本生成条件和机制初探》，硕士学位论文，中共中央党校，2002年，第8页。

式，七八个人组成“一小拨”相互帮助修，这样修一个水窖五六天就能完工，一来可以节约大量的成本（请外面的施工队来修就要花较多的钱），二来村民之间通过这样的方式彼此联系会更加紧密，相处起来会更加和谐、融洽。至于说村里的婚丧嫁娶这种“大事情”就更不用说了，只要告知一声就可以了。

二 非正式制度对农村社会的消极影响

1. 落后的社会意识会产生反射效应，进一步阻碍农村社会的现代化发展

非正式制度中的观念体系、社会习俗、伦理价值、地方性规范等本身是对现存社会结构、社会秩序的一种反映，但是这些非正式制度一旦形成，人们反过来又会在这些非正式制度约束下理解和改造现存的社会制度和社会秩序结构。思想观念对人的行为约束影响是十分有力的，甚至是决定性的。中国农村社会“乡土观念、安贫观念、农本意识”仍然浓厚，在西部农村地区，人们经济生产方式仍以传统农业为主，祖祖辈辈守候在贫瘠的土地上，最怕“背井离乡”“举目无亲”“落叶不能归根”的思想在农村仍然有很大的市场。农村地区的持续贫困除了生态环境因素、社会结构性因素外，很大程度上是由于农村传统文化观念影响所致，严重束缚了农村地区的社会流动速度。①

调研的云南鲁都克村，人们思想观念落后，思想意识差，已经成为影响当地社会发展、阻碍国家意志达成的一个非常重要的因素。这主要表现在两个方面：一是不重视教育。一位姓彭的老人说，这个地方比较贫困，人们也不重视教育，一般情况下村子里边的小孩到初中就不上学，甚至连初中都没有上完就辍学。老人家有一个孙女，她努力地上完了初中，还想上一个技术学校学点技术，但是，由于家里贫困不得不辍学，后来跟随父母亲一起打工。老人说，有些孩子学习成绩好，但是他们没有钱上学，而有些孩子家里有钱但是学习成绩不好，两者都存在，但是后者更少于前者。到目前为止，该村只有一个大学生，就读于云南某所高校，大学二年

① 胡晓霞：《非正式制度与中国农村基层治理》，博士学位论文，新疆农业大学，2007 年，第 30 页。

级；高中生也就几个，很多孩子连初中都没毕业，就出去打工，从此就失去了宝贵的上学机会。基础教育都没有做好，更不用说高等教育，这也印证了村主任所说的义务教育制度落实困难的客观事实。二是重男轻女思想严重。村民大多出于传宗接代或面子上的考虑，都希望自己生个男孩，如果没有儿子，村民就会超生，在村子里有很多超生的现象。民风、民貌体现了村民日常生活的习惯和生活状态。在鲁都克村，民风、民貌差是一个客观事实，且对村治产生着重要的影响。这主要体现在以下几个方面。首先，消极对待人生。该村自杀现象较多，自杀者中甚至包括小孩。一位村民这样描述，一些人对生命和未来感到茫然，他们认为“不愿在世上混，只愿在土里闷”。一件让人深思的事件是：笔者一行三人调查组出村的那天，课题组吃完早点，搭乘吴副镇长的车出村，车刚出村不久，我们又被村王书记打电话叫了回去，原来王书记家上小学四年级的儿子因为拿了他爸爸的几百块钱被他爸爸教训了一顿，一气之下把他妈妈放在灶房里用来给烤烟除虫害的农药给喝了些。我们一行又急匆匆地赶回去把他送到离村最近的蒙自县鸣鹫镇卫生院进行救治，灌肠、输液忙到下午三点多医生才说基本上没什么事了，由于吴副镇长要赶回来开会，我们下午又赶回了镇里。这件事给调查组一个不小的震动，事件背后深层次的原因和问题需要进一步分析和研究。其次，“庸、懒、散”现象突出。鲁都克村居住的居民基本上都是少数民族，彝族最多，大多喜欢喝酒，酒喝多了不但不干活，还经常打架斗殴。这种民风也成为当地男性找不到对象的一个重要原因。该村村支书说：“附近其他村的女孩子听说他们这样的行为都不愿跟他们接触，40—50 岁男性在整个村有 10 多个没有对象，还有 70 多岁的一个老党员一直没有结婚，30 多岁没对象的就更多了，有 20 多个。”再次，赌博之风严重。在当地，赌博之风盛行，村民聚在一起大多时候都在赌博，特别是年轻人。据当地老百姓反映，一年十二个月基本上是“三个月在忙，九个月在赌”，也就是说，除了春耕和秋收这两个时间段相对比较忙以外，平时都赌得很厉害，这种现象不但影响家庭，还影响社会。思想观念、民风面貌往往又相互交织，对村民的日常行为产生着较大影响。所以分管该村的吴副镇长形象地说，“封闭落后的思想观念使国家政策落实相当困难，起不到盐巴味精的作用”。这方面的内容我们将在后面正式制度与非正式制度关系的研究中进一步展开分析。

2. 大量非正式制度的存在阻碍了农村的法治化进程

非正式制度作为约束机制广泛地存在农村社会，尽管在一定程度上维持了农村的秩序化，但有些非正式制度由于其基本内涵、价值理念以及发挥作用的机制、过程与我国基本的法律制度的精神、原则及基本要求是相违背的，不利于我国法制化的发展。表现为：第一，许多纠纷和矛盾通过非法律化手段解决，而且明显违背法律要求。比如，在我国西南彝族聚集的凉山地区，由于少数民族习惯法的强大，当地村民在处理纠纷和矛盾，甚至“人命案”时，仍然依据习惯法来解决，甚至国家机关介入也不能从根本上解决问题，村民还是要寻求“坎下法庭”进行二次调解，直接威胁到法律的权威。第二，大量的非正式制度直接渗入到法律、制度领域，像血脉一样影响着人们的生存方式，不利于制度的有效实施和价值导向功能的发挥。法律实施中讲人情、讲关系、讲权力，这与现代法律追求公平、正义、自由、平等、理性等诉求是不相吻合的。第三，非正式制度还直接影响着人们非制度化政治参与。在一些农村地区，人们借助于家族、宗族力量参与基层选举，直接干预和破坏了基本的民主程序，甚至出现宗族力量对抗基层政府的行为等。

3. 异化的人情交往成为经济负担，加快农村社会分化

农村长期生活在特定的村庄范围内（熟人社会），彼此之间有着长期生活在一起的理论预设，即人情关系是在长期的社会生活中形成的“非正式制度”。建立在血缘或者地方认同基础上的各种社会关系，是农村社会形态的基础性结构。并通过各种途径和方式在村庄构筑起自己的行为方式和认同关系。而人情交往正是强化“认同”或是扩大“认同”的。农村社会中的人情分为仪式性人情和日常性人情，仪式性人情是农民在人生大事时候争办的仪式和待客活动，而日常性人情则是农民在日常生活中具有人情意味的互助、合作行为。[①]

人情是一套约束特定社会群体的非正式制度，它能够把熟人社会中的每个人都卷入其中，人情可以涵盖社会生活的方方面面，成为熟人社会中赖以生存的社会基础，熟人社会中的每个人都身陷其中，当一个人脱离了一定的社会人情圈的时候，也即意味着他已经脱离了熟人社会的生活圈。

① 杨华：《人情的性质及其变化》，《中南财经政法大学研究生报》2008 年第 1 期。

从理论上看，人情越多，人和人之间的交往会越来越密切，村庄的社会资本就会增多，就会产生较好的社会效益，但事实上，在市场经济的冲击下的农村人情关系变得越来越功利，越来越“物质”，人情异化现象较为普遍。

第一，人情的文化仪式被剥离，利益追逐被强化。人情的文化功能已经被严重挤压，甚至基本看不到，逐渐演变成赤裸裸的利益运作和利益追逐。诸如“做寿”“建房”“婚嫁”等，仅从仪式性来看已经很简化了，甚至几乎看不到了，但是收礼金的“桌子”肯定在这些场合被放在最为显眼的位置，以至你很容易找到，收取更多的“礼金”或者作为生活在熟人社会里的村民实现长期人情“付出”的礼账平衡，是大多数“摆酒”主人追求的主要目标。

第二，人情消费和支出增加了农民的经济负担。在人情名目越来越多、人情交往越来越频繁的背景下，人情就像一张无形之网，把所有人都圈入其中而不能自拔，对于那些经济条件相对来说不算太好的村民而言，人情消费和支出变成了一种经济上的压力和负担。云南宝山村六组高姓村民这样说：“家庭纯收入大约三万多，每年的‘人情账’（现金随礼）大约要花一万多，在‘吃酒’旺季，特别是春节前的两个月内，有些时候收入往往不够支出，没有钱的话，借也要借一些放在家里。”在中部农村的山西贵家营村和山东北泉村，村民普遍也反映礼金负担重的“现实”，甚至他们还提出来希望国家能规范化地整顿一下。

第三，人情往来加速了农村的社会分化。不同经济收入的农村村民在人情中扮演的角色和追求的目标是完全不同的。对于普通老百姓而言，招待好客人，按照习俗、规矩，顺顺当当地把自己的事情办好，是人情交往的主要方面。但是经济收入高，在乡村社会里有一定社会影响力的人“摆礼”，那就具有多重功能了。在山西贵家营村蔚家兄弟迁祖坟就摆了几十桌的“酒”，村中大部分人都来随礼，村庄之外的朋友和同事就更多，“村三委”班子成员全部参加，甚至地方上的某些领导干部也光临。究其原因，俩兄弟家有个哥在四川某地质队当领导，他对村里做过些贡献，诸如帮助村民引“干渠”，捐资修建村公共设施等，算村里的名人了。迁坟的盛大场面不是普通人能够做到的，也给俩兄弟挣足了面子，俩兄弟在村中的地位逐渐清晰起来。当前村中富裕起来的群体和村干部已经成为大多数村庄的“社会精英”，精英之间的人情交往更注重功利性、社会价值性。这些人倾向于“摆大酒”“随大礼”。这里面的逻辑是什么呢？当然，不是所有人都能摆得起，哪怕亏本，我也要“摆”。不是所有人都摆得好，你要有那么多人来，要有人脉，这样，那些经济条件差、社会关系简单的人群就会自动“淡出”这种社交圈。通过人情运作，经济条件好的、社会关系广的群体，在自己苦心经营的社会网络里，实现了资源的共享，挣足了面子，获得了较高的社会地位。于是“贫富差距”的拉大与村中既有的人情网络产生了互动，人情网络成为贫富差距的表达，人情通过社会性的运作把经济差距转化为社会差距，从而在客观上成为社会分化的工具。

非正式制度的作用具有两面性：农村社会里非正式制度发挥着非常重要的作用，但是从上面调查的结果来看，其作用既有消极的，也有积极的，同时正式制度与非正式制度之间也体现出极其复杂的关系。基于此，如何发挥好非正式制度的积极作用，避免其消极作用，同时如何解决好正式制度与非正式制度之间的关系问题，为国家的农村治理提供良好的制度环境等问题，就成为我们未来努力的目标和关注的重点。

要重视民间的治理资源：国家制度的实施和推行必然有其深层的文化背景作为支撑和保障，但是在国家之外，社会自发的力量是不可忽视的。农村社会所固有的许多非正式制度（如习俗信仰、观念仪式等）和行为方式，不应该视为一种愚昧落后、陈旧过时的东西，它们并非“现代性”的对立物，而是农村治理中重要的治理资源和治理手段。我们对农村制度进行研究和探讨，其目的是要实现农村的有效治理，而实现农村社会的有效治理是一项漫长而复杂的系统工程，无论是站在国家的立场还是从农村的视角来看，真正文明、有效的治理必须以制度化的形式让农村更加有序、和谐。

第三章

农村治理中正式制度与非正式制度的关系分析

对农村治理中非正式制度的产生、内容及其作用机制进行分析，容易让人产生误解和错觉，认为农村完全是内生型秩序结构，与国家的正式制度无关，这就大错特错了。当下农村的社会性质、社会结构在很大程度上正是通过国家的法律制度塑造而成的。我们应该清楚地认识到：农村社会生活中非正式制度与正式制度是共同存在、共同发挥作用的，但二者是通过不同的约束机制和运行逻辑促进人们之间的相互联系和相互作用的。改革开放以来，农村社会中以各种形式复兴的非正式制度或新产生的非正式制度，在国家大规模制度渗透的背景下，二者究竟呈现出什么样的“实然”关系？具有什么样的质态？这是农村制度研究中不能回避的“社会事实”。

本章针对现有研究非正式制度与正式制度关系的各种观点，结合课题组调研的一手材料和大量辅助性材料和二手研究资料，对二者之间的关系进行既有“白描”又有“分析”，既有“事件”又有“过程”，既有“国家”又有“社会”的分析。在思路和方法上，课题组将通过自上而下、自外而内的政策法律、制度在村庄实践的过程、机制与结果的调查分析，来理解村庄内生的非正式制度。立足于从农村社会结构、性质及其变化的具体情况来展现二者之间的“实然”关系。

需要说明的是：研究并不是要对农村制度进行方方面面、林林总总的研究和分析，这是任何一位社会科学工作者在有限的时间、有限的研究内容内不可能实现的任务。而是通过多个具有研究价值的典型“个案”来展现二者之间的关系，为后面提出整合的具体路径和方式提供经验素材和理论支撑。本研究借鉴了“多重制度逻辑”的分析框架，但又依据研究的特点和内容的需要进行了适当的调整。本研究侧重在两个方面区别于其他研究。第一，依据制度对特定行为约束的基本原理，我们的分析框架力主“突破简约”，强调正式制度与非正式制度共同作用下，双重制度要素对特定行为的相互作用，在此基础上提炼发展理论。第二，在上述基础上，我们强调制度实施过程的“内生性”“互动性”“选择性”，采用宏观和微观相结合的路径，从国家和社会有机统一的视角分析正式制度与非正式制度针对特定行为的约束关系，从而把研究建立在实证的基础上。[①]研究从三个层面提炼分析思路：国家宏观的制度逻辑（制度想干什么，想约束什么样的行为）；农村社会的非正式制度逻辑（非正式制度怎么约束特定行为）；正式制度在农村社会的执行效果（针对特定行为正式制度约束得怎么样）。在此基础上提炼分析理论，梳理研究内容，发展分析概念，以展现农村治理环境下的制度关系。

按照新制度主义的理解，从制度与行为的关系出发。制度对特定行为的约束主要分为三类：支持、禁止和中立。对约束特定行为的正式制度与非正式制度的运行交叉分类，可以得到多种制度关系[②]，即：正式制度约束为鼓励，非正式制度约束为鼓励，关系为一致；正式制度约束为禁止，非正式制度约束为禁止，关系为一致；正式制度约束为鼓励，非正式制度约束关系为禁止，关系为冲突；正式制度约束为禁止，非正式制度约束为鼓励，关系为冲突；正式制度约束为主导，非正式制度约束为中立，关系为法理型；正式制度约束为缺失，非正式制度约束为主导，关系为规范型。但是作为宏观的制度要素，针对特定的社会行为，正式制度与非正式制度之间的约束关系从逻辑上来区分只能有三种关系：第一，二者相互支撑，二者在行为约束过程中具有一致性；第二，二者相互冲突，二者对特定行为的约束不一致；第三，二者在一定条件下的相互转化。进一步分析

---

① 周雪光、艾云：《多重逻辑下的制度变迁：一个分析框架》，《中国社会科学》2010 年第 4 期。

② 彭玉生：《当正式制度与非正式制度规范发生冲突：计划生育与宗族网络》，《社会》2009 年第 1 期。

可以引申出三个最基本的命题：

命题一：当正式制度进入农村社会，与农村社会中的非正式制度对特定行为的约束相一致，二者相互支撑，产生了良好的制度绩效，正式制度执行良好，执行成本低。我们称为制度相容。

命题二：当正式制度进入农村社会，与农村传统文化和非正式制度对特定行为的约束发生冲突，非正式制度不是作为正式制度的有力支撑，反而成为弱化正式制度权威和作用的一个重要变量，正式制度实施效果差，制度执行成本高。我们称为制度冲突。

命题三：无论是相融（相互支撑）的制度关系还是相互冲突（相互对立）的制度关系，从一个漫长过程来看，制度总是不断演化的，二者会相互转化：正式制度会变成非正式制度，非正式制度会向正式制度转化。我们称为制度转化。

上述区分与基本命题的形成，不仅具有逻辑的必然性，而且也是符合科学认知的，如果我们把正式制度与非正式制度看作是制度不可分割的两个组成部分，是一枚硬币的两面，它必然是矛盾的统一体。二者既相互对立，又相互依存，而且在一定条件下可以相互转化。因此，我们可以从制度冲突、制度相容（支撑）、制度转化三个方面对二者之间的关系进行分析和研究。

第一节　正式制度与非正式制度的冲突面向
——对正式制度执行难的典型案例分析

正式制度与非正式制度之间发生冲突，从理论上来分析，有其逻辑必然性。从制度的产生来看，非正式制度的产生在相当大的程度上是由于文化积累和生活习惯积累，自然形成的，人们遵循某种非正式制度安排常常是出于习惯、风俗或惯例而非理性的考量和选择，正式制度的产生大多是理性构建的结果，往往代表着国家的意志。哈耶克指出，建构秩序往往是具体的秩序，是可以创造出来的，服务于该秩序创造者的目的。[①] 建构秩序需要一种假设，即存在一位全知全能的构建者或计划者。然而从知识论

① ［英］哈耶克：《致命的自负》，冯克利译，中国社会科学出版社2000年版，第24页。

的角度看，全知全能是不可能的。① 事实上，完美的制度只存在于理念中，现实生活中只有次好的制度，正式制度不可能完全兼顾到地方性价值、信仰和意义。

经验层面，也不乏相关例证。徐勇先生对《被告山杠爷》和《秋菊打官司》两部电影进行过分析，认为它们都集中反映了这样一个事实：农村社会惯有的规则（民间法）与国家法律之间的冲突。电影《被告山杠爷》中的“山杠爷”是乡土社会中的权威和领袖，他依据小共同体的传统“民间法”，对不听话的村民施与惩罚，在他来看，这种惩罚是天经地义的，否则就无法维系小共同体的秩序。但是，他这种强制性暴力的整合却触犯了现行的国家法律，也因此成为“被告”。电影《秋菊打官司》中秋菊作为一位农家妇女，对于村长踢他男人的“下身”而不满，因此进城“打官司”，为自己讨一个“说法”，但却得到了国家法律的支持，村长因此受到国家法律的制裁。但当村长被法律机构带走时，秋菊也迷惑了：她的本意只是讨个“说法”，并不是一定要给村长以法律规定的惩罚。村长受到法律的惩罚不仅意味着村长权威受到挑战，得罪了村长，而且意味着维系村庄共同体的“民间法”权威受到挑战，会得罪全村的人。这种“迷惑”实质反映了“国家法”和传统“民间法”之间的碰撞和冲突，是来自于国家大共同体的法律权利与维系小共同体的义务之间的困惑。② 为了能清楚的展现正式制度与非正式制度之间的“实然”关系，为后面的理论提升和制度整合路径提供相对厚实的经验素材，下面我们通过正式制度执行难的个案分析来展现正式制度与非正式制度之间的“冲突”面向。所关注的核心问题为：在不同的非正式制度影响和作用之下，正式制度的实践结果如何。这里有一个逻辑前提需要说明，制度的实施受多重逻辑制约，是各种因素作用和影响的结果，我们不能把正式制度执行难的原因完全归于非正式制度，但它的确是一个重要的影响因素。

一 计划生育制度的国家逻辑与乡村实践

我国现行的《中国人口与计划生育条例》自 2001 年 12 月 29 日第九

① 省万田、周华馨：《正式制度与非正式制度的关系探析》，《教学与研究》2006 年第 8 期。

② 徐勇：《“法律下乡”：乡土社会的双重法律制度整合》，《东南学术》2008 年第 3 期。

届全国人民代表大会常务委员会第二十五次会议通过，自 2002 年 9 月 1 日起施行，国家采取综合措施，控制人口数量，提高人口质量。从组织和实施层面来看，把国家人口发展规划纳入国民经济和社会发展计划，由县级以上各级人民政府依据人口发展规划、人口与计划生育实施方案组织实施。乡、民族乡、镇的人民政府和城市街道办事处负责本管辖区域内的人口与计划生育工作，贯彻落实人口计划生育实施方案，现行国家计划生育政策的核心内容为：鼓励公民晚婚晚育，提倡一对夫妻生育一个子女；符合法律、法规规定条件的，可以要求安排生育第二个子女。具体办法由省、自治区、直辖市人民代表大会或者其常务委员会规定。少数民族也要实行计划生育，具体办法由省、自治区、直辖市人民代表大会或者其常务委员会规定。同时，国家对实行计划生育的夫妻，按照规定给予奖励，法律、法规或者规章规定给予终身只生育一个子女的夫妻奖励的措施是由其所在单位落实的，有关单位应当执行。独生子女发生意外伤残、死亡，其父母不再生育和收养子女的，地方人民政府应当给予必要的帮助。地方各级人民政府对农村实行计划生育的家庭发展经济，给予资金、技术、培训等方面的支持、优惠；对实行计划生育的贫困家庭，在扶贫贷款、以工代赈、扶贫项目和社会救济等方面给予优先照顾。

计划生育技术服务机构和从事计划生育技术服务的医疗、保健机构应当在各自的职责范围内，针对育龄人群开展人口与计划生育基础知识宣传教育，对已婚育龄妇女开展孕情检查、随访服务工作，承担计划生育、生殖保健的咨询、指导和技术服务。指导实行计划生育的公民选择安全、有效、适宜的避孕措施。严禁利用超声技术和其他技术手段进行非医学需要的胎儿性别鉴定；严禁非医学需要的选择性别的人工终止妊娠。

同时对违反计划生育规定的法律责任进行了明确的说明，有下列行为之一的，由计划生育行政部门或者卫生行政部门依据职权责令改正，给予警告，没收违法所得；违法所得一万元以上的，处违法所得二倍以上六倍以下的罚款；没有违法所得或者违法所得不足一万元的，处一万元以上三万元以下的罚款；情节严重的，由原发证机关吊销执业证书；构成犯罪的，依法追究刑事责任：（1）非法为他人施行计划生育手术的；（2）利用超声技术和其他技术手段为他人进行非医学需要的胎儿性别鉴定或者选择性别的人工终止妊娠的；（3）实施假节育手术、进行假医学鉴定、出具假计划生育证明的。伪造、变造、买卖计划生育证明，由计划生育行政部门没收违法所得，违法所得五千元以上的，处违法所得二倍以上十倍以下的罚款；没有违法所得或者违法所得不足五千元的，处五千元以上二万元以下的罚款；构成犯罪的，依法追究刑事责任。国家机关工作人员在计划生育工作中，有下列行为之一，构成犯罪的，依法追究刑事责任；尚不构成犯罪的，依法给予行政处分；有违法所得的，没收违法所得：（1）侵犯公民人身权、财产权和其他合法权益的；（2）滥用职权、玩忽职守、徇私舞弊的；（3）索取、收受贿赂的；（4）截留、克扣、挪用、贪污计划生育经费或者社会抚养费的；（5）虚报、瞒报、伪造、篡改或者拒报人口与计划生育统计数据的。

计划生育制度在各地的操作有一定的差异性，但大部分地方的农业人口一对夫妻还是允许生两胎。在边疆民族地区，针对特殊的少数民族群体，比如云南省的独龙族、德昂族、基诺族，阿昌族、怒族、普米族等还可以根据具体情况适当放宽。而对于计划外超生违反计划生育制度的相关规定，基本上也是参照国家的规定依法对夫妻双方征收社会抚养费，进行相关法律责任的追究和认定。计划生育作为我国的一项基本国策，经过三十多年的不懈努力，有效控制了人口过快增长的势头，为国民经济持续、健康、稳定的发展打下了坚实的基础。随着经济社会的转型，依法治国、以人为本理念的提出以及和谐社会建设的推进，制度的执行环境发生了巨大变化，农村计划生育制度在不同程度上出现了弱化的趋势，加之受不同地域环境、经济发展水平、文化传统等因素的影响，计划生育制度在不同地区的实施和执行存在相当大的差异。

在有些农村，计划生育制度的实施遇到了来自乡村的巨大阻力。国家对计划生育有着硬性规定，但从实施情况来看，乡村农民的生育行为并没有按照制度的规定展开，制度的价值导向并没有得到村民的认可。我们通过一个具体案例来分析非正式制度影响下计划生育政策的执行效果。[①]

鲁都克村（“鲁都克”是彝语的音译，意指低而突起、凹凸不平的石坡，是对该村中心区地理位置的描述，即现在该村天主教堂坐落处）是

---

① 相关内容作为中期性研究成果曾发表，参见高满良《农村治理中的非正式制度分析——对砚山县鲁都克村的个案研究》，《云南行政学院学报》2011 年第 5 期。

一个以苗族、彝族为主的少数民族聚居村，也是近代受到西方宗教渗透和影响较早的地方，法国人曾在此传播天主教，现村里仍然保存着一座天主教堂。村所在地，平均海拔 1900 米，最高海拔 2263. 3 米，是全县海拔最高的行政村，年平均气温 16 摄氏度，年降水量 1300 毫米，地处两州（文山、红河）三县（蒙自、砚山、开远）交界处，下辖龙潭、大寨、黑巴、上余、下余等 14 个村小组，共有农户 643 户，2623 人，有劳动力 1449 人，其中女性 1275 人。全村耕地面积 5177. 7 亩，人均耕地 1. 97 亩，林地 27462. 5 亩。2011 年，铺设了从阿舍到该村的村级硬化公路，村党总支下设党支部 9 个，共有党员 41 人，2010 年，全村农民人均纯收入 1011 元。纵观鲁都克村的总体情况，该村有以下特点：第一，经济发展水平滞后，经济收入主要来源于传统农业、家庭分散养殖、打零工等，属绝对贫困型村。第二，交通信息闭塞，人们的思想观念总体上较为落后、保守，受外界的影响相对较小。2006 年国家启动新农村建设后，行政村下辖的大多数自然村才逐渐通电，目前大多数自然村仍然没有实现村庄路面的硬化。第三，少数民族众多，文化习俗、生活习惯差异大。据以上特征，大致可以把该村定性为“西南边疆传统型民族村”，正是这样特殊的乡村结构和性质，使代表传统惯性的非正式制度得以延续和发展，传统因素对该村依然发挥着非常大的影响力。计划生育政策在这个村执行得非常不好，计划生育政策遭到了村民的抵制。主要表现为：（1）为了生个儿子，不惜超生。生个“儿子”已经成了该村大多数村民无形的“生育规范”。如果没有儿子，村民就会超生，在村子里有很多超生的现象，甚至村干部也会选择超生。在鲁都克的一个女党员，还辅助村上抓过计划生育，想要一个儿子，从而就超生了一个，最后被开除党籍。据村支书透露，该村至少有三分之一的夫妇为了生个儿子有超生行为。（2）通过现代医学手段，人为甄别胎儿性别。前面介绍国家对违反计划生育规定的法律责任进行了明确的说明，严禁利用超声技术和其他技术手段进行非医学需要的胎儿性别鉴定，严禁非医学需要的选择性别的人工终止妊娠。但是随着医疗技术的发展，特别是“B 超”技术的成熟，对妊娠期胎儿性别鉴定变得非常简单，别说是大医院，就连许多私人诊所里普通医生都能做。因此很多超生的村民就私下通过各种方式和途径，悄悄进行选择性别堕胎。该村尽管教育落后，信息闭塞、与外界的沟通少，但是“B 超”这个词大多数妇女还是比较熟悉的，很多妇女也就因为看“B超”才第一次出过村，到过周边的小城市。

村支书说：“由于现在国家政策发生了改变，以人为本，以教育为主，但基本没有人会去听，现在村里统计和上报出生人口的时候就会选择超生的不报，这些人就成了‘黑人’（没有户口），如果像以前一样有硬性的政策，就会好一点，国家的政策改变，导致现在农村的‘黑人’很多，宣传教育应该在教育发达的地方使用，而在农村比较落后的地方还要有相应的政策，在农村，重男轻女很严重，为了要一个儿子，村民会不惜一切代价选择超生，在去年，我们阿舍乡因为超生就开除了6个党员，国家政策的软执行不太符合当地情况。”

国家的计划生育政策为何不能得到有效地实施？哪些因素制约这项政策的实施？我们站在农村社会立场给出的答案是：落后的生育观念严重的影响了村民的生育行为。这种观念主要表现为：

第一，传宗接代思想仍然普遍存在。思想是行为的先导，价值观念决定了人们的行为选择。村民超生的行为选择，最深层次的原因体现在村民落后的生育观念上。在与该村村民交谈的过程中，我们发现大多数村民非常喜欢用“我们王家”“我们张家”“我们李家”“我们杨家”之类的称呼，无形中意味着对家族、家庭的一种认同与归属，一家人中没有儿子是不可想象的，更是很难让人接受的。因此一定要“生个儿子”的想法和意识成了当地生育观念的核心，甚至有着近乎决定人生意义和价值的功能。正如有学者形容的那样：“人的生命在本质上是短暂的，大部分人类历史也是暴力的。生命的短暂不仅造成精神上的恐怖，而且动摇社会秩序，死后在天堂得到永生（拯救）或者生儿育女延续香火（血脉）都是人类寻求慰藉的方式。祖宗崇拜是借血脉观念凝聚后代的一种文化构造。以祠堂祭祀祖先神灵，以谱牒强化族人之间的认同和纽带。”①

第二，重男轻女观念依然盛行。之所以对重男轻女观念进行深入的分析，原因在于尽管传宗接代的思想对生儿子提出了更高的要求，但从逻辑上来看并不意味着一定会形成重男轻女现象。这要求我们结合该村的实际

① 彭玉生：《当正式制度与非正式规范发生冲突：计划生育与宗族网络》，《社会》2009年第1期。

情况进行分析，该村经济发展相当落后，生儿子还具有“经济意义”上的功能，承担着养老、赚钱、养家糊口等方面的功能，俗话说“养儿防老”，在大多数农村，姑娘成年出嫁以后就是别人家的人了，所谓的“嫁出去的姑娘，泼出去的水”，女儿是对老人好、赡养老人，那是道德自律的问题，全凭女儿自己的认知和良心来做。但儿子不一样，赡养父母、照顾家庭那是天经地义的事情，是必须做的。在这样的观念支配下，有个男孩对家庭而言是非常重要的，同时也造成了村里妇女地位要比男性低很多，我们调查组在村里调研，在村民张玉明家吃住，吃饭的时候他的妻子基本没有上过桌子，我们也曾主动努力过几次，但没有成功。另外，在该村，女孩一般是不能继承财产的，村里有位姓张的村民，他父亲去世的时候留的财产比较多一些，他有个妹妹嫁到了周边的蒙自县，争着要了两万多元，他就和妹妹断了关系，不再走动，上坟的时候也不让妹妹去。

二　政府效力与乡村阻力：农村调解制度的困境

调解自古以来就是中国解决纠纷的重要方式，是指双方当事人以外的第三方，以国家法律制度、法规、政策以及社会公德等为依据，对纠纷双方进行疏导、劝说，促进他们相互谅解，进行协商，自愿达成协议，解决纠纷的活动。新中国成立后，以1954年国家颁布的《人民调解委员会暂行组织通则》作为标志，人民调解制度初步在我国确立，1989年《人民调解委员会组织条例》颁布施行，完善和发展了人民调解制度，把我国的人民调解工作推到一个新的历史阶段。2010年8月28日《人民调解法》正式颁布。我国逐渐形成了以人民调解、行政调解、行业调解、司法调解、仲裁调解、商务调解等多元纠纷解决机制，当前农村纠纷主要涉及以下几种调节方式：（1）人民调解。即民间调解，指在人民调解委员会的主持下，以国家法律、法规、规章、政策和社会公德为依据，对民间纠纷当事人进行说服教育、规劝疏导，促使纠纷各方互谅互让，平等协商，自愿达成协议，消除纷争的一种群众性司法活动。人民调解是群众自我管理、自我教育、自我服务的自治行为。（2）行政调解：指由国家行政机关主持的，根据国家政策、法律，以自愿为原则，在分清责任、明辨是非的基础上，通过说服教育，促使双方当事人互谅互让，从而达成协议解决纠纷的活动。行政调解可单独适用，也可以合并于行政裁决或行政仲裁中适用，一般分为两种：一是基层人民政府，即乡、镇人民政府主持的对一般民间纠纷的调解。二是国家行政机关（如公安、劳动、国土、城建、工商、行业监管部门等）依照法律规定对某些特定民事纠纷、经济纠纷、劳动纠纷等进行的调解。（3）司法调解。又称法院调解、诉讼调解，指法院在审理各类案件（刑事公诉除外）时，由法院主持，当事人平等协商，达成协议，从而解决纠纷所进行的活动。司法调解是法院解决民事纠纷的一种重要方式，对民事案件的审理发挥着重要作用。司法调解书与判决书有同等效力。

在法制资源相对贫乏、人们法律意识相对淡薄的农村，调解制度被广泛运用，但调解能否获得成功，不仅仅来自于调解制度对国家政策、法规的合理运用，还受到“乡土逻辑”的制约和影响。下面以一个“坟地纠纷”事件为个案，对调解制度实施中的非正式制度约束因素展开分析和讨论。

1. 坟地纠纷及初步调解情况

坐落于老十三队（现为A镇B村6组）的法家山，从法家在该地居住以来，至少十三代一直是法家坟地山林，位置与张家林地接壤，但张家和法家分属两个不同的村委会，且张氏家族势力较大，A镇另外两个村的主任、书记都出自张氏家族。张家林地被张氏家族用于安葬族内无后死者（死去的无后青年不允许埋葬在祖茔坟地内），由于张家林地有限，张家祖辈曾恳求法家祖辈在法家山林内送给张家人“2棺地”用于安葬张氏无后死者，法家祖辈出于人道和人情考虑同意了这一请求。此事为张家后来霸林、霸地埋下隐患。

1982年，土地承包到户，1986年山林承包到户，老十三队（现B村6组）共有38人分地、分山，法家获得“法家山”土地使用证和山林使用证。2005年，正月初四，张氏族人以身任A镇C村书记、主任张某雄、村民张某楚为首，带领张家族人，来到法家山林祖坟所在地强行霸林、霸地，他们要求让出政府分给B村6组村民该片区的土地和山林给张姓家族做坟地。正月十五日，他们发动全体族人，在所属B村6组的山林和土地上强行栽桩破埂，围交界，原来张家坟不到一亩，现在以坟霸地、霸林10亩有余。霸地、霸林行为侵害到6组农户：法某林、法某波、吕某爱、吕某松、吕某位、白某东、白某阳等共7家有余。

2005 年 6 月 2 日早，以张某忠、张某祥、张某楚为首，带领族人数十人，把 B 村 6 组村民种植于此处的玉米、洋芋、青苗拔毁。当天中午，农作物被损害的农户向当地政府、派出所报案，工作人员进行了拍照调查，当地农户带上土地使用证、山林使用证，到政府派出所备案登记，当地政府和派出所告诉 6 组村民不许吵闹、打架，听候通知处理。

直到 2005 年 6 月 10 日，以法某林为代表的 B 村 6 组村民在党政办公室找到该镇书记协商处理此事，书记说："你们的纠纷，我安排吴某杰副镇长给你们处理。" 2005 年 8 月，法某林再次找到吴某杰副镇长，请求协调解决张家以坟霸地、拔毁青苗的事，吴某杰副镇长说："工作很忙，过几天就来解决。" 直至 2009 年 3 月，法某林又找着吴某杰副镇长说"书记交给你处理，你咋不处理"，吴说："你不要慌，一定帮你处理。" 事情拖到了 2010 年 8 月，在农科站大门口，法某林遇着吴某杰副镇长又说"你咋会把张家以坟霸地，以坟霸山的事拖到现在都不给解决"，吴又说"我的事务多，你们之间的事情也不是一天两天了，慢慢解决"。2011 年农历正月十八日，一次偶然的机会使事态升级了！法家为了积极配合和支持国家修建"宣—普"（云南宣威到普立）高速公路的决策行动，在自家房屋、土地、坟墓均被占用修路、成为赤裸裸的"三无公民"（村民语：无房、无地、无坟）的情况下，含泪请乡亲们将自家祖坟共计 14 冢搬迁到自家林地内就近安葬，新的安葬地点仍是法家山林，有国家颁发的林权证及葬于此处 300 年以上的老坟 3 冢和 13 年的新坟 1 冢为据。当日，法家迁坟工作做完后，张氏家族数十人，在身任 A 镇 D 村书记张某锐、族人张某雄等人的指挥下，自恃家族人多势众，占势欺人，使用暴力，将法家迁移好的 14 冢坟墓挖毁。此行为激起了当地村民，特别以法家为代表的彝族同胞的强烈愤怒，事态升级且有发生群体性械斗的趋势，纠纷存在上升为民族矛盾和村组矛盾的可能性，不尽快解决，不排除发生重大群体性事件甚至命案的可能性。在当地政府、派出所及长者的努力下，事态得到暂时缓和。

2. 纠纷处理的过程描述

纠纷首次回应：法家向当地派出所报案，派出所来了工作人员，拍照、做了笔录就走了，后来给回了个电话，说：坟地界线不清，取证困难，建议向相关部门反映，协调解决。

第一次正式调解：法家所在地 B 村的村支书带着村主任及原来在该村工作过的老干部，组建了一个由村三委、老干部、老党员、乡镇土管所、司法所相关人员共同参与的临时调解小组，直接来到纠纷山林进行现场调解。张家族人代表张某忠、张某祥、张某楚共 3 人，法家全部家庭男性共 4 人参加调解。调解小组依据法家山林证及原来熟悉 1982 年土地承包情况的村老干部、老党员的情况介绍，认定张家确实侵占法家山林，建议张家归还法家山林经营权、使用权，但是张家族人代表不同意调解结果，自说自话，不予理睬，调解不欢而散。法家继续向村里反映，请求村里协调解决，村里说这个问题村里无能为力，已经向镇上反映情况了，让法家去镇上问问。

第二次正式调解：镇里由副镇长牵头，组成了一个由司法所、土管所、林业站相关部门工作人员参与的调解小组，通知双方当事人进行现场调解，考虑到事情已经发展到了这样的地步，调解小组建议双方本着解决问题的态度，互相做出让步和妥协，法家考虑到坟墓挖毁后，长期被风雨侵蚀，不忍直视，同意让一点给张家，但在栽桩划界时，矛盾又出现了，张家只同意把法家用作坟地的部分山林归还给法家，其他的拒绝归还，法家不同意，双方发生了争斗，调解小组也觉得张家过分，一怒之下，副镇长开车离开，调解又一次失败。

第三次私下调解：纠纷持续了很长时间，农历正月发生的矛盾，已经拖到了农历六月份，雨季马上来临，事情已经不能再拖了。眼看正常手段很难解决问题，法家长辈向一位在市里高校任教的亲戚求助，这位亲戚通过个人关系找到了市里的领导反映此事，市领导通过电话联系了 A 镇的书记“过问”此事并提出妥善处理的意见，镇书记方才重新布置处理和协调此纠纷。随后镇书记把张氏族人代表（其中包括在镇辖区内任职的 2 位村主任和书记）召集在一起，在没有法家人到场的情况下召开了一个单方调解会，反复说明市里的情况并给他们施加压力，甚至提出“不按规矩办，你们这两个书记估计很难继续在这个岗位上干下去了”。迫于压力，张氏族人代表勉强答应归还法家山地及林地。

纠纷的最终解决：镇书记做好了张家族人代表的工作后，安排镇副书记带领林业站、司法所及派出所工作人员，通知当事双方前往法家山地林地进行交界划分、栽桩画线，法家全体族人到现场参加了纠纷处理，但张家以种种理由拒绝参加，非常勉强地接受了镇上的处理结果。

法家坟地纠纷解决后，其间还有一段小插曲：张家80多岁的村民张某刚也对外宣称“争议山林的确属于法家，张家的所作所为真的对不起人家法家”。同时，B村村民看到法家的问题得到了妥善处理，被张家族人霸地霸林行为严重侵害的其他5户村民，又找到法家，提出他们联合起来再向村上反映问题的想法（这几户村民的山地林地约有5亩仍被张家所占），法家长辈伤心地说：“我家有困难时，你们都去哪了？现在我家的稀饭都还不冷，我哪有心思吹你们的？”这5户村民基本上都是单姓，且势单力薄，出于种种考虑，这事也就不了了之了。现在有一户吕姓村民连上坟都只能去张家坟地，因为他家的祖坟已经被划入了张家坟地。

3. 坟地纠纷出现的深层原因

第一，人多地少的矛盾。中国总体耕地面积少，纠纷双方身处南方地区，人多地少的矛盾十分突出，人均耕地面积远远低于全国平均水平。近几年，在城镇化、市场化发展的推动下，农村土地的资源价值逐年飙升，即使是在相对偏远的农村，土地也是十分稀缺的资源，由此演化而来的土地矛盾越来越激烈，任何一块土地的分配都可能会引发相关当事人的激烈反应，这是近些年来土地纠纷加剧的基本原因，也是资源稀缺条件下社会关系趋向紧张的内因，但是不能忽视人口变动和相关制度建设不配套对人地矛盾产生的重要影响。

第二，制度缺陷。在土地承包责任制实施之初，有关方面对该制度的后续发展和具体细节考虑得不够周全，制度安排因此未能以人口的变化相配套。根据国家《土地法》规定，国家拥有城市以及农村中国家特殊规定属于国家的土地，其他城郊与农村土地均归集体所有。1982年土地承包实施之初，土地按人口总量进行平均分配，人口大致相当的村、组分配到各小组，当时每个小组人口数量基本相等，因此，各小组土地总量也基本相等。之后，各组增加或减少人口，土地重新调整在各小组内进行，组和组之间不因人口总量相差较大造成土地拥有量的不同而将土地在行政村整体范围内进行重新调整。而在20世纪90年代第二轮土地承包推行之后，并未及时调解已有矛盾，继而又实施“大稳定、小调整”的政策，由此造成各组之间因人口变化而带来的土地拥有量的差异。村民因对比产生差距而引发不平等心理，致使矛盾激化。[①]

4. 调解受阻的非正式制度制约因素

（1）家族势力的影响。从案例的处理情况来看，影响纠纷解决的一个最重要的因素就是受到宗族势力的严重干扰。尽管宗族势力在中国大部分农村其影响力越来越小，但是用村民的话说，当“有事”的时候，大家族的影响还是有的，所谓“上阵父子兵，打虎亲兄弟”。“坟地”对于张氏族人而言，具有某种“公共产品”的性质，对家族成员有较强的约束性，就出现了明知山林的使用权和经营权属于法家也不敢出面做证的张某刚之类的人，另外强大的家族联合会侵蚀村委会的合法权威。我们知道，村干部不属于国家政府机构的正式编制，生活在村民当中，面对的是“低头不见抬头见”的村民，当他们面对的不是一个“原子化”的村民，而是一个庞大的宗姓时，仅凭个人之力是很难解决这样的纠纷的，而且从长远来说，离开了“宗姓”的支持，不仅工作难以展开，下一届能否当选都是一个问题。因此，正如徐勇先生所言，“村民自治是村民的自我管理，村委会权力的运作不能不在一定程度上依赖于家族的影响，特别是在调解社会纠纷方面，在这一过程中会使权力公共权威性受到侵蚀，“出于对利益的维护，家族传统文化有可能将本家族的人联合在一起形成社会性力量，并以其力量与村委会权力抗衡。当村民仅仅只是将自己视为某一家族中的族民，而不是法律认可的公民时，村民自治就有可能变成族民自治”[②]。

（2）基层官员公私观。从基层干部在处理纠纷过程中扮演的角色来看，缺乏处理纠纷的动力。案例中山林纠纷其实已经存在十多年了，基层官员却一直没有多少作为，但为什么在上级官员过问的前提下问题又能得到妥善解决呢？其实地方官员也是一个有着私利性的群体，一方面他们代表着国家的权力体系，有维护地方“社会稳定”执行国家方针政策的刚性要求；另一方面，他们的行为特点又与相应的激励机制和任务环境紧密相连。正如有学者研究得到的认识那样：镇政府领导干部的主要关注点是职业生涯的前景，近些年，一系列制度安排措施使这一关注更为突出和紧

---

① 刘伟：《难以产出的村落政治》，中国社会科学出版社2010年版，第211页。

② 徐勇：《中国农村村民自治》，华中师范大学出版社1997年版，第36页。

迫。第一，政府内部集权意味着下层官员的升迁和其他调动更多地依赖于上级官员的考核和评定。第二，人事管理制度中有关晋升的年龄限制使官员们对他们及时晋升的机会更加敏感关切。政府科层制度中的压力型体制、向上负责制和激励机制使基层官员对来自上级的指令十分敏感。换言之，科层制的逻辑致使基层官员极力完成上级交代的任务，以期有利于自己职业生涯的晋升或者不被淘汰。[①] 当然这种现象不仅局限在农村，在我国政府行为体系中是一种常规的现象，这有力地说明了为什么很多社会问题长时间得不到解决，但是只要领导批示或领导过问，问题就会迎刃而解的重要原因。

从纠纷的处理方式来看，法家并没有把纠纷起诉到法院，说明不在万不得已的前提下，农村村民在处理矛盾和纠纷问题时，还是希望通过调解的方式来解决。但是从调解制度的实施情况来看，此纠纷的调解却又困难重重。

三　丧葬制度的国家逻辑与乡村效应

为了能清楚地呈现正式制度实施的实际效果，我们先来梳理一下国家层面对殡葬改革的具体要求：国务院于 1985 年颁布了《国务院关于殡葬管理的暂行条例》，于 1997 年 7 月 21 日国务院令第 225 号文件发布《殡葬管理条例》，正式标志着全国丧葬改革的开始，新的《殡葬管理条例》于 2012 进行了修订，并于 2012 年 11 月 9 日中华人民共和国国务院令第 628 号公布。新的殡葬制度要求积极地、有步骤地实行火葬，改革土葬，节约殡葬用地，革除丧葬陋俗，提倡文明节俭办丧事；国务院民政部门负责全国的殡葬管理工作，县级以上地方人民政府民政部门负责本行政区域内的殡葬管理工作；人口稠密、耕地较少、交通方便的地区，应当实行火葬；暂不具备条件实行火葬的地区，允许土葬。实行火葬和允许土葬的地区，由省、自治区、直辖市人民政府划定，并由本级人民政府民政部门报国务院民政部门备案；在实行火葬的地区，国家提倡以骨灰寄存的方式以及其他不占或者少占土地的方式处理骨灰；县级人民政府和设区的市、自

---

① 周雪光、艾云：《多重逻辑下的制度变迁：一个分析框架》，《中国社会科学》2010 年第 4 期。

治州人民政府应当制定实行火葬的具体规划，将新建和改造殡仪馆、火葬场、骨灰堂纳入城乡建设规划和基本建设计划；在允许土葬的地区，县级人民政府和设区的市、自治州人民政府应当将公墓建设纳入城乡建设规划；尊重少数民族的丧葬习俗；自愿改革丧葬习俗的，他人不得干涉。

对遗体处理的具体要求为：运输遗体必须进行必要的技术处理，确保卫生，防止污染环境；火化遗体必须凭公安机关或者国务院卫生行政部门规定的医疗机构出具的死亡证明。办理丧事活动，不得妨害公共秩序、危害公共安全，不得侵害他人的合法权益。在允许土葬的地区，禁止在公墓和农村的公益性墓地以外的其他任何地方埋葬遗体、建造坟墓。对殡葬违规行为的具体罚则为：将应当火化的遗体土葬，或者在公墓和农村的公益性墓地以外的其他地方埋葬遗体、建造坟墓的，由民政部门责令限期改正。办理丧事活动妨害公共秩序、危害公共安全、侵害他人合法权益的，由民政部门予以制止；构成违反治安管理行为的，由公安机关依法给予治安管理处罚；构成犯罪的，依法追究刑事责任。制造、销售不符合国家技术标准的殡葬设备的，由民政部门会同工商行政管理部门责令停止制造、销售，可以并处制造、销售金额 1 倍以上 3 倍以下的罚款。制造、销售封建迷信殡葬用品的，由民政部门会同工商行政管理部门予以没收，可以并处制造、销售金额 1 倍以上 3 倍以下的罚款殡仪服务人员利用工作之便索取财物的，由民政部门责令退赔；构成犯罪的，依法追究刑事责任。

我国是个人多地少的国家，人均占有耕地 1.9 亩，不足世界平均水平的 1/3，耕地资源极其宝贵。我国多年来一直实行严格保护基本农田的国策。在广大农村地区实行殡葬改革也是为了保护基本农田不受侵占。国家殡葬制度改革就是期望通过积极推进土葬，达到节约用地、改革陋俗，节俭办丧事的目的。但是从十余年的实践来看，农村的殡葬改革虽然对人们的传统观念产生了不小的冲击，但实际效果并不理想。从调查的 7 个村的情况来看，除了河北周家庄乡（人民公社体制，下设 10 个生产队），河南麻里村是强制性推行“火葬”以外，山东北泉村，山西贵家营村，云南宝山村，云南鲁都克村，广西平圩村，均实行“土葬”。一边是国家提倡节约土地，一边是村民在大肆修建豪华墓地；一边是国家要求“火葬”，一边却是“土葬”的普遍存在。甚至强制执行的地方，也出现村民大量的“偷埋”现象，一边是提倡节俭办丧事，一边却是村民在办丧事时的铺张浪费、攀比之风愈演愈烈。

问题出在哪呢？这里面的原因是非常复杂的。首先，不排除基层管理部门和基层干部政策执行的走样，甚至把政策执行看作是谋取私利的重要资源。比如，河南省唐河县是较早推行火葬的县，目前该县的农民去世后，只要向所在地的乡（镇）政府交纳4000—5000元不等的费用，即可不去火葬而获得县火葬场出具的火化证明（这与国家政策是相违背的），此后即可大张旗鼓地实行土葬。部分交不起钱而被迫去火葬的村民，火葬后的骨灰也是照旧土葬，丝毫节约不了耕地。但是，最重要的原因还在于人们思想观念的滞后。甚至有些地方的管理部门和基层干部正是充分地利用了这一点，变通地执行殡葬制度以便从中谋取利益。

我们就以麻里村的情况做个分析。之所以选取麻里村做分析，有两个主要的原因：第一，从政策的执行来看，麻里村属于被划定为“火葬”的区域，政策刚性执行，对该村的丧葬改革进行分析，能真实地展现政策执行的实效。而且近几年来，不仅要求火葬而且规定不留坟头，原有“坟头”必须推平，老百姓称为“平坟运动”，改革引起的反响很大。第二，该村和周边其他村共同建有公墓，推进丧葬改革的基础条件较为成熟，在具备执行政策的基础性条件下，能很好地理解村民的丧葬行为。

先看“平坟事件”。在2012年农历七八月份市里下发平坟政策后村里就立刻执行平坟，平坟时先由村委会的成员将自家祖坟平了，然后再向村民宣布开始平坟。平坟过程中部分人是自己平自家祖坟，有些不愿意自己平的，就被村里安排推土机强行推掉。

在平坟过程中并没有出现激烈的冲突事件。尽管很多人心里不情愿，但是大多数人都平了，都认为这是政府的政策，也是大势所趋。但是老年人就不太接受，有时听到村里的老人开玩笑说怕自己死后收不到孩子们烧的纸钱，村里很多老年人公开阻止平坟，村里一位姓李的老大伯因阻止平坟没有成功，一气之下喝农药自杀，幸亏抢救及时，才挽回了生命。对于大多数中青年人来说，基本上能够接受。再来看麻里村的丧葬行为，尽管村里建有公墓，村民还是不愿意把火化后的骨灰盒放在公墓里。大多数人仍然买口大“棺材”，把骨灰盒放里面封棺后“二次”下葬，而且还要看风水，甚至向其他村民购买所谓风水好的“土地”下葬。所以村民说尽管坟头平了，但是很快坟头又被重新“拢起来”了。另外，尽管村委会的班子成员明确地告诉我们村民基本上都是“火葬”，但是，据村民反映，村里其实存在很多“偷埋”的现象。因为有“偷埋”行为的存在，村民说现在都不能准确知道村里哪些老年人还健在。

强制推行火葬的麻里村执行的效果竟是这样，那些非火葬区的执行效果就可想而知了。可以说，丧葬制度在农村的执行受到了传统丧葬文化的严重抵制，结合调查的情况，我们认为有以下一些重要因素：

1. “入土为安”的核心规范

入土为安可以说是我国传统丧葬文化中最为核心的规范。《礼记·祭义》中有：“宰我曰：‘吾闻鬼神之名。’子曰：‘气也者，神之盛也。魄也者，鬼之盛也，合鬼与神，教之至也。众生必死，死必归土，此之谓鬼。骨肉毙于下。阴为野土，其气发扬于土，为昭明，焄蒿，凄怆，此百物之精也，神之著也。’”从这段对话中我们可以看出，孔子认为万物死后必归于土，沦为尘，而人类作为万物中的一种也不可避免地要终究归于尘土。[①]“入土为安”的观念在农村，特别在老年人的观念中是根深蒂固的，不仅要“入土”，接“地气”，而且要看风水。只有这样才能回归自然，后代才会有发达、繁荣的根基。因此，近年来，尽管法律制度不允许或不认可，但是农民私下“买地卖地”的现象是司空见惯的，而大多数都是满足于“坟地”的需要，而且越是条件好、越是有钱的村民更是不惜重金购买他们认为风水好的土地。在这样的想法和观念支配下，出现“偷埋”或把骨灰盒装棺“二次下葬”就一点都不足为奇了。

2. “事死如事生”的传统价值

孔子主张：“生，事之以礼；死，葬之以礼，祭之以礼”（《论语·为政》），儒教极力倡导孝道，送终之礼尤为重视。受儒教孝道思想影响，丧葬礼仪中形成了葬前丧仪、五服制度、居丧守孝、祭祀亡灵等烦琐的丧俗；再者受灵魂不死观念的支配，古人心目中的两个世界，即活人生存的现实社会和鬼魂活动的阴曹地府，因此，古人总是按死者生前的生活方式为其安排后事，将现实社会的一切原封不动地搬到鬼魂世界，“事死如事生”是我国传统丧葬礼仪的基本原则之一。发展到今天，这种传统价值观念在农民群体中仍然有较大影响，在某种意义上，它成为民间信仰体系

① 杨天宇：《十三经注疏·礼记》，上海古籍出版社2004年版，第616页。

的重要组成部分，人们把在现实中的美好或者遗憾寄托在“彼岸世界”里能够得到延续或补偿。在西部地区的很多农村，年满60周岁的老年人，就会开始为自己“彼岸世界”的生活进行安排了，包括花钱购买棺材，或者自己找木工做，挑选墓地，甚至把墓碑建好等，以防不测之用。

3. 隆祭、厚葬之风盛行

居丧守孝是中原传统葬礼中的重要内容。早在先秦时期，就已形成了“五服”制度，其目的是按血缘亲疏关系，确定居丧守孝的亲疏近远，以维护封建宗法制度。居丧期间，不仅禁忌重重，而且还规定了七日一祭，百日、周年再祭，以及清明、春分、中元（阴历七月十五日）、冬至扫墓的隆祭久祀制度。厚葬之风一直是中原传统丧葬习俗的重要特征之一。“入土为安”“重殓厚葬”“铺张浪费”是其重要表现。土葬在原始社会就开始了，当时中原一带人们多用土葬安埋遗体，因而土葬成为中原各地汉民族的传统葬法；“重殓厚葬”的殡葬观念影响至深。“棺椁必重、衣衾必多、文绣必繁、丘陇必巨”以及“身体发肤，受之父母，不敢毁伤”，排场铺张的奢侈之风，代代相因，上行下效，愈演愈烈，导致了历史上经久不衰的厚葬之风。目前，调查显示，“厚葬”已经不是传统意义上的“礼仪”那么简单了，逐渐转化为生者追求某种心理需要的一种形式。我们在山西贵家营村了解到，尽管该村仍然实行土葬，但是有些老年人倒也不排斥火葬，主要是孩子不同意，原因在于有些地方的农村，厚葬老人已经变成了一种“时髦”，甚至变成了脸面竞争的“主要载体”。

4. “叶落归根，认祖归宗”的价值追求

中国人特别重视归宿，生时认祖归宗、认亲；要寻找组织，要找终生依靠的人或单位等；死时要叶落归根，要入家墓、入族墓，要合葬等。这种强烈的归宿感其实是长期专制政治下个体意识弱化的表现。生时的危机与不稳定反映在死亡文化上就是强化死后的安定，安定则表现在墓地的种种规制上。我们在云南宝山村、广西平圩村了解到：近几年随着老百姓生活水平的提高，修建坟墓、给祖坟重新立碑等认祖归宗的现象变得越来越普遍，传统的家族认同和宗族意识又在某种程度上出现了复兴。这是值得研究和重视的现实问题。

四　制度冲突关系的原因探究

1. 内生秩序与构建秩序之间的矛盾

非正式制度的供给一般是“社会”在漫长的生产生活中逐渐形成的，它的产生和运行带有明显的“自发演化的”特点，正式制度的供给者一般是“国家”，国家为了实现“简单化”“单一化”控制社会秩序，倾向于为社会提供适合所有人、所有地方的具有普遍效力的制度体系，但事实上，国家理性建构的制度体系并不一定科学完善，也不一定适合于各地方的实际情况。正如哈耶克所言，政府必然在其认知能力的有限限度内行动，政府的制度结构安排必须与有限信息知识的分散性相对称，并与之平行发展。当政府出于本能的冲动和理性的自负，机械照搬自然科学方法，强行干预社会经济，就会破坏自生的扩展秩序，限制个人利用各自的信息和知识的自由和激励动机，这必然导致政府治理的全面失败。从根本上说，过于宏伟的政府目标决定了内生的“政府失灵”的存在，而“纯粹”能力上的原因——官员个人与政府机构的“无能”，从程度上加深了政府对其宏伟目标的不可实现性。中央计划经济下的政府失灵在于中央计划经济模式错误地试图集中全部的知识和信息，企图对整个社会按照人类的意志和目的进行全盘的设计，滥用自然科学方法引起了“公共政策错位”，犯了严重的“唯科学主义”和“建构理性主义”的错误，从而从本质上摧毁了自生自发的社会秩序。①

2. 正式制度与非正式制度的冲突源于我国制度变迁的时空压缩性

我国大规模的制度建构和变迁是在一个相对较短的时间内实现的，这与欧美发达资本主义国家的制度建设有着本质上的区别，英国从 1640 年资本主义革命开始，法国从 1789 年资本主义革命开始，美国从 1775 年独立战争开始，这些国家推进社会转型和制度创建大多经历了一个漫长的过程，而我国从新中国成立才开始真正意义上的社会转型和制度建设。而且我们是在参照西方社会制度建设经验的基础上构建制度体系的，带有明显的移植性特点，准确地说，国家推进制度建设的过程与社会转型的过程是

① 陈国营、陈宇峰：《哈耶克的政府失灵与治理理论及其启示》，Feb. 2005，Volume 2，No. 2（Serial No. 3）*Journal of US-China Public Administration*，ISSN1548 – 6591，USA · 17.

重叠的。汪丁丁教授认为真正的“中国特色”，是从近代以来中国面临的三重转型“文化的、社会的、政治的——这就决定了中国社会的特征或者说唯一性。你在全世界其他地方找找，你对着地球仪看，我相信你找不到我们中国社会现在面临的这种三重转型”①。所谓文化转型是指从鸦片战争开始，中西文化发生严重冲撞以来，中国文化传统逐渐发生转变的过程，是在不同文化冲突背景下，文化融合、文化嬗变的漫长过程。文化转型是三重转型里最长的，大约需要200—500年的时间。第二重转型是发展的转型。是由经济发展所导致的社会体制例如家庭和其他社会组织的转型，它主要由当时当地所面临的经济发展的基本要求和基本原则所决定，大概两三代人的实践内可以完成。第三重转型是在更短、更快的时间内发生的转型，称为“政治转型”，即从前中央计划体制向一种可以叫作市场社会体制的形态过渡，建立新的政治体制。这是一个政治和法律制度的转型，在相对较短的时间内可以实现，大概20—30年就可以初步完成。立足于社会转型的客观现实，理性建构的法律制度向农村渗透是可以在一个相对较短的时间内实现的。但是与制度建设相适应的传统文化的转型却不是在一个较短的时间内可以完成的，因此以现代化为导向的农村制度建设和全面渗透，并不完全适合于农村的实际，并没有获得较好的本土性文化资源的支撑。即所谓“律师和政治家的时钟是最快的，他们几乎能够在一夜之间提出新的宪法和法律规章。经济学家的时钟就慢多了，他们需要更多的时间把计划、命令转向市场的轨道。最慢的是市民社会的时钟，它在文化传统的最深领域调整变化的速度”②。

3. 正式制度与非正式制度之间的冲突源于利益博弈的现实选择

一定的社会结构，无论是非正式制度还是正式制度，都会形成相应的利益结构。当遵守某种非正式制度能够满足某种刚性的利益需求，而遵守正式制度却无法获取相应利益的时候，人们出于利益的考虑也会选择非正式制度，尽管它可能与正式制度要求是不相吻合的。比如，在当代特别是近年来发生在云南、四川凉山彝族地区的人命案中，尽管处死犯罪者的生

---

① 汪丁丁：《制度分析基础讲义——自然与制度》，上海人民出版社2005年版，第2页。

② ［波兰］彼得·什托姆普卡：《信任——一种社会学理论》，程胜利译，中华书局2005年版，第13页。

杀大权已完全为国家法所掌控，但习惯法并未完全丧失解决“人命案”纠纷的秩序功能——强制罪犯抵命的效力没有了，但仍需按习惯法的规定酌情向受害者“家支”赔偿“人命金”，否则，即便国家法已经对其实施了处罚，纠纷依然不能平息。这不能简单地归因于经济落后，法律意识淡薄。有学者的研究表明，相比较国家法，凉山彝族习惯法具有以下几个方面的优势：其一，习惯法更注重赔偿，它有利于使纠纷中的受害者得到切实的物质和精神补偿；其二，习惯法能够满足彝族地区的当事人一些国家法无法满足的或者拒绝满足的特殊诉求；其三，习惯法体制下的纠纷解决多采取“调解”的方式，这利于修复受损的社会关系，符合人们长远生存利益的需要；其四，习惯法规则更为凉山的彝族人所熟悉，他们因此容易对纠纷解决的结果进行预期；其五，在山野田间就近请来“德古”①、就近解决纠纷，显然比“进程告状”更利于当事人节约成本。②

五 正式制度与非正式制度相冲突的本质及其后果

制度的冲突关系指向了制度的不合理。制度的合理性主要是就制度的可实现性、可操作性而言的。其内涵主要指制度的内容符合制度的内在规律。在一个以某种理念支持的制度系统内，其制度是否遵守该理念规定的“逻辑”，其表现出来的功能与价值是否与其“理念”具有逻辑上的一致性。如制度是否具有逻辑的一致性，是否能体现制度的本性与目的，是否推进了社会生产力的发展，在完成其目标上是否有效率，等等。③ 一种制度不管理论设计上多么科学、完善，但如果实现不了制度目标，不具备自我实现能力，肯定是不合理的，一种制度即使实现了其制度目标，但是付出了巨大的制度成本（包括经济成本、社会成本），肯定也是不合理的。

1. 制度冲突导致了正式制度实施的低效率

制度效率有两层含义：一层是指制度的社会性效率，它主要表现为通过促进社会政治经济的发展而产生的社会效益；另一层是指制度本身的设

---

① “德古”是凉山彝族社会中司纠纷调解等职能的头人，同时也是正义和道德的象征。从古到今，他们用唇舌与记忆宣讲和传递着古老的习惯法规范与判例，维系着彝区的和谐与安宁。

② 陈金金、巴且日伙：《凉山彝族习惯法》，人民出版社 2008 年版，第 422、463 页。

③ 辛鸣：《制度论：哲学视野中的制度与制度研究》，博士学位论文，中共中央党校，2004 年，第 46 页。

置与运行以最小的成本费用获取最大化的收益，即通过降低或减少制度安排的建立及实施过程的成本和所花费的时间、人力、物力和财力等，而获得最大的实际效果。由于制度安排上的不合理，使制度不能真正实现其设计和安排的本意，在效能和效率上大打折扣。[①] 另外，在正式制度与非正式制度相冲突的前提下，如果我们强行推进正式制度，可能产生制度目标无法实现的情况，也可能导致制度成本的大幅度提高。比如前面涉及的坟地纠纷案，从法理的角度分析，处理问题的方式就非常简单：按照林权归属进行权利划分，并强制执行。但是如果强制执行，需要大量的人力、物力、财力的投入，这样的方式也许也解决不了问题，我们不可能派工作组或者派出所工作人员去守着纠纷地，问题仍然没有得到合理的解决。

2. 制度冲突导致正式制度的仪式化

当正式制度的实施受到来自外部环境诸如风俗、传统、价值、地方性社会规范等严重阻力的时候，正式制度由于缺乏相对应的非正式制度的支撑而被“仪式化”，即有制度之名，无制度之实，甚至出现“空制度”。[②] 相反，大量的非正式制度在社会交往中发挥着重要作用。迫于国家权力的合法性压力，正式制度只在形式上体现了制度的执行的基本特征，但在政策执行的资源配置、制度设计、组织实施、关系构造等方面存在阳奉阴违的“虚假合作”的现象。[③] 比如计划生育制度推崇男女平等，并且明文禁止利用 B 超技术和其他技术手段为他人进行非医学需要的胎儿性别鉴定或者选择性别的人工终止妊娠，但是不少人受到重男轻女思想的影响，人为地选择胎儿性别，造成了男女比率的严重失衡。

3. 制度冲突导致正式制度与非正式制度之间的相互妥协

制度冲突所导致的正式制度与非正式制度的妥协指的是在制度实施过程中，针对特定行为的约束关系，由于受到非正式制度的抵制和反抗，制

---

① 辛鸣：《制度论：哲学视野中的制度与制度研究》，博士学位论文，中共中央党校，2004 年，第 47 页。

② 关于“空制度”，皮特通过对中国土地制度的研究，认为“政府常常会建立一种没有任何实际作用的制度”，“在这种情况下，新兴的制度只不过是一纸空谈，或是徒有其表，实际上它对行为者的行为几乎不构成任何约束力”。参见何·皮特《谁是中国土地的拥有者——制度变迁、产权和社会冲突》，林韵然译，社会科学文献出版社 2008 年版，第 4—5 页。

③ 刘圣中：《政府权威下的有限妥协——政策执行的三方行动分析》，《南昌大学学报》2006 年第 1 期。

度执行者（在农村一般为农村治理精英）在执行正式制度中，向非正式制度做出一定的让步和变通。同时，迫于国家制度“合法性”“强制性”的压力，作为民众所熟悉和遵循的非正式制度也相应做出一定调整和让步，双方相互妥协产生的制度结果。比如，从前面分析的丧葬制度的执行情况来看，由于火葬并不受农民的欢迎，甚至某种程度上受到了农村村民的反对，即使在国家或当地政府划定的火葬区，推行火葬仍然有较大的阻力，所以地方政府或制度的执行者对于某些土葬或者火化后二次土葬的违规行为，往往采取“默许”的态度，就体现了正式制度对非正式制度的妥协；反过来看，在国家大力推进丧葬制度改革的背景下，在要求火葬的地区，村民尽管不太接受火葬，但也不敢明目张胆、大操大办进行土葬，而是出现了“偷埋”或“火化后再装棺下葬”等行为，仅仅保留了“入土为安”为核心的传统丧葬规范，这也体现了非正式制度对正式制度的妥协。

第二节　非正式制度与正式制度的融合面向
——对正式制度执行良好的典型案例分析

正式制度与非正式制度的融合是指当正式制度提供的约束关系被认为与相对应的约束客体的利益偏好、思想观念和价值认同相一致时，正式制度和非正式制度会相互强化，相互支撑。二者相互融合，非正式制度变成正式制度实施的有效支撑，制度执行良好，而且能节约大量的执行成本。托克维尔认为美国民主制取得成功的原因有三个，“第一，是上帝赐予美国人的特殊和偶然的情况；第二，是他们的法律；第三，是他们的习惯和习俗”。而在这三个因素中，他认为，最具生命力的是第三个因素——人民的精神、感情、信念、观念，即人的心灵和思想的习惯。他说：“我相信，尽管最幸运的地理环境和最好的法律并不能够维持一种政体，但习俗却能够将即使最不利的环境和最糟糕的法律转化为有利条件[①]。下面我们通过一些具体案例对二者“相互融合”的面向进一步展开分析。

① ［法］托克维尔：《论美国的民主》，董果良译，商务印书馆1988年版，第256页。

一　不用抓的“计划生育”制度

前面我们分析了计划生育政策难落实的典型个案，下面我们再来分析一个反面例子。之所以同样选择前面已经分析过的计划生育制度作为分析对象，最主要的原因就是想与前面的分析做一个对比。前面分析和探讨的角度侧重于非正式制度弱化正式制度，体现的是二者之间的冲突面向，现在我们要展现的是另外一种面向：当正式制度的执行有相应的非正式制度作为支撑，正式制度的执行成本就会大大降低，而且执行效果良好。通过对比，让我们进一步理解为什么同样的制度、政策在不同的地方会产生不一样的执行结果。

在调查的个案村中，山西运城贵家营村的计划生育政策却执行的非常好，主要体现在：第一，独生子女的比例快速上升。据村陈立田书记反映，尽管国家政策允许农村户口生育二胎，近十年来该村年轻夫妇选择只生育一胎孩子的比例在快速上升，大约有 30% 的年轻家庭选择只生育一个孩子；第二，生男生女一个样，甚至生女孩更受欢迎。很多家庭第一胎生了女孩，也主动办理独生子女证，不愿意再生二胎。所以村书记说，“计划生育政策在该村基本上已经是以自治为主了，村‘两委’每年就是做一个基本的统计，上报给乡镇府就行了，从 20 世纪 90 年代以来，计划生育就不是村上镇上考虑的问题了”。

贵家营村属山西省运城市盐湖区金井的辖区，全村共四个居民组，297 户 1178 口人，2800 亩耕地。全村经济林面积达 2700 亩，占耕地面积的 90% 以上，果业收入是村民主要的经济收入来源。2009 年，全村人均收入 5500 余元。2006 年被省政府命名为省级“生态文明村”，在运城辖区仅此一家，同时被省政府列为第一批“新农村建设示范村”。

从经济结构来看。该村建有砖窑厂两个、工程建筑队四个，一个综合水果蔬菜收购站，村里有一村民购置有一辆播种和收割机，村民说村里的庄稼基本上都由他进行播种和收割，一年只够该村民忙活 30 多天，每天晚上 6—8 时在村委会旁有个小夜市，村民可以在此买卖蔬菜水果以及日常生活用品，也有小吃烧烤之类的东西，丰富村民特别是年轻人的夜生活。男性村民的就业渠道非常多，可以上砖厂、可以参加工程建筑队，大多在周边城市打工，做生意。

贵家营村计划生育政策贯彻取得实效的原因在于：

第一，家庭结构和功能的变化，改变了人们的传统观念。改革开放以来，受市场经济的冲击和影响，贵家营村的家庭结构发生了显著变化：一是家庭中的财产关系明晰，父母和子女之间的权利义务关系非常明确。父母创造的财富和家业是否会分配给子女，要看父母的经济条件和收入状况。同时父母一般在自己丧失劳动能力以前，会努力为自己尽量多积攒一点养老钱，父母对子女没有更多养老的要求，儿子成家立业后，一般也不会选择和儿子一起居住、生活。从这个层面分析，该村就不存在像落后地区的农村，生男孩更多地考虑孩子成年后对家庭经济收入、父母养老等方面给予更多帮助的现实问题。反过来，在经济快速发展的背景下，该村的父母一般会在孩子结婚成家、就业等方面给予一定的帮助，承担和履行一定的责任，甚至有一种无形的压力感。很多父母都觉得自己有为儿子娶媳妇的职责。这与我们前面调查过的云南鲁都克村大不一样，在那个村里，父母由于主客观条件限制，一方面源自这方面的意识要淡薄一些，另一方面很多父母也没有那个经济能力，在就业、找对象等问题上大多处于无能为力、自由放任的状态，这可能也是造成该村男性青年找对象难的一个重要原因。

第二，婚姻挤压给生男孩家庭造成巨大压力。近些年来，由于农村男孩娶媳妇越来越难，除非自己特别优秀、家庭条件较好，否则男方在男婚女嫁中，所处的地位越来越被动，反过来女孩子选择的空间比较大，因此往往提出来的要求越来越高，条件越来越苛刻。贵家营村男性结婚花费很大，一般订婚时就需要给女方父母二万六、二万八、三万八等具有吉利意义的钱，结婚的时候还需要支付一定数量的钱给女方父母、女方一般会有三金的要求（金戒指、金耳环、金项链），加上办婚礼的支出，男方要把女方娶进门，普通家庭的支出也是 10 多万元，如果父母还要给儿子准备新的婚房（一般是否盖有新房也是女方找对象的一个基本要求），这些全部叠加在一起，对大多数家庭来说，给儿子娶个媳妇基本上是父母亲大半辈子的支出，有些父母甚至四处借钱给儿子娶媳妇。因此，村民很形象地说“父母贷款、儿子存款”。女性就业、社会地位的变化，进一步推动了男女平等。改革开放以来，农村妇女的地位进一步提高，在家庭支出和家庭财产方面一般是由女人当家，男人管钱。特别是 2000 年以后，随着城市化建设的加快，特别是城市第三产业的发展，为年轻女性提供了更多的就业机会。贵家营村的年轻姑娘大多都在周边的运城、甚至到更远的大城市打工、做生意，事实上年轻的女性在就业、谋生、赚钱方面往往比一般的男性青年更有优势，部分发展好的姑娘还在城市里直接购房居住，加之国家也有意加速农转城的速度、进一步推动城乡统筹发展，在户籍、就业、医疗等方面进一步做好配套和投入，她们真正“跳出农门”了。那些在外面有更多就业机会和发展空间的年轻女性，一般很少嫁给村里面的男孩，使本村的男孩子要么努力挣钱，在村里或者邻村找个一般的对象；要么考虑从偏远的山区找对象。现代社会提倡婚恋自由，但从该村反映出的情况看，自由恋爱结婚的越来越少，反而是朋友和亲戚介绍的婚姻越来越多。

在上述诸多因素作用交织下，当女孩也有了更多的发展机会和发展空间，有了自身谋生的手段和方式，真正变成了“半边天”，获得了较好的社会融入，重男轻女的思想被彻底颠覆了，男女平等有了相应的经济基础和社会结构。而男孩面临婚姻挤压带来的发展压力，这种压力不仅对自己产生影响，而且在经济条件的优劣成为婚姻的重要基础时，没有较好的经济条件，女孩是不会跟男孩处对象的，于是出现了这样的情况：“以爱情为基础的婚姻是个人的私事，以经济条件为基础的婚姻，则变成了至少是男青年家的全家的事，男青年的父母必须为儿子娶上媳妇，这是他们人生的责任。”因为有儿子后会面临更大的压力，相反养姑娘“有酒喝、有钱拿”（当地村民的描述），而父母也没有更多需要儿女养老的内在需求，这样，多子不是多福而是多累，少生、优生就获得了乡村认同，计划生育制度的执行当然也就“不是一个问题”了。

贵家营村村委会并没有强制实行计划生育政策，而是从发展当地经济、提高人民生活水平入手。在发展经济过程中，不失时宜宣传计划生育，说明计划生育与发展经济的关系，这样计划生育的观点慢慢渗透到农民的思想中，因而，村民的生育观念逐渐地被改变。以发展经济为平台，正式制度（国家的计划生育），以柔性的方式进入农民的思维中，并逐渐强大起来；同时，非正式制度（传统的生育观念）得到弱化，两种制度达到了一定程度上的力量平衡，进而实现了正式制度和非正式制度的相一致。

二　家庭联产承包责任制确立的“隐形推手”

家庭联产承包责任制的确立，调动了农民的生产积极性，极大地解放和发展了农村社会的生产力。关于家庭联产承包责任制确立的原因，有些分析者认为它源于农民的“生存压力”，即农民在原有制度下，连生活都没法保障，故而产生突破原有制度体系的行为。有分析者认为是国家对农村社会控制力减弱，政策松动的结果。这些原因无疑是非常重要的。但是，还有两个重要的问题需要进一步探究：一是在家庭联产承包责任确立前，农民的生存压力也是比较大的，甚至在新中国成立不久后的“合作化”运动时期“包产到户”就已经出现过，为什么直到十一届三中全会以后，这个制度才最终确立下来呢？二是它确立的经营形式为什么是“以家庭承包经营为基础，统分结合的双层经营体制”，而不是别的经营形式？其实，除了上述提到的一些比较直接的因素外，还包含着一些非正式制度因素作为“隐性推手”发挥着重要作用。这里我们重点分析两点：一是家庭经营与传统文化的契合性；二是十一届三中全会以来的思想解放运动导致意识形态方面的变化和调整。

1. 家庭经营更符合中国文化传统

在十一届三中全会后，中国农村为什么确立了以“家庭经营”为主要形式的联产承包责任制，而不是其他的经营形式，一个重要原因在于家庭经营更符合中国文化传统。“中国文化全部都从家族观念上筑起，先有家族观念乃有人道观念。”① 中国是以家为单位的“家有制”经济文化结构。以“家”为基本单位可以延伸出具有中国特色的“家文化”。“家”首先意味着要有居住地，所以要有“家庭”，有家就应该有私有财产，所谓“家财”；家应该有人气，所谓“一大家子”，当然，有家才有国，家国一体。古人无论做什么，都是代表家庭或家族的：做好了是“光宗耀祖”，做错什么事可能就会辱没“门庭”。因此，博大精深的中国文化如果用一个字表达，就是——“家”。家庭、家族、家国，一层层延伸：齐家治国平天下。② 从这个意义上看，传统的农村社会，村民对村庄和家族的认同构成了农村生活意义的基础。以“家庭经营”为主要形式的联产承包责任制恢复了“家庭”在经济活动和社会生产中的地位，它符合中

① 钱穆：《中国文化史导论》，商务印书馆 1994 年版，第 50 页。

② 赵红艳：《“家”与中国传统“家文化”浅析》，《科教文汇》2009 年第 11 期（上旬刊）。

国人对“家庭”的传统认知和价值认同，是容易让农民接受的制度设计。

2. 意识形态层面的支撑和准备

历史表明，“包产到户”这种经营方式，并不是在十一届三中全会后才首次被农民创造出来的。早在1956年秋天，高级社刚刚普及，但尚未运转一个生产周期时，“包产到户”就已经出现过，后来在20世纪50年代末60年代初期，又曾出现过两次。所不同的是前三次农村的“包产到户”在“左”的思想路线的指导下都遭到了严厉的批判，没有站住脚；而党的十一届三中全会后的这一次“包产到户”，则如火如荼，迅速普及各地农村，被党中央和国务院誉为“中国农民的伟大创造”并作为我国农村经济中的一项基本制度的重要内容确立了下来。[①] 可以说，正是意识形态的松动为家庭联产承包责任制的确立提供了思想和舆论的准备。党的十一届三中全会，通过开展“关于实践是检验真理标准的大讨论”，对“两个凡是”进行了批判，重新确立了解放思想、实事求是的思想路线，从而促使整个国家意识形态发生了变化。主要体现：第一，促进了党对执政道路、发展方式的反思。党和国家开始把工作中心转移到社会主义现代化建设上来，这就要求改变不适应经济发展的管理方式、思维方式，包括过度集中的经济管理体制和经营管理方式，正是这样的调整给地方经济制度创新留下了足够的空间和余地。邓小平就旗帜鲜明地支持地方的改革创造：“农村政策放宽后，一些适宜搞包产到户的地方搞了包产到户，效果很好，变化很快。安徽省肥西县绝大多数生产队搞了包产到户，增产幅度很大‘凤阳花鼓’中唱的那个凤阳县，绝大多数搞了大包干，也是一年翻身，改变面貌。有的同志担心，这样搞会不会影响集体经济。我看这样的担心是不必要的。”[②] 第二，促进了人们思想观念的变化，并转化为规范人们行为的重要因素。一定的思想观念支配下，人们往往会形成某种“思维定式”，它直接影响着人们观察和分析问题的科学性和合理性。新中国成立以来，尽管我们掀起了轰轰烈烈的社会主义实践探索，但人们的思想观念仍然保守、僵化。比如，在经济体制方面一直存在“市场经济

---

① 陈锡文、赵阳等：《中国农村制度变迁60年》，人民出版社2009年版，第20页。

② 中共中央文献研究室、国务院发展研究中心：《新时期农业和农村工作重要文献选编》，中央文献出版社1992年版，第52页。

姓资”“计划经济姓社”的传统认识，对党和国家领导人产生了“个人崇拜”，人民公社制导致了平均主义倾向等，这些落后的思想观念和思维方式严重阻碍了我国的社会主义建设。十一届三中全会掀起的思想解放运动，使人们从违背社会发展规律的精神枷锁中解放出来，激活了人们的创造性，才会有后来的农村市场化改革、农村乡镇企业的快速发展，农民创造的家庭联产承包责任制也才有产生的空间和土壤。

家庭联产承包责任制最后是由国家认可并颁布施行的一项农村基本经济制度，从制度形式看，属于正式制度范畴，但在这个过程里，我们能清楚地感受到非正式制度的支撑和配合作用。这项制度的确立，充分兼顾到了中国文化传统的因素，并在意识形态方面给予了支持，家庭联产承包责任制的确立，是正式制度和非正式制度相融合的结果。

三 儒家文化：既是正式制度也是非正式制度

以科斯、诺思为代表的新制度经济学认为文化是与法律相对应的非正式制度，对人的行为选择与社会经济绩效有极为重要的影响。制度性文化实质是一种调整人的行为的社会规范。我们通常所说的文化其实指的就是这种制度性文化，其主体是伦理文化。人们认为一种伦理文化之所以能成为一种文化是因为其具有共享性，否则不成其为社会规范，共享性是文化具有制度性功能的基础。因社会规范调整的是全社会的某一社会关系领域，社会规范就具有共享性、一般性与概括性，即其不针对具体的人和事，其所适用的对象是处于其所调整的社会关系领域内的不特定的人。“儒家文化具有与法律规范同样的逻辑结构，都是以行为后果保障行为标准的实现。”①

儒家文化产生于春秋战国时期，在传统自然经济的演化和发展过程中逐渐成熟和完善，不同的历史时期具有不同的特点，两汉时期经学化，魏晋时期玄学化，南北朝至隋唐时期，出现了儒、释、道三者的相融，在宋明时期又逐渐理学化，随着中国社会的近现代转型，在清朝末年逐渐的衰落下去。儒家思想在中国社会存在几千年，即使对今天的中国社会依然发挥着潜在的影响。

---

① 潘玉萍：《儒家伦理文化的结构分析与其调整机制》，《理论界》2006 年第 9 期。

儒家文化的核心内容是“仁”和“礼”。仁的本意在《说文》中：“仁，亲也。从人二。”可以说“仁者爱人”是“仁学”的基本思想，孔子“爱人”的具体方法是“忠”“恕”，所谓“忠”是指“己欲立人而立人，己欲达人而达人”（《论语·雍也》）；所谓“恕”是指“己所不欲，勿施于人”（《论语·颜渊》）。“忠”与“恕”既是对自己的要求，又是对他人的态度。对己是要求“克己”，对人是要做到“爱人”，应该做到“恭、宽、信、敏、惠”。所以，“仁”含“克己”与“爱人”这两个方面，这也是儒家文化的伦理基础。但是，儒家的“爱人”是带有明显的宗法性，渗透着血缘关系的根脉。因为“爱人”的首先要做到“孝”“悌”，并以“尊尊”与“亲亲”为原则。儒家文化中的“仁”是最高的道德标准，最高的人格追求和最高的精神境界。“礼”在继承“周礼”基础之上进行拓展和改造，不仅是一套完整的“仪式化”而把它变为根本的国家制度，即“为国以礼”。周礼在适用性上强调“礼不下庶人”，而儒家则主张将“礼”实施到民间。特别指出的是儒家变周礼的“亲亲”原则为“尊贤使能”“举贤才”“学而优则仕”，否定传统的“世卿世禄”的世袭制度，儒家为礼赋予了道德的基础——仁。孔子以仁释礼，孟子建立以礼治国的仁政学说，荀子则“礼者，法之大分，类之纲纪也”把礼推向了国家意识形态层次。仁是内核，礼是形式，“仁”和“礼”的结合，成为稳定社会秩序的主要规范。[①]

1. 作为非正式制度的儒家文化

从制度分析的视角看，之所以把儒家文化看作非正式制度，主要在于从古到今儒家文化都在规范人们日常行为方面发挥着重要的作用。儒家文化最早是以一种学术争鸣的方式逐渐步入人们的视野的，它是一种以家庭伦理为本的文化样式，它以伦理道德的形式贯穿于社会生活之中，以规范民众的日常生活，更多地强调文化教化的作用，使民众的日常生活有“纲”有“常”达到社会秩序化、等级化、稳定化的效果。儒家在先秦遭墨、法、道等派的激烈批判，在秦代和汉初，遭统治者排斥；在六朝先后受玄学、佛学的挑战，在五四反孔废儒高潮下，历经厄运，但还是绵延至

① 胡晓霞：《非正式制度与农村基层治理》，博士学位论文，新疆农业大学，2007年，第33页。

今，其原因是因为儒学植根于中国固有的价值系统而又能随时自我调整，适应了时代和社会的变化。而且在相当大的程度上是由于它是东方最有价值的知识系统，以至于今天在某种意义上说它是国学（传统文化）的代名词。儒家是国学的核心与主体。儒家思想对中国文化的影响很深，几千年来的封建社会，所传授的不外《四书》《五经》，传统的责任感思想、节制思想和忠孝思想，都是它和封建统治结合的结果。

随着中国经济实力和综合国力的增强，文化和软实力建设逐渐上升为中国的国家战略。十七届六中全会专门就我国的文化建设做出部署，明确提出要继承优秀传统文化、建立强大的“文化自觉、文化自信和文化自强”，儒家文化作为中华文化的主流和底色，在整个传承体系中占有特别重要的地位。随着近现代社会的发展，儒家文化与西方近现代民主、科学思想交流融通，形成我国近现代新儒学，在汇通中西文化的基础上，来解释儒家文化，发展儒家文化，即通过对儒学的现代阐释来发扬民族传统文化，为当代人的思想道德修养和民族主体意识的确立，发挥积极作用。即使到今天人们仍然希望从儒学中汲取精华，儒家文化仍然在潜移默化地影响我们的日常生活。甚至在某种程度上，儒家文化成了东方文化最典型的代表。我们在世界各地建立了几百所孔子学院，孔子作为中国文化的符号，已经为世界各国人民所认可。

儒家文化逐渐发展成为古代社会国家的主流意识形态。按照诺思的理解，意识形态是非正式制度中最为重要的部分。儒家文化成为主流意识形态是在两千多年的封建社会所实行“罢黜百家，独尊儒术”后，独占大一统思想地位后而形成的。儒家主张礼治，强调传统的伦常关系，尤其注重人与人之间伦理关系等。

中国的政治文化传统是一个典型的“宗法国家”①，它由基于自然血亲关系的“宗法家庭”“宗法亲族”“宗法社会”的结构所型塑。恰如梁漱溟先生所指出的那样：“举整个社会各种关系而一概家庭化之。”② 或许就是这个缘故，自汉朝开始成为历朝历代政治权力正当性论证的主要思想

① 林安梧：《儒学与中国传统社会之哲学省察——“以血缘性纵贯轴”为核心的理解与诠释》，学林出版社 1998 年版，第 44 页。

② 梁漱溟：《中国文化要义》，学林出版社 1987 年版，第 80 页。

资源，儒家伦理思想和观念被形式化和普遍化为社会共同的价值意识，在很大程度上已经上升为国家意识。儒家文化看重周礼的首要价值就在于其规范社会生活，尤其是政治活动的秩序意义，而不是空泛地对其做道德评价。规范和典章制度所必然具有的强制性恰是通过人们的共识而取得道德正当性的。周公制礼的意义首先就在于通过不同的礼制将每个人的社会地位和彼此间的主从关系规定下来。这种等级性礼制秩序为先秦儒家所高度肯定，所谓“礼义立则贵贱等矣”“礼达而分定”是也。孔子所主张的“复礼”，主要所指就是周礼，即西周以来的典章、制度、规范、仪节。孔子认为，正是周礼最为完整地规定了人与人之间长幼尊卑有序、上下贵贱有等的秩序，而这恰恰充分体现了基于自然血缘的宗法人伦之精神传统。特别是在汉代以后，汉武帝采董仲舒之议“罢黜百家，独尊儒术”，标志着意识形态领域被儒家思想所统治，礼治主义作为正式制度渗透到了传统社会的所有领域，正像孟德斯鸠曾称中国古代社会的国家精神是礼教。①

2. 作为正式制度的儒家文化

儒家文化由非正式制度演变为正式制度的最大体现就是法律制度的儒家化。在中国传统立法过程中逐渐以儒家文化为根据和缘由，儒家的礼治主义精神被慢慢地贯穿到法律条文中去。周礼的特征是用一套规范的外在仪式，建立起了一种上下有别、等级有序的社会差序制度，孔子对礼的继承不仅停留在外在仪式上，还开始追寻使“礼”能自觉进入心灵，并让人主动服“礼”的价值基础，从而保证“礼治”社会由个人的安分到全社会的稳定，“礼”在当时已成为社会中最普遍适用的规范。

“春秋决狱”标志着儒家文化成为判刑与否的主要依据。“礼”也同时是法的基础。表现之一：“天人合一中‘则天制刑’是中国古代刑法制定的自然观，‘应天行刑’是中国古代刑罚执行的自然观；‘亲亲尊尊’是中国古代刑法的伦理观；‘惟齐非齐’是中国古代刑法的平等观众；‘执经达权’是中国古代刑法的经权观；‘明刑弼教’是中国古代刑法的

① 胡晓霞：《非正式制度与农村基层治理》，博士学位论文，新疆农业大学，2007 年，第 47 页。

效用观”[①]。唐朝《唐律疏议》标志着儒家文化以正式法律文书的形式，全面涵盖了法律的各个方面。第一，儒家文化是立法精神与基本原则的集中体现；第二，儒家经义是确定罪名的主要依据；第三，儒家经义是确定刑罚的主要依据；第四，违礼之程度决定刑罚的轻重。

四 非正式制度与正式制度融合的本质及结果

（一）正式制度与非正式制度相融合的本质

正式制度与非正式制度的“相融”从正面指向了制度的“合法性”问题。“合法性”是西方研究政治现象、理解政治生活的一个基本分析工具，在“合法性”的不同理解中，马克斯·韦伯的定义具有较强的认可度：“合法性的适用可能由行为者们归功于一种制度：基于传统：过去一直存在着的事物的适用；基于情绪的（尤其是感情的）信仰：新的启示或榜样的适用；基于价值合理性的信仰：被视为绝对有效的推断的适用；基于现行的章程，对合法性的信仰。”[②] 制度的合法性是指制度的这样一种特性，这种特性不仅来自正式的法律或命令，而更重要的是来自根据有关价值体系所判定的，有社会成员给予积极的社会支持与认可的制度规范的可能性或正当性。它包括两个方面的内容：一方面是制度能否以及怎样以社会价值观念和价值规范所认可的方式有效运行；另一方面是制度有效性的范围基础和来源。就其本质而言，制度的合法性就是制度所涉及的主体对于制度的承认，对其规范正当性的认可。[③] 从非正式制度与正式制度“相容”、相互支撑的关系来看，主要从两个方面体现出来：第一，正式制度所蕴含的制度伦理和约束与非正式制度约束的伦理和诉求的有机契合。之所以能够有效运行，在于正式制度与其作为外部环境的制约因素——“非正式制度”之间有了高度的契合性，也就是说制度的实施和运行有了其社会层面的认同机制和文化基础，这样从正面有效地回答了为什么有些社会能够建立起良好的社会秩序；为什么有些国家的制度体系是

① 马作成：《中国传统法律文化研究》，广东人民出版社 2004 年版，第 1—2 页。

② ［德］马克斯·韦伯：《经济与社会》（上卷），林荣远译，商务印书馆 1997 年版，第 66 页。

③ 辛鸣：《制度论：哲学视野中的制度与制度研究》，博士学位论文，中共中央党校，2004 年，第 57 页。

成功的，而另一些国家的制度体系却是失效的；相同的制度，为什么在有些地方实施得好，有些地方则无法实施等问题。第二，制度约束下个体行为的和意志性。即制度规范的客体或个人，其行为及社会交往满足了制度的规范性要求。

（二）正式制度与非正式制度相融合的结果

1. 节约制度执行成本

非正式制度与正式制度的融合会大大降低制度的执行成本，因为制度的监督和实施可以通过非正式的形式，也就是通过公众的认同行为来实现。公众会自觉地产生服务于或与制度目标相一致的行为，因为对制度的遵从是在社会互动的过程中自发实现的。与之相反，对于由国家和政府实施的监督依赖性越强，制度的执行成本会越高，因为立法和行政法规的执行都要由专门设立的权力机构来完成，因此必然要耗费较高的成本。

2. 相互强化

非正式制度可以通过为正式制度的实施提供认同的观念、行为习惯和共同的心理预期来促进正式制度目标的实现，当正式制度所倡导的行为预期及利益诉求与微观个体、群体中的成员的利益和偏好相一致的时候，正式制度和非正式制度就会实现紧密融合，形成良性互动。正式制度有效实施的关键并不在于有国家强制力作为保障，而在于社会大众对制度的认同和支持，也就是制度权威的形成。当正式制度对特定行为关系的约束与非正式制度约束关系一致时，二者之间会相互强化，从而大大提高制度实施绩效

3. 减少社会交往中的不确定性

社会交往中的确定性是法制建设追求的重要目标之一，是法律制度实现社会秩序化发展的典型特征。在法制化水平比较高的社会里，个体和他人遵守和违背法律制度所产生的后果是明确的，因此，人们在社会交往中容易产生理性的行为选择，对他人的行为会产生合理预期。非正式制度与正式制度实现融合，社会大众基于经验、常识、认知而做出的行为互动和行为期待，与正式制度约束下的行为关系有了相同的环境辨识，使社会交往中的不确定性大大降低，这时正式制度的实施达到了“润物细无声”的良好效果，正式制度与社会实现了高度的契合。反过来，当正式制度与

非正式制度对特定行为的约束关系不一致的时候，有人可能按照非正式制度展开社会互动行为，有人的社会行为可能受到正式制度约束，在不同制度约束下，就会产生不同的行为结果。比如生活里有人按照“潜规则”去做，反而比那些按规章制度去做的人要受益多或者更好地实现了自己的行为预期。这样，社会交往的不确定性将大大增加，人们行为的选择更加复杂化，社会的法制化水平较低。

第三节 正式制度与非正式制度的相互转化
——对制度演化逻辑的分析

制度之间的对立、冲突必然预示着制度之间的相互转化和替代。制度转化本质上反映制度演化和变迁的轨迹，特别是宏观的制度转化是需要漫长的过程才能实现的。从逻辑上分析：正式制度与非正式制度之间的相互转化包含两个层面的内容：一是非正式制度转化为正式制度；二是正式制度转化为非正式制度。从当前制度分析理论来看，不管是经济学视角的制度分析范式还是文化视角的分析方法，都把制度的演进和变迁看作一个渐进性的过程。林毅夫提出的诱致性制度变迁和强制性制度变迁理论认为：诱致性因素变迁是指现行制度安排的变更或替代，或者是新制度安排的创造，强制性制度变迁是有意识设计并创造出来的行为规则，由政府命令和法律引入且强制实行。[①]

一 非正式制度转化为正式制度

制度往往不是纯粹理性设计的结果，社会制度本身是演化的，源于特定时期生产生活需要的某些做法，会逐渐变成某种惯例、习俗并最终演化为稳定的正式制度，下面我们通过一个具体个案来展现源自农民创造的规则，演变成正式制度的过程。

后陈村是武义县的一个行政村，[②] 离县城约五公里。2000 年以后，随

① 林毅夫：《现代制度经济学》，北京大学出版社 2003 年版，第 260—272 页。

② 本案例根据贺雪峰《村治模式——若干案例研究》中的材料整理而来，因其具有较强的代表性而吸收到本研究中来，特此感谢。

着武义县经济发展的加速，尤其是工业的扩张，后陈村在2001年后被纳入县经济开发区的规划中，原来所在的乡政府也撤并为现在的武义县白杨街道办事处。自2001年开始，后陈村已有1000多亩耕地被征用。武义河流经后陈村，使其成为一个热闹的商业中心。后陈村在2001年后被纳入县经济开发区，大量耕地被征占，村集体获得了大笔征地款。正是这大笔征地款激发了村中的干群矛盾，村主职干部连续两届因经济问题下台。

2001年以来，后陈村因为村民对村干部经济问题的怀疑，连续出了一些事情。第一件大事是2001年村民拦住运沙车，不准运沙车出村，乡长带人来协调解决，结果乡长还没来得及下车，愤怒的村民就将车推翻；派出所公安干警来处理，村民又将警车的玻璃砸碎。第二件大事是2002年村民联名上访。全村有一半以上的村民在上访信上签名并按手印，五个村民联合到街道、县、市上访。随后，村支书在村支部换届中落选。第三件大事是2003年村党员会议中，全村党员在村支书和村委会主任缺席的情况下，做出了阻止沙场采沙的决定，并立即付诸行动。正是村党员阻止采沙的行动，激怒了沙场老板，并向市纪委举报村主任和支书受贿，导致村支书被开除党籍，支书也当不成了。到2003年，村干部甚至无法再开会了，因为村干部开会时，村民就在村部楼下议论，并有村民冲进会议室强烈地表达意见。村干部内部也不团结，一些非主职干部不清楚村务状况，对村务也是忧心忡忡。村民对现任村干部严重不信任，连续两任村支书都灰溜溜地下台后，由谁担任村支书，就成为摆在街道领导面前的难题。

街道在后陈村广泛征求意见，最后决定由户口仍在后陈村的街道干部胡文法回村当村支书。胡文法是后陈村人，16岁外出做学徒，没有务过农，后来长期在街道担任合同制干部。胡文法虽然在村中还有旧房子，但已在街道买了新房子，两个儿子均已成家，经济条件不错。妻子则在一家街道工厂工作。街道给了胡文法三大任务，一是将后陈村稳定下来；二是培养新班子；三是完善制度。胡文法接受了街道的安排。上任后，胡文法在村中走访了解情况，成立各种清账小组，连续召开党员会和村民代表会议。在刚开始开会时，村民要反映的意见太多，表达意愿太强烈，以致无法开下去，有几次会议开到中途不欢而散。随着清账工作的开展，越来越多的前任村干部的问题暴露出来。村民强烈要求追究前任村干部的责任。

胡文法知道其中的利害关系，向村党员和村民代表解释说，有些问题是村子里可以解决的，他保证解决；有些问题是村子无能力解决的，他也会提出来，但要求村民给他时间。他在村党员和村民代表的联席会议上说，因为他能力有限，而过去的事情关系复杂，各种事情纠缠在一起，很难厘清，也很难真正追究，不如采取"对以前的事少追究，以后保证再不出问题"的原则。党员和村民代表最终被说服。因为村民对村干部严重不信任，强烈要求将村集体上的钱分到个人。胡书记认为，将钱分掉不合政策，因为有文件规定征地款只能分40%给村民个人，而保留60%做集体发展资金。一是在2004年1月建立一个村财务监督小组，由党员推举一名代表，村民代表会议推选一名代表，村出纳是当然人选，村管纪检的支委为组长，成立了一个四人村财务监督小组。当时规定，超过一定数目的开支，必须经财务监督小组同意，每个月的支出要由监督小组审核签字然后上墙公示，再入账。同时，针对村财务支出十分混乱的情况，村两委开会决定，全村所有收支一本账，村里只允许出纳一个人收钱，其他村干部不得收钱。后陈村就由乱到稳，稳定下来并图谋起发展来。

2004年4月，县委副书记兼纪委书记骆瑞生到后陈村调研，听到村务监督小组的作用，很感兴趣。2004年6月18日，后陈村正式挂牌成立了后陈村村务监督委员会，村务监督委员会成为村支委和村委会以外的"第三委"。首届村务监督委员会在2006年6月由村民代表会议选举产生。

至此，我们可以简单梳理一下后陈村村务监督委员会产生和实践的逻辑：正是村民出于监督基层干部的需要，自发推动了制度的变革，地方政府觉得有效果，为完善农村基层治理制度提供了借鉴，于是积极支持，形成了所谓的地方性制度创造，这个效应逐渐放大以后，会形成国家层面推动制度变迁的经验和背景。

因此，基于地方性做法的进一步明晰，加之村级组织的确监督乏力，国家在进行大量调研分析的基础上，逐渐从国家层面予以确认：首先，完善村务公开的内容。国家有关法律法规和政策明确要求公开的事项，如计划生育政策落实、救灾救济款物发放、宅基地使用、村集体经济所得收益使用、村干部报酬等，应继续坚持公开。要继续把财务公开作为村务公开的重点，所有收支必须逐项逐笔公布明细账目，让群众了解、监督村集体资产和财务收支情况。同时，要根据农村改革发展的新形势、新情况，及时丰富和拓展村务公开内容。当前，要将土地征用补偿及分配、农村机动地和“四荒地”发包、村集体债权债务、税费改革和农业税减免政策、村内“一事一议”筹资筹劳、新型农村合作医疗、种粮直接补贴、退耕还林还草款物兑现，以及国家其他补贴农民、资助村集体的政策落实情况，及时纳入村务公开的内容。农民群众要求公开的其他事项，也应公开。其次，规范村务公开的形式、时间和基本程序。各地农村应坚持实际、实用、实效的原则，在便于群众观看的地方设立固定的村务公开栏，同时还可以通过广播、电视、网络、“明白纸”、民主听证会等其他有效形式公开。一般的村务事项至少每季度公开一次，涉及农民利益的重大问题以及群众关心的事项要及时公开。集体财务往来较多的村，财务收支情况应每月公布一次。要推进村务事项从办理结果的公开，向事前、事中、事后全过程公开延伸。要充分利用现代科学技术，不断创新村务公开的有效形式和手段。村务公开的基本程序是：村民委员会根据本村的实际情况，依照法规和政策的有关要求提出公开的具体方案；村务公开监督小组对方案进行审查、补充、完善后，提交村党组织和村民委员会联席会议讨论确定；村民委员会通过村务公开栏等形式及时公布。再次，设立村务公开监督小组。村务公开监督小组成员经村民会议或村民代表会议在村民代表中推选产生，负责监督村务公开制度的落实。村干部及其配偶、直系亲属不得担任村务公开监督小组成员。村务公开监督小组及其成员应当热爱集体，公道正派，有一定的议事能力，其中应有具备财会知识的成员。村务公开监督小组要依法履行职责，认真审查村务公开各项内容是否全面、真实，公开时间是否及时，公开形式是否科学，公开程序是否规范，并及时向村民会议或村民代表会议报告监督情况。对不履行职责的成员，村民会议或村民代表会议有权罢免其资格。最后，公开结果的反馈。群众对公布的内容有疑问的，可以口头或书面形式向村务公开监督小组投诉，村务公开监督小组对群众反映的问题应当及时进行调查，确有内容遗漏或者不真实的，应督促村民委员会重新公布；也可以直接向村党组织、村民委员会询问，村民委员会应在 10 日内予以解释和答复。村民委员会要对村务公开资料进行整理归档并妥善保管。

我们不知道（也不必知道）后陈村的“第三委”是否是中国农村在

村“两委”制度下诞生的最早的监督机制。但是对于认识制度变迁的逻辑和过程却具有非常重要的作用。“村三委”的产生有其历史必然性。从调查的村庄来看，“村三委”在相当一部分农村已经很受欢迎。调查村中的宝山镇宝山村、广西平圩民族村已经明确地称“村三委”了。村主任（村支书）反映，这几年，特别是2000年以来，村干部就不好当了，有利益的地方、富裕的地方大家争着当村干部，穷的地方、没有好处的村没人愿意干。“贵州民族大学的孙兆霞老师也反映：他们调查过的一个贵州村庄一直有强有力的传统治理制度，也一直治理得好，村民甚至通过选举一个委员会来解决与村民利益密切相关的各种公共事务。但是，当大量外来资源流入村庄，这个委员会的负责人却在很短的时间内变坏了：他开始垄断权力，收买委员会其他人，隐瞒财务收支，甚至贪污起来。村民十分不满，将这个委员会负责人选了下来，但新上去的负责人却很快又走上了前任的老路。”① 我们调研的宝山村也出现了类似的情况：由同姓家族支持当选的村干部，因征地补偿款、房屋拆迁补助等问题而遭到村民的坚决反对，持续两三年到市、省乃至北京多次集体上访，出现了村治历史上难得一见的奇观。透过这些现象，分析其深层次的问题，必须联系农村近些年发展的状况，以及村民自治制度的内在缺陷来分析。

家庭联产承包责任制后，我国农村建立起了“乡政村治”的管理格局，从村级组织来看，其实是相对“独立”的，但离真正的“自治”还有些距离，村党支部、村委会之间的关系也大多是含混不清，村级组织大多扮演了“乡政机构”和“行政机构”的角色，随着农村社会的发展，特别是在现代化、市场化的推动下，小城镇建设、“集镇建设”的速度加快，当代中国农村与传统社会有很大区别：第一，村庄的封闭性被打破，人口流动加快，外来文化的冲击和渗透加强。村民的民主意识和法律意识已经大幅度提高，争取民主和权力的意识逐渐被唤醒；第二，农村集体经济的实力在不断壮大，特别在沿海发达地区的农村和集镇周边的农村具有高流量的资源基础，有了资源、有了利益，合理分配及公共关系的问题就摆在面前。村治中的各项制度在追逐利益的驱使下找到了村庄内部强有力的对接力量，各个群体都是出于利益来争夺制度的解释权时，制度存在的

① 转引自贺雪峰《村治模式》，山东人民出版社2009年版，第147页。

弊端也就暴露出来。更有甚者，在一些资源流量大的村庄，掌握权力、熟悉制度的村庄精英（村干部）利用制度缺陷，大量地谋取个人利益，而村民却缺少表达自己利益与意见的渠道，村民与村干部之间的对立就不可避免。早期国家的村治制度又存在缺陷，村支部与村委会的权力无法分开，村干部集多种权力于一身，甚至出现了“村主任、村支书一肩挑”，独揽大权，村务公开走过场，财务监督流于形式。这样，一端是农村社会发展要求加大对村级公共资源、集体资产、村财务收支的监督力度，另一端是国家正式的“村治制度”存在不足和缺陷，因此，“村三委”或“村财务监督小组”就成为村庄内生型制度需求，国家也认识到这些问题，于是一些地方性非正式制度也逐渐被国家认可，这一过程也称为合理的诱致性制度变迁。

二　正式制度转变为非正式制度

正式制度转化为非正式制度是从长期的制度变迁来看的。人们总是期望制度能够提供稳定的秩序结构和约束机制，但事实上，一成不变的制度安排不可能存在，社会总是处在不断的变化发展之中，所以制度也总是不断地演化和发展，新的制度会产生，原有制度会被取代，但是新制度的产生并不意味原有制度的影响就完全消失，旧制度可能会转变为非正式制度，依然对人们的思想认识和行为习惯产生影响。下面以“人民公社制”被保留下来的个案，对这一制度现象进行分析。

至今，周家庄乡基本保留了“人民公社制”的基本管理思路及做法。周家庄乡一切劳动量计算都是以“工分”为标准，下地干活的，看大门的，打扫卫生的，开车的，甚至包括乡长、队长的工作，都要到年终按工分进行收入分配，每个生产队的一切劳动由队长组织安排，绝大多数社员依赖集体计划经济生活。这些 20 世纪六七十年代人民公社时期流行的镜头，对中国其他地方来说，早已成为历史的记忆，但在距石家庄市约 50 公里的晋州市周家庄乡，这些不是历史，而是社会现实。

周家庄人民公社得以保留却不是一帆风顺的。1982 年，在全国政策性、强迫性解散人民公社的压力之下，周家庄人民公社党委实事求是，充分尊重人民群众的意愿，顶住了来自上级领导的重重压力，义无反顾地选择继续走社会主义集体化和共同富裕的道路。“大家都知道集体经济基础比较好，开会讨论是否要分地的时候，除了一两户之外，其他的社员都不愿分地到户”，60多岁的刘建中亲自参加了1982年征求群众意见的讨论，至今记忆犹新。“要想把这个家业毁了除非把我撤了”，雷金河以一个共产党员的党性开始了他的顽强的力争。当时河北省调整县级领导班子给县委书记的一大任务就是把周家庄公社解散，把土地分掉。雷金河开始四处奔波向上级反映情况。新中国成立后雷金河是晋州农民走合作化、集体化道路的带头人，领导了第一个人民公社的成立并任党委书记。他还是河北省和全国劳动模范、全国人大代表，且由于周家庄人民公社早就是河北的先进典型，也认识了不少上级领导。另传雷金河在抗战时期就是威震敌胆的民兵队长，作战英勇，与当时驻扎冀中的彭真、吕正操等八路军高级将领亦有生死之交，这也成了他能顶住巨大压力的资本。他三进北京，向当年的老首长陈述乡亲们的愿望，但中央领导并没有给予明确答复，只是让他“再观察一下”。后来，还是雷金河向当时的河北省领导保证：“不分包到户，社员的收入可以高于分包到户的农民。如果干一年，我们没有其他公社好，我们就将地分了。”这样，周家庄的人民公社经济体制才最终“换汤不换药”得以完整地保存下来，但省里提出的条件是必须把公社的名称改成乡。

周家庄下设的10个生产队，均由周家庄农工商合作社管理，这些队长都是20年前上任的，近几年来对个别队长进行过调整外，没有实行过选举，合作社主任说，“这些队长必须是技术能手，懂得生产的各个环节，老换人不符合生产队的实际”。周家庄乡对不同的工种进行了372项细分，每项劳动的单位劳动量所得工分一目了然。每项工作所达到的要求也进行了具体规定，比如收割机收小麦，一平方米掉小麦不许超过13粒，否则便被罚公分。抽查者要趴在地上，清除杂物，进行查验。每次上工，队里的会计都会记账，到年底统一结算。当年全队总收入除去合作社一年中支出的生产资料成本、水、电、口粮款以及集体公积金等，算出每个工的工值。经过几十年的发展，周家庄乡的百姓享有了10多项福利或补贴，而且福利范围在不断发展扩大，但雷金河和他领导的班子，不论在住房、分配等任何细事上，不许高于群众，干部的待遇不许超过人民个人收入水平，群众的住房好了，学校、幼儿园、群众娱乐场所搞好了，乡政府的办公室仍然是半个世纪前的旧平房，旧桌椅板凳。不论任何人到周家庄考察访问，都以饺子小米粥招待，概不摆席。

1978 年 12 月具有深远历史意义的中国共产党十一届三中全会召开之后，全国各地开始拨乱反正，纠正“左”的错误，调整农业政策，农村改革大潮涌起，特别是在尊重生产队的自主权，因地制宜地发展多种经济，建立各种生产责任制，改进计酬方法，纠正生产指挥上的主观主义和分配中的平均主义等方面，都出现了令人鼓舞的变化，农民生产积极性得以调动，农业生产得以迅速恢复和发展。家庭联产承包责任制（即“大包干”责任制）反映了亿万农民的强烈愿望，具有“责任明确、方法简便、利益直接”的优点，吸引力极大。它不但克服了集体经济中长其存在的“吃大锅饭”弊端，而且纠正了长期存在的管理过分集中、经营方式过于单一的弊端。到 1982 年年底，农业家庭联产承包责任制成为广大农村的主要形式。

面对这场牵动全国的深刻的伟大变革，周家庄乡怎么办？是追赶历史潮流，先分田，后分队，把耕地分包到户，把企业拍卖到人，把集体财产折腾净，还是互助合作、坚持集体统一经营？全乡干部群众苦苦思考，又一次面临新的历史抉择。

中共中央指示：“在不同的地方、不同的社队，以至在同一生产队，都应从实际需要和实践情况出发，允许有多种经营形式、多种劳动组织、多种计酬办法同时存在……凡有利于鼓励生产者最大限度地关心集体生产，有利于增加生产，增加收入，增加商品的责任制形式，都是好的和可行的，都应加以支持。”① 邓小平同志指出：“我们总的方向是发展集体经济。”“只要生产发展了，农村的社会分工和商品经济发展了，低水平的集体化就会发展成高水平的集体化，集体经济不巩固的也会巩固起来。”② 周家庄合作社正是按照中共中央和邓小平同志所指示的道路前进的。经过长时间的大讨论，周家庄合作社最后决定，从自己的实际出发，坚持集体经济体制不变，联村社体制不变，成立乡农工商合作社（开始一段时间称农工商联合公司），同时借鉴外地大包干经验，多方面进行改革。在改

---

① 中共中央文献研究室：《三中全会以来重要文献选编》（上册），人民出版社 2011 年版，第 506 页。

② 邓小平：《邓小平文选》（第三卷），人民出版社 1994 年版，第 315 页。

革中，周家庄合作社注意了两点，避免了两种倾向：一是“全盘否定集体经济”，二是“走老路，否认有改革的必要”。互助合作的集体经济是共同富裕的基础，必须巩固壮大，不能削弱，但又必须正视客观存在的矛盾和问题，大胆进行改革。

周家庄合作社，无论是大改革前的农业合作社，还是大改革后的农工商合作社，绝不是简单挂个牌子、装装样子，而是有名称、有组织体系、有管理制度、有生产经营活动。合作社建立了社员代表大会制度，选举了管理委员会，坚持民主办社，从而发展了集体经济，保护了集体财产，增强了农民群众的集体观念。从周家庄的实践效果看，合作社的功能和作用是任何政治组织和自治组织无法代替的。

如何正确处理乡党委、乡政府和合作社的关系？必须明确，乡党委领导乡政府和合作社，这一点毋庸置疑。20 世纪 80 年代中期，农民干部不再在乡党委和乡政府任职，国家干部愈派愈多，又不能在合作社兼职，彼此之间职责难以分明，工作难以协调一致，问题亟待解决。90 年代后，乡合作社领导进入乡党委、乡政府班子，一身二任，工作起来十分顺劲。让优秀农民干部端着“泥饭碗”进入领导层，统揽党政经全局，是解决农村诸多矛盾的积极办法。

为了适应社会、经济发展的新形势，精兵简政，集中力量办大事，河北省于 20 世纪 90 年代中期进行了规模较大的农村行政体制改革，1996 年圆满完成了撤区并乡扩（建）镇工作。全省共撤并 1232 个乡，由原来的 3202 个乡镇合并为 1970 个，省地名委员会、省民政厅对全省乡镇名称进行了认真、慎重的规范化处理，最后确定了全省乡镇标准名称，并于 1996 年 12 月 31 日向社会公布。并乡扩镇后，晋州市由 20 个乡镇合并为 8 镇 2 乡，即晋州镇、马于镇、总十庄镇、小樵镇、营里镇、东卓宿镇、槐树镇、桃园镇和里乡庄、周家庄乡。1997 年晋州市 224 个村民委员会，50.4 万人，耕地 40917 公顷，平均每个乡镇有 22.4 个村民委员会，5.04 万人，耕地 4091.7 公顷。相比之下，周家庄是个很小的乡，6 个村庄仅有十个生产队（生产队相当于村民委员会），1.2 万人，耕地 1048 公顷，分别是全市（县）的 44.6%、23.8% 和 25.6%。

周家庄这样一个小而又小的乡之所以未被合并，关键是其合作体制，是其耕地集体统一经营，是其雄厚的公积金和公益金无法分割。在行政体制改革中，与其说是保留周家庄乡行政体制，倒不如说是保留周家庄合作社体制更恰当。总而言之，一些说得清和一时很难说得清的原因使周家庄合作社体制得以保留下来，这又是值得庆幸的。

在人民公社制度被废除之前，它是中国重要的制度形式之一，体现了国家意志，是依法成立的。人民公社制度的废除标志着这项正式制度形式的终结。从这个意义上讲，河北晋州周家庄乡保留人民公社制就演变为非正式制度，当然，它是改造和完善过的新的“人民公社制”，并适应了当地的情况，反映了农民的最大利益。这种制度形式体现了制度转化的特点，我们将在后面展开分析。

三　制度演化的逻辑

非正式制度在一定的条件下可以转化为正式制度，正式制度在经历一定发展阶段后也会转化为非正式制度，这体现了制度演化的基本路径。制度演化究竟是人为理性推动的产物还是社会自发演变推动的结果？其实，二者都有。“多元主体推动”以及演化中的“路径依赖性”是制度演化规律的集中体现。

1. 制度演化由多元主体推动

关于制度演化、变迁主体的分析，是制度研究中的一个基本问题。诺思将制度变迁的主体分成两级行动团体：初级和次级。初级行动团体至少有一个成员是熊彼特意义上的能够遇见潜在利润的企业家，完成制度创新的第一步。在此基础上，作为准企业家团体，次级团体帮助初级团体获取制度变迁收益，推动制度变迁，并以迂回的收入再分配实现自己的利益追求。① 诺思侧重于从微观层面，特别是微观经济制度的变迁过程来分析制度变迁主体，是以“理性经济人”作为分析基点的。“理性经济人”只有发现改变现有的制度结构才能带来“潜在的利益”时，才会产生推动制度变迁的动机和欲望。事实上，不管是初级行动团体还是次级行动团体，其组织形式和行动关系都不是单一的，制度变迁往往是多元主体推动的结果。除了行动团体外，政府、民众甚至学者团体、各种社会组织都广泛参

---

① 杨立华：《沙漠化治理制度变迁的设计原则：基于北方五省的实证分析》，载巫永平《公共管理评论》（第十卷），清华大学出版社 2011 年版，第 9 页。

与其中。从前面展现的农村制度演化的现实情况来看，推动当前农村制度演化的重要主体有三个：民众、国家或政府、社会精英。

（1）民众

民众是制度演化、变迁的重要主体之一。当民众意识到自身利益受损或发现新的利益机会的时候，就会产生推动制度变迁的强烈愿望，但是作为个体的民众而言，往往不具有主导性的能力和条件，那么寻求“个体联合”就成为一种必然的选择，当一部分人逐渐认识到共同的利益诉求和个体能力的局限的时候，就会发展成为推动制度变迁的群体性力量。前面分析过的“村三委”（村民监督委员会）的产生过程就很好地说明了基于共同利益诉求的个体联合对推动制度变迁产生的重要作用。村民逐渐认识到村干部“损公肥私”，损坏了村民的利益，就产生了“集体性抗争”，从而努力催生新的制度安排。社会生活中群体性事件在产生，也是基于这样的逻辑。这在前面分析的“村三委”的产生过程中表现得非常突出，正是民众对村委会干部的不信任，产生了对村集体资产和财务收支进行监督的行为。同时也正是村民的团体性力量导致了村民对村干部监督的有效性。正如恩格斯所言：“历史是这样创造的：最终的结果总是从许多单个的意志的相互冲突中产生出来的，而其中的每一个意志，又是由于许多特殊的产生条件，才成为它所成为的那样。这样就有无数互相交错的力量，有无数个力的平行四边形，由此就产生出一个合力，即历史结果，而这个结果又可以看作一个作为整体的、不自觉地和不自主地起着作用的力量的产物。因为任何一个人的愿望都会受到任何另一个人的妨碍，而最后出现的结果就是谁都没有希望过的事物。所以到目前为止的历史总是像一种自然过程一样地进行，而且实质上也是服从于同一运动规律的。但是，各个人的意志——其中的每一个都希望得到他的体质和外部的、归根结底是经济的情况（或是他个人的，或是一般社会性的）使他向往的东西——虽然都达不到自己的愿望，而是融合为一个总的平均数，一个总的合力，然而从这一事实中决不应做出结论说，这些意志等于零。相反地，每个意志都对合力有所贡献，因而是包括在这个合力里面的。”①

---

① 《马克思恩格斯选集》，第4卷，人民出版社1995年版，第697页。

（2）社会精英

精英（Elites），是西方科学中较为常见的范畴。帕累托（1848—1923）使精英这一术语在社会科学中广为流行，他首先提出了一个非常普遍的概念，根据这个概念，精英由每个人类活动领域中能力最强的所有人组成。[①] 在某个特定的历史时期，精英在推动制度变迁中的作用表现得非常突出。在诺思来看，“制度变迁的动因是对改变这一体制直接感兴趣的风云人物，大部分人都是消极被动，充满惰性的”[②]。为什么“精英”在推动制度变迁中会有如此大的作用？原因主要在于：

第一，“精英”一般都是知识型领袖。精英一般都是知识主体，他们在知识、才能、意志品质等方面要明显优于一般个人，所以比一般人要站得高、看得远，解决问题的动机也比一般人要强烈，对社会能产生较大影响。精英至少必须具有以下特征：一是精英是社会分工的产物，二是精英须具有卓越才能，三是精英须与整个社会的发展方向相联系并有重要影响的作用，精英须获得社会的高度评价和合法化的地位。[③]

第二，精英一般都能超然于个体利益。按照西方社会学的观点，随着现代物质生活的提高，后工业社会使人们相对富足，于是产生了追求更高社会性价值的要求，当人们自觉表现出来对社会、国家和集体的奉献行为时，就实现了自我意识的社会化过程，而精英群体更多地体现为这种自我意识的强化。但事实上，即使在物质匮乏的背景下，同样会出现精英超然于个体利益的奉献行为。准确地说，不是精英没有自己的利益，而是精英基于对社会发展规律的判断和认知，做出追求更大利益（更多地属于集体、社会或国家）的选择，尽管意味着个人利益的受损或减少。

第三，精英能够影响民众。西方精英理论认为早期的“精英”实质上指的就是因其突出地位而在社会的权力分配中占有优势的少数群体。这一“权力”最初多指政治性权力，而在现代民主政治和工业社会中，权

---

① 邓正来主编：《布莱尔政治学百科全书》（修订版），中国政法大学出版社2002年版，第236页。

② ［美］道格拉斯·C. 诺思：《经济史中的结构与变迁》，陈郁等译，上海三联书店1994年版，第152页。

③ 辛鸣：《制度论：哲学视野中的制度和制度研究》，博士学位论文，中共中央党校，2004年，第46页。

力作为“占有和支配力”的概念已经泛化。精英更多的是由于自己在知识、技能、认知方面的优势而获得的影响，这种影响不仅来自于权力，更多地来自于认同和崇敬。正是因为具有这样的优势，精英能够有效地影响民众。

个案分析中，周家庄人民公社制之所以能够保留下来，雷金河作为精英的典型代表发挥着至关重要的作用。他本人是全国劳动模范、全国人大代表，而且在抗日战争中就是大家熟悉的积极分子，在当地是具有绝对影响力和号召力的人，村民对他本人是非常认可的。

另外，从地方到中央的领导人对他都比较熟悉，他拥有与地方政府乃至中央政府进行沟通和协调的能力，从他几次进京的经历就能清楚反映出来，加之当时国家宏观层面的制度变迁带来的激励也不明显，中央也不强行推行一种模式，在这些共同因素作用下，人民公社制被保留了下来，他的意见在很大程度上决定着周家庄人民的意见，没有雷金河作为精英的作用，周家庄人民公社不会是今天这个样子，当然也很难保留下来。

（3）国家或政府

从理性设计的制度观来看，政府是在正式制度构建过程中有意识地参与并推动制度演化的重要行动主体。关于国家的性质、功能、定义，政治学和历史学中均有大量的解释。但总结起来无非有两种：掠夺论（剥削论）和契约论。掠夺论认为国家是某一集团或阶级的代理者，它的作用是代表该集团或该阶级的利益向其他集团或阶级的成员榨取收入，及国家是掠夺或剥削的产物，是统治阶级掠夺和剥削被统治者的工具。[①] 契约论则认为，国家是公民合作、达成一致、形成契约的结果，国家的主要职能在于为公民提供规则，为公民服务，促进促成社会福利的最大化。其实，国家是社会必要的“恶”，新制度主义代表人诺思也认为“理解制度结构的两个主要基石是国家理论和产权理论”[②] 国家功能之一：界定保护和实施产权，颁布具体的制度安排。国家在产权方面的基本职能之一是为产权的运行提供一个公正、安全的制度环境，如果没有一个公正、安全的制度

---

① 高萍：《新制度经济学的国家理论及其启示》，《中南财经大学学报》2000 年第 6 期。

② ［美］道格拉斯·C. 诺思：《经济史上的结构与变革》，商务印书馆 1992 年版，第 17 页。

环境，任何产权都失去了意义与价值。“离开产权，人们很难对国家做出有效的分析”，因而国家理论必须对造成无效率产权的政治—经济单位的内在倾向做出解释，而且要说明历史中国家的不稳定性。国家功能之二：提供公共服务。国家有两个目标：“一是界定形成产权结构的竞争与合作的基本规则（即在要素和产品市场上界定所有权结构），这能使统治者的租金最大化。二是在第一个目的框架中降低交易费用，以使社会产出最大，从而使国家税收增加。这第二个目的将导致一系列公共（或半公共）产品或服务的供给，以便降低界定、谈判和实施作为经济交换基础的契约所引起的费用。”国家第二个目标使国家提供一系列有利于降低交易成本、提高经济产出的公共、半公共产品和服务，协调社会矛盾，保持社会秩序。国家的功能之三：国家还须提供有利于为自己统治的合法性辩护、能有效节约交易成本的意识形态理念。总体来看，不管怎么界定国家的功能和职责，给社会提供明确的法律制度安排是国家职能的重要表现，在制度演化和变迁中，最后明确而清晰的制度安排都是由国家或政府来完成的。

制度演化是多元主体推动发生变迁的过程。各个主体合力作用推动制度演化。在这个过程中，依据制度演化环境的不同，各个主体所发挥的作用也呈现出不平衡的特点。政府在制定和实施制度过程中，应该因势利导，充分发挥各个主体的作用，顺利实现制度的演化和变迁。

2. 制度演化中的路径依赖

路径依赖的思想和概念最初是有布雷恩·阿瑟在 20 世纪 80 年代后期提出的，后由新制度经济学家诺思 1990 年在其著作中系统提出，对制度变迁中路径依赖的发现是诺思制度研究中最突出的贡献之一，成为西方制度经济学最为常见的分析制度演化的工具。所谓路径依赖是指制度的变迁或演化一旦选择了某一条路径，它就会沿着这条路径演化下去，沿着既定的制度安排“先验”模式变迁和演化，经济和政治制度的变迁可能进入良性互动的轨道并迅速优化。但也可能沿着既定的错误路径继续往下滑，甚至被长期锁定在某种无效率的状态之下。制度变迁一旦进入锁定状态，制度创新将变得十分困难，新的制度创新会夹杂着大量旧制度的因素，甚至是旧制度的变种。从逻辑上来看，制度的演化和变迁有两个基本的方向：一是制度的进一步发展和前行，原有制度不断完善和加强；二是制度的替代和转向，用新的社会制度取代原有的旧制度。但是由于路径依赖性的存在，制度的转向和前行往往要经历一个漫长的过程，且不都按理性设计来进行。因此，诺思试图通过路径依赖问题来解决制度变迁中的两个根本问题：首先，是什么决定了历史上社会、政治与经济演化的不同模式？其次，我们如何解释那些经济绩效极差的经济还存在了相当长的时期？① 换句话说，不同的国家、不同的地区为什么会产生不同制度模式和结构，而社会生活中某些无效率的制度还持续了很长的时间？

按照诺思的理解，路径依赖的产生主要由两个方面的作用形成：一是组织的力量（利益集团的影响）；二是非正式制度的影响。从组织的力量来看，任何一项制度安排必然会形成与之相对应的组织力量或利益集团的形成。换句话说，现行的制度安排是一定利益集团实现其利益诉求和稳定的手段和工具。在新的制度变迁、演化带来的潜在收益和利益不明晰的前提下，维护这一制度有利于维护他们的利益。

从非正式制度来看，“行动者的观念在制度变迁中起着更为关键的作用，因为意识形态观念对模型的主观构建的影响构成了选择”②。一个社会总体上的文化遗产、意识形态、社会体系及价值观念等构成了制度演化、变迁的初始条件，它决定着人们对制度的理解、重构、选择。正如诺思所说的那样：“在经济变革的长期趋势中，制度或认知模式的变化往往起源于不同个人群体面临的初始条件的改变。正如不同群体（tribes）因其所处物质环境的不同而具有不同经验，在此基础上逐步形成不同的语言，并用不同思维模式来解释周围世界。语言和心智图式形成非正式约束力，它们限制了该群体的制度框架，并且被当作习俗、禁忌或是神话，世代传承下去，产生了我们所谓的文明，从而形成了路径依赖的关键部分。”③

---

① ［美］道格拉斯·C. 诺思：《制度、制度变迁与经济绩效》，刘守英译，上海三联书店1994年版，第126页。

② 同上书，第138页。

③ ［美］道格拉斯·C. 诺思：《新制度经济学及其发展》，《经济社会体制比较》2002年第5期。

因此，未来的制度改革带来的收益未知，且人们为了推进制度变迁要付出高昂的制度成本，还有可能带来高风险、预期收益不明。一种制度一旦建立，组织和个人就会去适应它，并不断地进行修正和调整。通过学习增强对现存制度的获利能力，而这又反过来强化了现存制度，制度为特定对象提供了稳定的预期，而相同的预期又赋予这个制度持续下去的信心，这个制度果真延续了下来。立足于宏观的制度演化来看，在当今的中国农村制度体系框架内，人民公社制已不是以国家强制力作为保障实施的制度体系，从这个角度分析，它的确已经是适用于一定范围内的非正式制度了(尽管它曾经是正式制度)。在此，我们不是要对人民公社制进行正式制度还是非正式制度的争论，重要的是立足于制度演化规律来研究这一现象。其实，有些非正式制度的产生直接与正式制度的确立和执行相关，非正式制度可以转化为正式制度，新的正式制度取代旧的正式制度之后，旧的正式制度可能转化为对社会经济生活产生重要影响的非正式制度。

从周家庄的具体情况来看，周家庄人民公社集体资产比其他公社要雄厚，人民公社建设得也相对较好，在这样的条件下，变革这一制度在某种程度上会损害到公社团体的利益，所以才会出现征求意见时，除一两户村民外，大多数人都赞同把集体公社保留下去的现象。反过来看，如果公社集体资产弱，公社里的人们连生存都困难，谁还会愿意保留公社呢？从这个层面看，制度变迁演进可能导致一个“非帕累托最优”的出现，及一部分人的利益增加可能要以另一部分人的利益受损为代价。或者说大部分社会成员的利益有所增加，而他们的相对收益会发生根本性的改变。正是由于周家庄人民出于维护自身利益的态度，才会阻止“分地单干”，继续保留人民公社制的行为互动。

人民公社制度是在我国特定的历史文化氛围和发展过程中逐渐确定和发展起来的，它与当时社会交往和社会组织的形式是密切相关。在人民公社制下，公社就好比传统社会的大家族大家庭，一方面为个人提供保障，对个人的生、老、病、死、吃、穿、住、行全面负责；另一方面亦限制个人之间可能导致的两极分化，人民对这样的组织及制度形式是具有较强的依赖性的。

另外，造成周家庄人民公社得以保留和延续的另外一个重要原因是非正式制度的影响。诺思认为，非正式约束在制度渐进的演化中起着重要作用，因此构成了路径依赖性的重要来源。制度作为信念体系的外在建构，个体的信念和心智图式决定其对制度方案的抉择。而信念与心智图式的形成受一个社会文化知识存量的影响，知识存量决定人们的学习特征。另外，环境反馈多次强化大脑的心智图式，使它变得稳定，并形成相对明确的心智图式，使之成为信念，相互联系的信念构成信念体系。信念体系的作用是确保个体在过去环境中的生存，信念体系会抑制突然的变化。以人民公社制被保留为例，非正式制度的影响主要体现在以下几个方面：第一，社会主义美好制度的“情绪支撑”。所谓情绪支撑是指人们在某种信仰、信念支配下产生的一种持续强化的状态和行为。当一定范围内的群体成员产生了共同的“情绪支撑”，就会形成一致的行动，做出相同的行为选择。周家庄人民之所以选择保留人民公社制，从这个层面看，他们对新生的社会制度是有情感的，而且他们坚信，通过这种制度安排和组织形式是能够实现美好生活的。因此，当认识到必须服从集体、服从组织才能达到共同目标的时候，人们对于这种制度形式就不是反对而是拥护了。同时多年的人们公社建设积累下来的认知和经验，给了他们一种“家”的感觉。这种情绪支撑不仅来自于国家长期的意识形态的影响和教育，而且也符合中国人的文化传统，好比对“组织”，对“家”“家族”“宗族”的依赖。第二，平均主义的价值偏好。追求公平、消除贫富差异是几千年来中国传统价值诉求之一。孔子在《论语·季氏》中说：“有国有家者，不患寡而患不均，不患贫而患不安。盖均无贫，和无寡，安无倾。”认为贫富悬殊，将危及社会安宁，主张各守其分。孟子所说的“夫仁政必自经界始。经界不正，开地不均，谷禄不平，是故暴君污吏，必慢其经界”，成为封建社会许多政治家所信奉的理想信条。汉代董仲舒认为“大富则骄，大贫则忧”，应该使富者足以示贵而不至于骄，贫者足以养生而不至于忧，“以此为度，而调均之”。[①] 特别是对于长期生活在社会下层的农民群体来说，这种价值追求更为迫切。历史地看，各代农民群体反对封建统治提出来的价值诉求无不与“均贫富”“等贵贱”相联系。而人民公社制所采取的生产劳动、产品分配、所有制形式，都体现了平均主义的价值偏好。第三，群体本位的价值偏好。中国传统社会家族本位、家国一体的性

① 《春秋繁露·度制》。

质，造成传统文化的群体本位价值取向。在中国传统文化环境中，个体只能存在于家族或国家之中，没有个体的独立身份，家族、国家是超个体的绝对价值，个体融入群体之中，个体价值只有通过依附于群体价值，才获得存在的理由。[①] 人民公社制是集经济、政体、社会、文化功能为一体的组织形式，正好满足了人们对组织的需要。很大程度上它比原有的"家庭"和"家族"更能满足人们的需要，不仅可以获取吃、穿、住、行的基本需求，而且还能避免被人剥削、两极分化的出现。"这种总体对个体的压倒优势，或者换句话说，个体对总体的无条件归属，构成了中国传统文化的本质特征。这一特征反映在当代中国文化中，在内含于其中的人文精神上打上了独特印记。"[②] 当然，影响人民公社制能够保留下来的非正式制度因素是多种多样的，只不过在当时的历史条件下，以上几个方面表现得较为突出而已。

制度演化的路径依赖显示：社会制度本身是演化的，从非正式制度审视正式制度，它是一个从习惯—习俗—非正式制度—正式制度的萌生、发展、扩散到成熟的过程。从这个意义看，制度往往不能简单地通过"理性"来设计，反过来从正式制度来反思非正式制度，在制度变迁中，过去的制度要素往往成为初始条件，从而影响新制度变迁的基本方向，即使正式制度在制度变迁演化过程中已经被新的制度所取代，但是在正式制度型塑下的社会互动行为习惯，甚至思想观念仍然以非正式制度的形式影响着人们的行为。

---

① 甄志宏：《正式制度与非正式制度的冲突与融合：中国市场化改革的制度分析》，博士学位论文，吉林大学，2004年，第108页。

② 俞吾金：《寻找新的价值坐标——世纪之交的哲学文化反思》，复旦大学出版社1995年版，第106、116页。

第四章

农村治理中正式制度与非正式制度的整合

通过对农村治理中正式制度的作用及其功能以及正式制度与非正式制度之间“实然”关系的系统分析，我们可以发现宏观层面的农村制度体系呈现的是一种以国家正式制度和民间非正式制度为基本构成要素的二元制度结构，正式制度体现国家意志，以国家强制力保证实施，非正式制度体现社会需求，潜移默化影响着农村社会。二者之间的“冲突”“相容”及“相互转化”客观地展现了农村治理中国家正式制度与非正式制度之间多维的制度关系。一方面，改革开放以来，农村社会所固有的许多非正式制度（如习俗信仰、观念仪式等）和行为方式出现了某种程度的复兴和发展，它们并不都是愚昧落后、陈旧过时的东西，并非完全是“现代性”的对立物，反观正式制度的确立并没有很好地实现制度目标，满足农村社会的实际需要，这在很大程度上成为非正式制度存在并发挥作用的一个重要原因；另一方面，非正式制度并不都发挥积极的作用，不是作为正式制度的有力支撑，反而成为弱化正式制度权威和作用的一个重要因素。这正是典型的社会转型过程中农村社会非正式制度与正式制度关系的“实然”状态。[①] 这样的制度关系不利于农村“善治”的实现，因此本章立足于国家与社会互动的角度探讨农村社会中正式制度与非正式制度的整合问题。在厘清实现农村“善治”与制度整合之间的内在关系的基础之上，重点分析和探讨制度整合的基本原则、动力机制和具体路径等问题。

---

① 高满良：《农村治理中的非正式制度分析——对砚山县鲁都克村的个案研究》，《云南行政学院学报》2011 年第 5 期。

第一节　农村善治与制度整合

一　农村“善治”的提出

无论是哪一个国家，建立了什么样的制度体系，处于什么样的执政党和政府的领导和管理之下，都希望国家的政治、经济、社会生活更加安定有序，广大公民对国家和政府高度认同，社会更加和谐，换句话说都希望实现社会的“善治”。中国是一个以农民为主体的大国，农村治理的水平和层次直接决定着国家的治理状况。从概念上看，治理是由共同目标支持，有赖于多数同意和参与才能生效的规则体系，是各种个人或公共机构管理其共同事务的诸多方式的总和，最终目标是达成“善治”，本质上是国家权力向社会的回归。[①] 实现善治，就是使公共利益最大化，其本质特征在于它是政府与公民对公共生活的合作管理，是政治国家与公民社会的一种新型关系，是两者的最佳状态。善治的基本要素是：合法性、透明性、责任性、法治性、回应有效、参与稳定、公平公正。[②] 治理理论关注的焦点始终是政府与社会的关系，意味着包括政府在内的多中心、多主体在实现治理目标前提下的合作、互动关系。

从这个意义上看，我们可以把农村治理看作一个由国家和社会共同形成的公共权威，实现对农村社会的有效调控、引导和规范，以最大限度增进农村公共利益的动态过程。在农村，中国政府当前最重要的战略举措就是积极推进社会主义新农村建设。建设社会主义新农村有六项任务：（1）推进农村经济发展，包括加强农村基础设施建设，加快转变农业增长方式，形成农民增收的长效机制；（2）扩大农村社会保障体系，包括帮助困难农民，发展农村卫生事业；（3）推进农村基层民主，搞好村民自治；（4）发展农村教育文化事业，培育造就新型农民；（5）解决好农民实际困难，促进农村和谐社会建设，加强农村社会建设和管理；（6）稳定和完善农村基本经营制度，统筹促进农村各项改革。[③] 以上任务和目

---

① 俞可平：《治理与善治》，社会科学文献出版社2000年版，第9页。

② 同上书，第33页。

③ 俞可平：《国家治理评估——中国与世界》，中央编译出版社2009年版，第12页。

标的实现必须以农村治理结构和治理方式的改善为前提。

二 农村“善治”迫切需要推进制度整合

农村“善治”必须在“善制”的条件下实现。十八届三中全会提出未来全面深化改革的总体目标是：全面深化改革的总目标是完善和发展中国特色社会主义制度，推进国家治理体系和治理能力现代化。从国家的层面看，这一目标至少包含两层含义：一是现代化发展的客观实际要求国家必须不断地提升自身的治理能力和治理水平；二是必须通过制度化的手段和方式去实现治理能力和治理水平的现代化。因此，“站在现代化的高度，国家能否给社会带来一个长久稳定的制度体制，其中最重要的是形成稳定的、具有持续性的政治体系，即制度的屹立乃是社会和国家建设的最高使命。它体现为两个方面：一方面是制度获得有效的权威，成为社会稳定和发展的基础和保障；另一方面是制度与经济社会、文化高度契合，获得广泛的认同，具有持久的稳定性和持续性”①。

以主权国家为载体的现代化发展浪潮，有“先发国家”和“后发国家”之分，先发国家发生在最早走上市场经济的国家，这些国家从传统到现代的转变过程具有“自然”和“自发”的特点，如商品交换的逐步发展，农业产业化与城市工业化大体同步，民族工业体系与国际市场的形成大体同步，以及市场经济的形成与国家政治体制的变革大体相对应等等。② 这些国家由于经历了充分的市场经济和公民社会的发展，很自然地形成了与现代社会发展基本吻合的现代化观念、法治意识和契约精神，因此国家的制度化水平一般比较高。公民已经具有与“法治”相适应的文化心理，在这样的社会中，合法性高于合理性，其社会呈现出高度的法律文化特征。国家基本实现了法治化治理模式，其治理大都依赖于法律调节，其国家治理具有内在性、自发性和渐进性特征。从社会结构的变迁来看，属于先有经济社会发展、后有社会结构的整体转型。相反地，我国是一个“后发型”国家，社会发展和转型是交叉进行的，发展从一开始就

---

① 林尚立：《制度整合发展：中国共产党建设的使命和战略》，《毛泽东邓小平理论研究》2007 年第 4 期。

② 张晓明：《中国市场经济的制度整合与伦理道德建设》，《哲学研究》2000 年第 9 期。

带有明显的“追赶型”目的，过分强调了国家在推动社会发展中的作用。从农村发展历程看，由于农村的传统惯性和农村的社会结构不可能在很快的时间内完成转型，尽管从20世纪以来国家就希望通过大量的制度渗透和创设，实现对农村的全面整合，不断摧毁传统，改造农村社会，但是，传统并不是那么容易摧毁的，农村也不是那么容易改造的。农村法治化治理所受到的非正式制度的影响是远远高于城市的，这是我国现阶段农村基层治理问题产生的主要原因所在，也是由中国传统文化的特点决定的。要言之，站在现代化的立场来看，要实现农村“善治”，必须实现农村正式制度与非正式制度的有效整合。

三　农村制度整合的科学理解

“整合”这一范畴，通俗地理解，主要指由部分结合而形成具有特定功能的有机整体的过程和状态。整合从不同的要素主体和结构关系出发可分为社会整合、政治整合、政党整合、制度整合、利益整合等形式。制度整合就是通过一定的方式将社会分散的、多变的甚至异质的制度要素纳入一定的社会制度性框架之内，以便给社会提供良性、有序、高效的制度环境。制度整合（integration of institutions）通过社会的制度体制将社会统一协调为一个整体。社会整合的一种方式，其基本途径有二：一是专制强权，二是宪法法治。现代性社会是一个多元民主社会，其制度整合是宪法法治的，制度整合所关注的是公民、社团行为的正当合法性，它所寻求的是社会秩序的公正性：社会的制度整合首先是基本制度的整合。基本制度规定了一个社会的基本结构类型与公民间的基本交往方式，规定了非基本制度的具体内容、演化方向及其相互关系。现代性多元社会中的宪法法治的制度整合以存在着的多元价值体系为前提，而多元价值体系则通过公共理性在政治正义的理念基础之上达成宪法共识，形成类似于罗尔斯所说重叠共识的制度认同：制度认同是现代性社会制度整合的基础。①

农村治理中正式制度与非正式制度的整合是一个持续互动的过程，从不同的视角可以对二者之间的整合进行不同的理解和定位。从制度的结构安排看，正式制度与非正式制度的整合必须形成相对均衡的制度结构。制

---

① 朱贻庭：《伦理学大辞典》，上海辞书出版社2002年版，第264页。

度均衡可以理解为平衡、和谐、理性等。就单个制度而言，制度均衡主要是指在一定的社会经济文化条件下，制度的供给符合制度需求的程度，也就是所谓的“合意态”。因为制度的本质是“影响人们经济生活的权利和义务的集合”,[①] 制度均衡就是对不同利益的合理分配状态。同时制度的均衡不仅是单个制度的“合意态”，而且还指制度之间的彼此协调合理的安排状态。制度的均衡必须要达到制度内均衡和制度间均衡两种状态，必须是国家的制度安排和社会的制度安排的和谐。“当社会历史条件发生变化后，即影响国家费用和社会成本的各种因素发生变化后，国家和社会的关系就会从均衡走向不均衡。”[②] 制度作为人们对安全、秩序、发展需要的结果，本质上仅仅是具备有限理性的人在复杂环境下经过长期的反复博弈后而做出的必然选择。制度是国家理性构建和社会内生的一套行为规范，制度的供给者既包括国家，也包括社会，制度安排可以是正式的也可以是非正式的，但是追求农村有效治理和善治的制度安排必须是均衡的。正式制度与非正式制度的整合不是要用正式制度去消灭和完全取代非正式制度，也不是说要把非正式制度全部正式制度化。诺思的研究已经表明：即使是在相对发达的西方国家，正式制度也只是约束社会关系的较少部分，非正式制度客观存在于社会生活的各个方面，以“文化遗传”的方式，成为制度变迁中“路径依赖”的重要来源。这就要求国家基本制度体系对乡村社会的整合，不仅仅要考虑国家的逻辑，还须充分考虑乡村社会的逻辑，这种整合应该具有充分的弹性空间。

从制度演化来看，正式制度与非正式制度的整合是一个实现制度创新和理性制度变迁的过程。某一制度安排在一定历史阶段和历史条件下有其存在的合理性，随着社会生产生活的发展，可能变成了社会进一步发展的障碍。因此，由于社会历史发展的外界环境不断变化和推动，制度就有一个不断改进和完善的问题，制度整合机制也就有一个不断创新的问题。制度创新是指在社会发展中创造出新的社会活动的一般规则规范或者说制度

① ［美］丹尼尔·W. 布罗姆利：《经济利益与经济制度——公共政策的理论基础》，陈郁译，上海人民出版社 2007 年版，第 52 页。

② 曾俊：《公共秩序的制度安排——国家与社会关系的框架及其运用》，学林出版社 2005 年版，第 129、149 页。

框架体系，以维系社会发展过程中的有序性，并为社会成员形成合理的价值观念体系提供坚实基础。在社会转型期，通过制度创新，确立适应新的社会生活的制度框架体系是制度整合的关键所在。

我国在现代化发展过程中出现的“三农”问题不仅仅是一个经济社会结构的问题，更是关联到整个农村的制度调整和宏观制度安排的问题。要破解当前的“三农”困境，必须通过国家宏观发展战略的转变和宏观制度的创新，推动农村治理范式转型，构建一套与新的发展情境相适应的农村治理体系。乡村社会是天然的共同体，国家对乡村社会的责任和使命不是要消灭这个共同体，而是要维系和发展这个共同体。这就要求国家基本制度体系对乡村社会的整合，不能仅仅考虑国家的逻辑，必须充分考虑乡村的社会逻辑，因而，这种整合应该具有充分的弹性空间，应该是国家与农民共同协商与合作的结果。如果能够这样来把握国家重构与乡村社会关系的过程，那么，这样的过程就完全可能成为上述国家与乡村的双向运动过程，即国家整合乡村与乡村自然再造。在这样的过程中，农民不是被动的，而是主动的；乡村社会不是简单的被整合的对象，而同时也应是创造整合的主体；国家制度体系不是为控制乡村而进入，而是为充实乡村社会自我生存、自我管理、自我发展的能力而进入。①

因此，立足于农村社会转型的性质和实现农村有效治理的现实需要，农村治理中正式制度和非正式制度的整合，可以理解为通过多种方式和途径，实现农村社会中的非正式制度与国家层面的正式制度持续互动、相互支撑的动态过程。从更为宽泛的意义上去理解，整合既反映了制度的结构性安排，也反映了制度创新、制度变迁的动态过程，其根本目的是为农村“善治”提供良好的制度环境或制度变迁路径。

第二节　制度整合的基本原则

实现正式制度与非正式制度有效整合，为农村“善治”搭建良性互动的制度平台，是实现农村社会和谐发展、有序发展的重要条件。但是，

---

① 刘伟：《难以产出的村落政治——对村民群体性活动的中观透视》，中国社会科学出版社2009年版，第8页。

实现二者之间的有效整合必须坚持正确的指导思想和原则，这些原则的确立保障了整合的意义性和价值性，反映了制度整合的基本取向，是有效推动农村治理中正式制度与非正式制度整合的基本前提。

一　以市场化为导向

（一）市场化推动农村制度整合的内在原因

市场化发展是世界的历史潮流，是工业化、城市化、现代化的核心推动力量。通过市场化，实现资源和要素优化配置，从而提高社会效率、推动社会进步是当代社会发展的基本趋势。通俗地理解市场化，就是使市场在资源配置中起决定作用，在其基础上形成企业自主经营、公平竞争，消费者自主选择、自主消费，商品及各种生产要素能平等交换、自由流动的市场体系的动态过程。它的表象是价格信号、权利关系和市场交易，它的基础是分工、所有制和劳动的交换，市场化不是无序化、完全的自由化，它是由各种各样的制度规制形成的整体性制度结构，这个制度结构不仅包括正式制度规则，还包括支撑这些制度规则有效实施的被社会成员认可的共同的价值规范。正式制度规则又包含两个层次的制度：基本制度，即制度经济学所说的宪法秩序或制度环境，它决定了市场经济的性质、范围和作用的大小；运行体制，即一定制度环境下一个国家市场经济运行的基本框架和规则，它主要由各种具体制度，如财税制度、劳动制度、交易制度、产权制度等等组成。而处于这些显性制度规则之下的是赋予这些外在规则以持久生命力的普遍主义的价值规范。而对自由、平等和契约等普遍主义的共同价值原则的认同和尊重，是宪法秩序的稳定和市场经济机制有效运行的重要保障。市场化不仅仅是一种资源配置方式的变化，而且是整个社会结构的一次极为深刻的变迁。从社会形态的转型看，市场化是一个包含着人类社会生产方式、生活方式以及经济、政治、文化和社会所有领域深刻变化的整体过程，具有无比丰富的内涵。[①]

中国农村的改革，首先就是从变革农业经营体制入手的，其基本导向也是市场化，但是农村市场化改革总体上是由政府推动的，它的起点是高

---

① 甄志宏：《正式制度与非正式制度的冲突与融合：中国市场化改革的制度分析》，博士学位论文，吉林大学，2004年，第73页。

度集中的计划经济体制。政府为制度供给的主体，通过由浅入深、从微观到宏观的一系列改革措施的实行，经过短短三十多年的时间，已经逐步建立和完善了市场经济运行的基本制度体系，并在此过程中不断冲击和改变着人们的思想观念。但是，“正式的制度规则也许可以迅速地，甚至在一夜之间发生变化，而与之相匹配的价值观念却并非在短时间内就可以占据社会成员的头脑，并成为他们的行动指南。社会成员们的大部分行为仍然受到已经被他们内化了的非正式规范的约束。这样，市场经济所要求的价值规范与社会成员日常直接社会交往中所遵循的非正式规范必然产生偏差甚至冲突”①。因此，农村的市场化改革不仅要改革基本的正式制度结构，而且要不断地构建起与正式制度相匹配的非正式制度，诸如契约精神、个体意识、主体意识、权责意识、自主意识、竞争意识、诚信意识等，实现正式制度与非正式制度相互协调与相互支撑。推动农村市场化发展，是建立和发展农村市场经济、促进农村现代转型的重要力量，也是农村制度建设、制度创新的基本方向。

当前，尽管通过逐步扩大自主流通、市场定价的农产品比重，按市场供求关系确定农产品价格的机制和体制，实现了农村生产要素在一定程序、一定空间上的自由流动和重新组合。但是从宏观的制度结构来看，农村市场化改革的进程远远落后于城市，这不仅仅体现为与市场化发展的相适应的正式制度不完善，还表现为支撑市场化发展的非正式制度要素的严重滞后。

第一，有些制度设置不利于农村市场化发展。

农村的制度体系不够完善，存在不利于农村市场化发展的制度瓶颈。户籍制度的改革还没有从根本上解决城乡人口自由流动的问题，因户籍差别而导致的利益、权利、身份、公共服务、社会保障等方面的差异仍然客观存在。生产要素的配置和流动没有完全实现市场化。市场化的一个基本要求就是要实现生产要素的优化配置和自由流动，能够从效益低的产业部门流向效益高的产业和部门。当前农村社会中最重要的两种生产要素：土地和劳动力，都没能很好地实现优化和配置，存在诸多阻碍因素。从土地

① 甄志宏：《正式制度与非正式制度的冲突与融合：中国市场化改革的制度分析》，博士学位论文，吉林大学，2004 年，第 92 页。

资源来看，尽管农民获得了土地的长期经营权和使用权，但是仍然实现不了土地资源进入市场的两个决定性问题：一是农民不能完全支配土地。使用权的流转仍然处于探索之中，不成熟，有很多制约因素，农民通过土地进入市场获得收益的能力非常有限。二是土地资源使用的规模化问题。小规模家庭生产不利于农业技术的推广和运用，导致生产效率低下，同时农产品生产的质量很难监控，产品质量很难满足市场要求，同时也会强化家庭经营基础之上形成的小农思想。从劳动力来看，由于缺乏基本的技能和知识，农村劳动力不能顺利进入市场，导致大量劳动力处于闲置状态。据统计，我国农业产值占 GDP 的份额已经下降到 15% 以下，但农业人口在全国总人口中的比重仍占 62. 34%，农业就业比重仍高达 50%，这种比例明显偏高；在农村，70% 以上的劳动力拥挤在农业领域，农民收入的 50% 左右来自农业产业，农业劳动生产率低下。如果按每个农业劳动力耕种 1 公顷计算，全国耕地只需 1. 28 亿劳动力，加上从事林渔业的劳动力，共计需要劳动力 1. 8 亿左右，全国农业（含国有农场）劳动力多达 3. 575 亿，其中剩余劳动力超过 1. 7 亿。如果考虑到 20 世纪 90 年代以来因农业物耗率的提高而减少的劳动力使用量，那么农业剩余劳动力实际上超过 2 亿人。①

第二，农民传统的行为方式和思想观念不适应市场化发展要求。

马克斯·韦伯通过对中国物质层面的制度进行的系统考察，证实了在货币制度、城市与社会发展、封建俸禄国家、宗族组织、乡村自治和法律体系等方面存在诸多不利于中国“理性资本主义”产生的因素。对中国社会精神层面的文化梳理，特别是对儒教、道教的考察，也发现中国产生不了以理性的“资本核算”为集中体现的资本主义制度，“儒教理性主义意味着理性地适应世界；清教理性主义则意味着理性地把握世界”②。中国传统文化是一个建立在儒家思想和小农经济基础上形成的宗族伦理型社会，在此基础上演化出各种社会交往关系和文化关系，对个体而言很少有“自我意识”“主体意识”“权制意识”，更多地表现为迟钝、短视、多疑、惧怕新事物，创新精神不足，更缺乏与市场化发展要求相一致的俭

---

① 牛若峰：《中国三农问题：回顾与反思》，《古今农业》2003 年第 4 期。

② ［德］马克斯·韦伯《儒教与道教》，王容芬译，商务印书馆 1995 年版，第 299 页。

省、严肃的生活态度及信用认知，因此面对快速发展的城市化、市场化是极端不适应的。茅盾的长篇小说《子夜》里有一段描写就很能说明问题："吴老太爷从乡下乘轮船来到上海，怀中紧抱着《太上感应篇》，坐进30年代的汽车里，像一具刚从棺材里爬出来的僵尸……南京路上，到处是光怪陆离的灯光和高耸的摩天大楼。最让吴老太爷大受刺激的，是一位身穿高开叉旗袍、连肌肤都能看得分明的时髦少妇。那少妇高坐在一辆黄包车上，翘起了赤裸裸的一双白腿，简直好像没有穿裤子。这情形，不禁让吴老太爷全身发抖。终于，吴老太爷大叫一声，昏死过去。"可以说，西方的市场经济是在一个相对开放的社会环境下发展起来的，在此基础上，逐渐形成了社会的市场理念和市场精神，但中国却没有经历过这么一个过程。由于中国文化具有与西方文化完全不同的发展路径，它把做人的规范和原则当作做事的模式，从而使社会交往和经济交换的原则更依赖于人，最终人情关系融入了制度的运作，形成了以人情关系为运作原则的非正式规范体系。这种传统的关系秩序是一种以权力为依托，情理、事理、法理相互纠结的特殊主义为运作原则，依靠非正式规范维持的社会秩序，增加了制度实施过程和结果的不确定性，使行为者需要在情、理、法的多种组合中艰难抉择。[①]

第三，政府干预过强不利于农村市场化发展。

由于农村经济发展相对滞后，完全依赖市场调节资源配置受到很多制约因素，诸如产权不明晰、市场信息闭塞、基础设施条件差等，在这样的条件下，政府一定程度上的宏观调控就成为推动农村经济发展的必然选择，我国农村市场化发展总体上也是由政府通过一系列的制度安排来推动的，在农村政府到处找企业、争企业这种现象很是常见。包括在很多城市，招商引资也是政府的一件大事。但是政府介入较强也不利于农村的市场化发展，主要表现在：政府掌握大量的资源，并不能保证资源能公平配置，甚至容易滋生腐败。比如，以公共利益名义整合农村土地，在征用土地中非法手段剥夺弱势群体利等；政府通过整合农村土地、公共资源、公共服务等支持和发展起来的企业，市场竞争力弱，体现出某种虚假发展的

① 甄志宏：《正式制度与非正式制度的冲突与融合：中国市场化改革的制度分析》，博士学位论文，吉林大学，2004年，第85页。

特点；政府过多介入到政府的运作和管理中，不利于企业的自主经营和发展。

（二）市场化推动农村制度整合的基本要求

1. 合理吸收传统文化中有利于市场化发展的非正式制度

中国社会有着几千年的文化传承，形成了以儒家文化为主干，同时融合了各种学派思想文化所构成的文化体系。这种文化体系具有较强的包容性和伸张性，其中包含着许多有利于促进农村市场化发展的积极因素。主要表现在：(1) 以“仁”“礼”为核心的文化体系有助于规范市场行为。以“仁”为核心的伦理道德要求人与人的交往中讲“诚信”，要相互团结、相互关爱，对“礼”的推崇，“以和为贵”等主张，都是为了协调、规范和平衡人际关系；在个人修养上强调修身、齐家、治国、平天下；在谋事方面强调天时不如地利、地利不如人和等，这些思想无疑对市场中各种行为主体的行为具有重要的指导意义。市场经济中不但要求政府、社会组织、企业要讲“诚信”，每个公民也应该恪守“诚信”。(2) 儒家“天人合一”的观点有利于正确处理市场化发展中人与自然之间的关系。市场经济是商品经济，通过资本运作带来的价值增值是商品经济的内在要求。赤裸裸的资本运作容易出现只顾经济利益而忽视社会效益，造成资源的枯竭、环境的恶化，这与中国传统文化中的“天人观”是完全相悖的。因此吸收传统文化中正确处理人与自然关系的合理因素，能有效弥补市场化带来的负面影响。(3) 中国传统文化中的这种以“仁”为本、“立德”为先，及“天人和谐”“人际和谐”“情理和谐”的和谐精神具有世界意义和现实意义。现代的人本管理，从东方到西方，都在强调“以人为本”的企业理念，要求企业管理者“居仁怀义”，追求管理者与员工的和谐、员工与员工的和谐以及员工与顾客的和谐，这些思想的合理吸收有利于提升企业的经营管理水平。

林毅夫也指出，亚洲四小龙，都是以儒家的“仁”为核心的文化体系，它们现在都变成了高收入经济体，并不是以儒家文化为基础就不能进入高收入经济体的行列。在现代化的过程当中，各界有志于民族文化复兴的人士，尤其是属于社会精英的知识分子，不仅有责任与义务推动社会的物质进步，献身于经济社会政治的现代化建设，同时也必须有“死而后已”的任重道远之责任心，以“仁”为己任，用适合于时代特质的形式，身体力行地实践，给社会做出楷模。政府和舆论界也应该通过教育与媒体的报道，有意识地倡导适合时代的、以“仁”为核心的伦理价值。只有这样才能在经济水平提高、实现社会经济政治体制现代化的过程中，保持中国文化的核心伦理价值，实现中国文化的复兴。在五千年绵延不断的历史长河中，“仁”的形式和途径是不断变化的，但它的核心价值取向是不变的。现代社会里具有这种爱，实际上更容易避免纷争，更容易让各个民族、各种文化共同繁荣发展。它的内涵也不是保守顽固的，也不会制约一个国家走向现代化，我们改革开放30多年的成就已经是很好的证明。①

2. 重构适应农村市场化发展的非正式制度

思想观念是非正式制度的重要组成部分，推动思想观念的变迁是建立与正式制度相匹配的非正式制度的重要内容。因此，为了确保农村制度变迁的市场化方向，一方面，要加强市场经济的思想观念教育，培育市场经济的文化基础。为此，我们必须打破不适应现代市场经济发展的家族观念、平均主义取向，剔除官本位、城乡分割、等级主义等思想文化意识，广泛深入地普及科学知识，传播科学思想和科学精神，使广大农民树立科学的世界观，从根本上破除迷信思想。国家要加大思想宣传投入，宣传与现代市场经济发展相适应的思想观念，宣传与现代市场经济相符合的意识形态，宣传的阵地倾向于农村，宣传的对象侧重于农民群众。市场经济观念的宣传是一个长期的、复杂的系统工作，势必需要国家提供更多的支持。同时，建立一种长效的宣传机制，在这个机制中，更多地吸收农民群体。另一方面，应发挥知识精英在非正式制度变迁的优势作用。知识精英谙熟中国的传统文化，再加上拥有较高的社会地位，使这个阶层具备了重构农村非正式制度的条件。他们有理由成为推动农村非正式制度变迁的重要力量。

3. 加强农民群体的组织化建设

在《西方世界的兴起》一书中，诺思教授提出：“有效率的经济组织是经济增长的关键；一个有效率的经济组织在西欧的发展是西方兴起的原

① 林毅夫：《中国传统文化不是市场经济羁绊》，2012年2月，凤凰网（http://finance.ifeng.com/opinion/zjgc/20120227/5666235.shtml）。

因所在。"① 中国是个人口大国，即使城镇人口比例达到相当高的水平，还会有几亿人口在农村生产生活。这一部分群体如果不能适应农业现代化、市场化发展的要求，也就不可能有我国整体上的现代化。分散式的小农生产模式和激励不足的问题弱化了农民的组织和谈判能力，这使农民的数量优势并没有转化为谈判能力优势，他们在市场交易中对价格的影响和在社会谈判中对政策的影响很小，其结果便是农民在社会福利获取及社会发展程度方面处于不利地位。

国际经验表明，农协（农业合作组织）是联系市场和农民之间最有效的组织形式，也是农民培育市场理念、提升市场竞争力的重要载体。亚洲的日本和韩国在"新村"建设过程中正是发挥了农协的作用，实现了农村快速的市场化发展。农协不仅提供与农业相关的生产、加工、销售方面的服务，而且开展有关商品信息、农业贷款、农业保险、农村医疗卫生等多方面的服务，为农民抵御市场风险、共享市场金融服务奠定了坚实的基础，农民不再是一个"个体"、一个"家庭"在面对市场。2006 年国家通过了《农民专业合作社法》，2008 年国家提出允许农村小型金融组织从金融机构融入资金，允许有条件的农民专业合作社开展信用合作。2009 年银监会、农业部出台《关于做好农民专业合作社金融服务工作的意见》。这些政策的出台将进一步促进农村专业合作组织的发展，农业生产规模化、农业经营市场化将成为现实。更为重要的是一家一户的小农很难适应市场要求，更难形成理性的市场意识，加入合作社以后，因为涉及财产权利和生产利益，农民的权利意识和市场观念甚至法律意识都将空前增强。因此，通过农业合作方式增进农民合作，扩大农业产业规模，解决农产品销售难题，使大多数农民从中获得的经济收入显著提高，是现阶段推进农村市场化发展最有效的方式和途径。

二 以文化建设为推力

从调研反映的区域差异来看，西部地区的农村与中部和北部地区的农村相比，非正式制度的约束力和影响力之所以会更强，在一定程度上甚至

---

① ［美］道格拉斯·C. 诺思、罗伯特·托马斯：《西方世界的兴起》，厉以平、蔡磊译，华夏出版社 1989 年版，第 1 页。

成为弱化正式制度实施绩效的重要变量，就在于不同区域、不同地理环境、不同的经济社会发展水平之下，农村文化具有较大的差异性。近些年来，为什么有些农村的丧事办得越来越喜庆，甚至出现“丧事上跳起了脱衣舞”，有些地方人情交往越来越多，人情成为新时期农民的经济负担等异化现象，更需要站在现代化、城市化、市场化发展的背景下，农村文化面临的冲击以及自身在社会发展进程中的演化规律进行思考。离开对农村文化的特质和演变的把握和分析去探讨农村制度的整合问题，那只能是“一层浮在水面上的油”。

（一）农村文化建设的重要意义

站在文化建设的高度来审视农村社会的制度建设问题，就必须对当前农村文化的现状有个宏观的、清晰的把握，并对农村文化建设的基本实践进行梳理，在此基础上，从制度整合的层面提出文化建设的行动策略。

什么是文化？学界没有统一的定义，有关文化的内涵和外延也存在诸多的争论。不过以生活方式为核心，将文化视为社会互动赖以发生的有序意义和象征体系，是当前学术界比较流行的说法，文化本质上是创造价值的活动，体现在人类创造的物质财富和精神财富中的以价值体系为核心的一整套规范的结构和功能的统一。① 根据文化的定义，农村文化就是农村居民在长期的社会实践活动中，为了适应环境而形成的独特的生活方式。作为价值体系，农村文化是由理念价值、规范价值、实用价值三个层面共同构成的统一整体。② 因此，通俗地理解，农村文化是一种契合于农村社会的生活方式，为农村的社会实践和乡村秩序提供意义体系和价值规范，它拥有自身独特的价值和内在运行机制。

后起国家在借鉴发达国家和地区先进经验的时候，容易只看到正式制度的作用，而忽视了支持正式制度的非正式约束（非正式制度），从而照搬“外壳”造成“形似神不是”的现象，于是移植的正式制度有可能与本国的非正式制度并不兼容。法国著名政治学家、社会学家托克维尔在其《论美国的民主》中对民主制度的发展、贵族制度的衰落进行合理性论

---

① 陈筠泉、刘卉：《哲学与文化》，中国社会科学出版社 1996 年版，第 74 页。

② 苏国勋：《社会学与文化自觉——学习费孝通“文化自觉”概念的一些体会》，《社会学研究》2006 年第 2 期。

证，发现了制度建设的一个根本性问题：制度的产生和良性运行必须有相应的文化传统和行为习惯作为基础性支撑条件，对于后发国家制度建设的启示在于：制度移植后的本土化问题。尽管制度是可以移植的，但是移植不是照搬，必须有民情的支持与互动，他从正面提道“在英裔美国人那里看到的一切，使我确信：如果将以上设想的民主制度审慎地移植到一个社会，而它在这个社会里又能逐渐地渗入到人民的习惯，逐渐地深入人民的思想，那么在美国以外的其他地方，也能建立起这种民主制度”①。反过来如果移植的制度没有相应的民情和文化支持，制度的移植往往会带来混乱和无序化。墨西哥就是典型个案：“墨西哥人希望实现联邦制，于是把他们的邻居美国人的联邦宪法作为蓝本，并几乎全部照搬过来……直到今天，墨西哥还陷入从无政府状态到军人专制，再从军人专制回到无政府状态的循环之中。”② 从而清晰地表明了作者写作本书的主要目的：“如果说我在本书的叙述中还未能使读者理解我所指出的美国人的实践经验、习惯和见解，总而言之，即他们的民情在维持他们的法制上所起的作用，那么，我就没有达到我写作本书时为自己规定的主要目的。”③ “如果读过我的这本书之后断定我写此书的意图，是让已经具有民主的社会情况的国家全部都效仿英裔美国人的法制和民情，那他就大错而特错了，这样的读者只注意到我思想的外表，而没有认识到我思想的实质。我的目的是想以美国为例来说明法制，尤其是民情，能使一个国家的民主保持自由。”④

（二）当前农村文化建设现状

当前研究“三农问题”的专家和学者越来越多，但是研究农村文化现象的学者相对较少。改革开放以来，农村经济、政治、社会等方面发生了巨大变化，取得了长足的进步和发展，但是，农村文化方面乏善可陈，甚至从某种程度上说，是农村问题中最为严重的问题。⑤

---

① ［法］托克维尔：《论美国的民主》（上），董果良译，商务印书馆 2006 年版，第 360 页。

② 同上书，第 186 页。

③ 同上书，第 358—359 页。

④ 同上书，第 359 页。

⑤ 王盛开：《农村改革三十年：政策取向和利益诉求》，中国社会科学出版社 2008 年版，第 63 页。

我们可以把20世纪以来农村文化变迁的过程划分为三个大的阶段：

第一个阶段是20世纪50年代以前，是一种相对稳定、自为的发展阶段。在这个阶段尽管受到近代社会演变的影响，也曾在局部地区掀起新村运动、农民运动等，农村社会也有了新思想、新文化的渗透和接触，但是由于农村社会相对封闭，传统意义上的村落文化并没有受到根本性的动摇，农村文化总体上仍然保留着传统的因素，处于一种自为的质态。

第二个阶段是20世纪50—80年代，这一时期农村文化进入前所未有的变动时期。新中国成立后，对农村社会进行经济上、政治上、文化上的由上而下的变革，对农村文化产生了深远的影响。经济制度上改革了传统的经济体制，通过土地改革、建立合作社、人民公社，彻底改变了农村的经济形式；政治上进行社会主义意识形态的强有力的灌输和渗透，"大跃进""四清运动""文化大革命"等政治运动进一步瓦解了农村传统的社会结构。农村文化更多地受到政府的规制和控制，或者是一种政府推动的演变模式。

第三个阶段是20世纪80年代以来，这一时期农村文化变迁进入一个崭新的阶段。这个时期农村文化的变迁受到多种因素的影响。土地由家庭承包经营，家庭变成了基本的生产和经营单位，新中国成立后确立的集体经济开始瓦解，充分调动了农民的生产积极性，农村的经济活力前所未有地被激发出来。

中国自20世纪80年代改革开放以来，农村在各项建设事业上也发生了翻天覆地的变化。农村经济条件的总体改善、农村基础设施建设的大力推进，改变了农村与外面接触和联系的方式。特别是近些年在现代化、市场化、城市化快速发展的背景下，加之现代传媒技术、信息技术的发展，在电视、手机、网络等文化传媒载体的推动下，农村文化正在发生着激烈的演变，总体上看，农村文化既有传统的影子又具有现代化的烙印，既有理性的选择也有盲目的跟风，农村文化现象纷繁复杂。农村文化出现了某种程度上的"裂变"：作为整体意义体系的传统文化被解构，而作为适用新环境、新变化的新型农村文化体系又远未成型，仍处于"正在形成"的过程中，农村文化建设仍然存在诸多问题，表现在：

1. 农村文化受到前所未有的冲击，但有的地方封建文化残余仍然沉渣泛起。新中国成立以来，国家通过新制度的整合作用，特别是人民公社制的确立，从根本上重构了农村社会，传统的农村文化受到前所未有的冲击。随着现代化发展的进程加快，市场化力量进一步向农村渗透，加之农村在教育、科技等方面有了长足的发展，农村文化进一步演化和嬗变。由于农村教育的总体水平不高，农村仍然有较大比例的文盲、半文盲劳动人口的存在，家庭联产承包责任制对家庭组织和作用的再次肯定，强化了家庭和家族的认同等，同时农村经济条件大幅度提升，种种因素交织在一起，使传统农村社会中的消极文化有复苏和抬头的迹象。例如，家族、宗族意识被唤醒，各地修谱风盛行、磕头拜佛、修坟建墓、建寺造庙、大搞迷信活动等现象泛滥。据美国学者丁荷生的统计，到 1992 年，整个福建省重修的民间神庙多达三万个，每个县有 300 个到上千个神庙被修葺一新，同时多数村庄已恢复了他们的祠堂，在民间庙宇和祠堂被修复的同时，一大批传统的仪式和象征（如神像）也回到了地方舞台上来。①

2. 受城市的影响，各种不良的城市文化渗透到农村社会。在国家市场化改革迅速推进的大背景之下，城乡之间的人口流动、信息传递与文化交流变得越来越频繁。加之现代传媒技术的快速发展，借助于有线电视、互联网、手机等媒介，城市文化迅速向农村渗透，农村文化受到前所未有的冲击，同时各种不良的城市文化也对农村社会产生了重要影响。小到日常生活，大到具有一定公共性、仪式性的文化活动，都能看到城市文化影响下农村文化的不良倾向。曹锦清曾这样描述城市文化向农村社会渗透的影响："在床头墙上、贴几张港台歌星、影星的剧照，还有几张身穿泳装的西洋美女，其中一张三点式的，很是性感。用这些东西装饰卧室，在乡村男女中，似乎已经成为一种时髦。中国的城市文化很明显地受到港台文化的影响，而港台文化其实便是欧美消费文化的翻版。"② 近年来，农村的丧事办得越来越喜庆，俗称"喜丧"。从每个环节上都可以看到城市不良文化的侵蚀。早在 2006 年中央电视台《焦点访谈》节目中就报道过江苏省东海县温泉镇在老人去世办丧事时，葬礼上跳脱衣舞的现象，其实这

① 王加胜：《民间传统的复兴与非正式制度安排》，《山东师范大学学报》（人文社会科学版）2008 年第 3 期。

② 曹锦清：《黄河边的中国——一个学者对乡村社会的观察和思考》，上海文艺出版社 2000 年版，第 33 页。

种现象在农村的很多地方都是普遍存在的现象诸如河南、安徽、河北、山东等地。而且明显感觉受到城市文化的冲击，从纸质陪葬品看，除去纸人纸马外，还有高清等离子大彩电、电冰箱、微波炉、燃气灶、煤气罐、大沙发、影碟机，等等，一应俱全，不是九泉牌，就是天堂牌。这些年经济大发展，百姓腰包鼓了，没想到阴间的生活水平也是与时俱进。这不，阴间都快实现现代化了。最令我瞠目结舌的，就是一个比人还高的“九泉大别墅”，不仅富丽堂皇、制作精良，里面还站着一个大姑娘呢，是保姆吗？不得而知。[①] 受城市文化的影响，农村在消费文化上发生了很大的转变，很多人更加注重物质追求，比如农村女孩结婚时对男方提出的“三金”（金项链、金耳环、金戒指）条件；许多农村青年也希望发家致富，但是缺乏吃苦耐劳的精神，希望自己一夜暴富，急功近利的思想在蔓延；农村自私自利的意识增强，集体意识淡薄，一些不正当的竞争现象也不同程度地出现。

3. 农村文化的相对封闭性造成了一定程度上的文化冲突。文化的封闭性，是指因为生产和生活实践的封闭性而导致的将人们眼界局限于某一地域、某一群体、某一民族的狭隘范围内，此种文化的发展仅仅依靠自身固有的模式做自我缓慢的发展。随着现代化发展的推进，作为能动地改造世界自由自觉的实践是开放的，一方面，人将自身的本质力量向自然界和社会开放，与自然界和社会做能量和信息的变换，没有这种自我能量和信息的交换，人类的实践就不可能进行；另一方面，人类的实践向着世界的开放是无限的，它具有不断向外扩展的内在冲动，这是人的自由自觉的类本质的更为重要的方面——没有这一方面，也就没有历史，而停滞的社会是没有历史的。同样，存在于人内心和对象化活动中的文化，其本质也是开放的，人类的文化交流，以及这种交流范围的不断展开，不仅是文化发展的内在绝对要求，而且是人作为类存在物的一个根本标志。[②] 随着农村社会的进一步发展，文化的交流是必然的，而文化的交流又会导致文化冲突的出现。所谓文化的冲突是指不同文化的特质、特征、功能和力量释放

---

① 中国农业网：《农村殡葬文化严重的畸形发展》，2008 年 2 月 4 日（http://www.zgny.com.cn/ifm/consultation/2008-2-4/123434.shtml）。

② 许发民：《文化哲学》，上海人民出版社 1990 年版，第 276—277 页。

过程中由于差异而引起的互相冲撞和对抗的状态。[①] 前面我们分析过的正式制度与非正式制度之间的冲突关系，从深层次看，最主要体现为文化之间的冲突，代表公共利益、国家利益，体现市场化、现代化理念的制度导向与代表私人利益、家庭利益、群体利益反应封闭性、落后性、边缘性的非正式制度之间的矛盾和冲突。

（三）农村文化建设滞后的原因

1. 经济发展滞后阻碍了农村文化发展

近几十年来我国农村的经济和社会得到了快速发展，但城乡发展极端不平衡。与城市相比，农村经济发展缓慢，经济基础薄弱，这直接导致了农村文化发展缺乏相应的物质基础。主要表现在：第一，地方政府出于发展经济的功利性考量，在地方文化建设方面很少作为或者基本不作为，恶化了农村文化发展的环境。第二，由于经济基础薄弱，农村文化基础设施投入不够，文化活动受限，严重阻碍了农村文化的传承与创造。许多农村没有文化馆、图书馆（室）、报摊等基本的文化基础实施，有的农村即使有这些基础设施也因多年没有更新文化资源和老化的设备而形同虚设，满足不了群众的需求。第三，经济发展的滞后使农村教育面临诸多挑战，导致文化发展的后劲不足。只有不断提升教育的水平和质量，总体上提升农民群体的素质，才能保障农村文化的长远发展。当前，农村缺乏高质量的师资队伍，农村教育观念落后，农村无法接受到高质量的教育，致使农村很难实现文化的内源式发展。

2. 农村文化发展边缘化现象严重

经济和科学技术的发展，带动了报纸、广播、电视、网络等大众传媒的迅速勃兴。在大众传播时代，人们有了更多的途径和渠道获得知识、猎取信息，感受异质文化的冲击和碰撞，进而影响甚至改变人们原有的思想观念和价值取向。但由于大众传媒业日趋市场化、大众化，大众传媒在经济利益的驱动下，其传播主要面向城镇居民，传播的内容更多地服务于城镇居民。在这种传播情境中，农村文化日益边缘化，农村文化中现代与传统杂陈、落后与先进并存、开放与狭隘共生，从而造成农村文化的内部断

① 陈平：《多元文化的冲突和融合》，载《东北师范大学学报》（哲学社会科学版）2004年第1期。

裂。更为严重的是，大众传播的“城市中心主义”使相当数量的农民对现代文化的认同感降低，甚至漠视、敌视现代文明。文化部公开阐释了农村文化建设尤其是西部老少边穷地区农村文化建设面临五大困难亟待解决：一是农村文化投入仍然不足；二是农村公共文化机构运转还存在较大困难；三是农村文化队伍素质亟待提高；四是农民自办文化发展有待扶持；五是农村基层文化管理体制依然不顺。[1]

3. 农村文化供给模式不利于农村文化的发展

长期以来，政府主导的农村文化供给过度强调思想政治教育的作用，而忽视了与农民生产生活密切相连的内涵文化建设。新中国成立前，由于中国共产党主要活动于中国农村，当时的文化政策涉及农村的很多，或说立足于农村思考、安排和选择文化政策；新中国成立后至改革开放前，中国共产党农村文化政策侧重于培养农民的社会主义价值观，以巩固社会主义在农村的基础地位，与此同时，推动农村物质文化、行为文化和精神文化的建设和发展；改革开放以来中国农村文化政策，在坚持社会主义核心价值体系的基础上，逐渐由重政治思想理念转到重文化政策行动、农村文化建设机制方面转变，越来越关注农村整体文化建设和发展，发展多元的、贴近农民生活的文化，以满足广大农民群众日益增长的文化需求。

我们可以从中央重要的会议和文件中，认识到国家主导的文化供给模式的基本特征和主导思想。在中国共产党十一届四中全会通过的《中共中央关于加快农业发展若干问题的决定》中提道“各级党委要继续引导广大干部和农民学习大寨的基本经验，即坚持政治挂帅、思想领先的原则，自力更生、艰苦奋斗的精神，爱国家、爱集体的共产主义风格”[2]。明显感觉到浓郁的意识形态色彩。即使到了 20 世纪 90 年代初，在中国共产党十三届八中全会通过的《中共中央关于进一步加强农业和农村工作的决定》里仍然系统地对农村的思想政治教育提出了要求：一是强调深入开展社会主义思想教育。社会主义思想教育“是全面推进农村社会主义建设和改革的战略任务，是发动和组织农民实现第二步战略目标的一项

① 文化部：《农村文化建设五大困难亟待解决》新华网，2007 年 1 月 6 日。

② 中共党史研究室等：《中国新时期农村的变革 · 中央卷》（上），中国共产党史出版社 1998 年版，第 64 页。

基础工作，对于加强和改善党对农村工作的领导，提高干部和群众的社会主义觉悟，密切党于农民群众的关系，促进农村物质文明和精神文明建设，巩固农村社会主义阵地，具有深远的意义”。二是具体说明了农村文化建设的主要内容和基本目标。文件提出要“抓好经常性思想政治工作，加强社会主义精神文明建设，努力造就一代有理想、有道德、有文化、有纪律的新型农民”；要“重视农村社会主义文化阵地建设。开展农民喜闻乐见的健康有益的文娱、体育活动，办好农村广播，做好电影下乡和电视转播工作。加强村镇建设，改善居住环境。坚持开展爱国卫生运动，抓紧农村医疗卫生网建设，建立健全合作医疗制度，努力消灭地方病”，等等。①

这种文化供给模式一直持续到“三下乡”活动的开展才逐渐转向。“三下乡”活动起源于1995年10月，中宣部、文化部、农业部等8个部委联合发起“文化下乡”。1996年12月，中宣部、文化部、农业部、卫生部等10个部门联合下发《关于开展文化科技卫生“三下乡”活动的通知》，把文化下乡进一步引向深入，组织开展了文化科技卫生“三下乡”活动。在此之后的每一年，都会出台相关的文件，以推动“三下乡”活动。十多年来，“三下乡”活动由行动逐渐形成机制，成为农村文化政策的一个重要安排；它与专门性的农村文化建设政策文件的出台和实施一起构成了这个阶段农村文化政策的基本内容，反映了当代中国农村文化政策开始以重在建设为其政策取向。② “三下乡”活动意旨实现农村文化建设从重“思想政治教育”到转为重“服务农村社会生产生活”，但是，经过十多年的建设，仍然游离于农村社会的表层，未能与农村内部的建设和发展融为一体。

当前，我国社会转型不仅包括经济结构的转型和社会结构的深刻调整，同时也是文化层面的转型，没有文化的转变，没有文化的现代化，没有与市场化、现代化、城市化发展相适应的文化的繁荣和发展，现代化的努力是不可能实现的。与城市的文化建设和发展的现状相比较，农村文化

---

① 中共党史研究室等：《中国新时期农村的变革·中央卷》（上），中国共产党史出版社1998年版，第724—737页。

② 同上书，第5—17页。

建设的紧迫性就显得更为明显。站在制度建设和整合的高度来审视当前农村的文化建设，最主要的任务就是继续推动和深化农村文化的转型。所谓农村文化的转型，是指农村居民在充分吸收优秀文化传统的基础上，建立与现代商品经济和市场经济相适应的现代市场观念体系，不断摒弃落后、愚昧、封闭、保守的小农意识而积极吸收先进科学开放理性的现代精神的过程。[①]

（四）推进农村文化建设的基本路径

1. 农村文化建设的目标：农村公共信仰抑或意义世界的重建

进行农村文化建设，推动农村文化转向，首先必须回答这样一个问题："建设一个什么样的农村文化，农村文化转向何处？"换句话说，农村文化建设的问题很多，究竟什么才是农村文化建设的"真问题""核心问题"？也就是我们常说的农村文化建设的科学定位问题。复旦大学的谢遐龄教授认为：意义世界是社会得以存在的前提，三农问题的首要是农村问题，农村问题的实质是农村社会问题，农村社会问题的核心不在土地，而在于重建意义世界。[②] 她是通过古今中国农村社会结构的对比而得出这样的结论的。她指出传统中国农村的社会结构基本上处于一种自然状态，所谓自然状态是指没有一个高度组织程度的庞大团体按照某种系统的理论和设计好的方案、有组织有计划地大规模推进社会变革，而是任其自然自发地随波逐流。[③] 尽管乡绅一般是退休或丁忧官员，但在民间仍然是按照民间力量行民间之事，不是作为政府代表。宋代以后多有儒生赴乡间开展社区建设活动，明代为盛，终归分散而组织性不强，也属于民间自发行为。农村有自身的意义世界，这个意义世界是由三种势力（组织）形成的：一是宗族组织；二是神道体系；三是以乡绅体现的儒道互补、以儒为主的国家意识形态。随着中国近现代历史的演变，中国共产党领导的土地革命开始就着力铲除上述三种势力，代之以马克思主义唯物主义思想，中国共产党领导的中国革命以来给中国带来的变化不仅仅是中国社会结构巨变，更是意义世界的巨变。但是这种巨变并没有在农村社会中形成稳定的

---

① 李长健、陈占江：《农村文化转型及其化阻机制》，《河北学刊》2005 年第 6 期。

② 谢遐龄：《重建意义世界：重建中国农村的核心》，《天津社会科学》2011 年第 1 期。

③ 同上。

质态。毛泽东时代以党组织为核心的社区代替了旧日单个家族联合组成的农村社区，在意识形态上强调“组织高于一切”。古书上梦想的“鳏、寡、孤、独、废疾者皆有所养”成为农村的现实。对“组织忠臣老实”取代“父为子隐，子为父隐”，鼓励亲子、兄弟、夫妻之间揭发对方不符合党的利益、党的指示的言行。宣扬唯物主义、无神论，批判“封建迷信”。告诉民众无须害怕地狱，因为那是历代封建统治者编造出来麻痹、毒害人民以巩固其统治的谎言。这一步骤影响深远，极大地解放了农民的思想。从此农民再也不怕死后下地狱受罚，可以放开手脚做自己想做的事情。有效建立起对党组织、党的领袖的崇拜。[①] 尽管改革开放从农村开始，但是很快主阵地就转为城市，在市场化、城市化发展的快速冲击下，农村社会结构几近坍塌，市场化资源贫乏，劳动力外流，农村党组织涣散，意识世界中意识形态萎缩。于是出现了填补者：一是新宗教迅速兴起；二是传统文化在某种程度上的复苏。目前农村中的传统文化、国家意识形态、新宗教这三种文化，最强是新宗教、最弱是传统文化，这与调研反映出宗教因素对农村影响在逐渐增强的结论基本吻合。谢遐龄教授提出尽管传统文化的影响较弱，但是，儒学的核心价值体系“仁”“义”“礼”“智”，或“仁”“义”“礼”“智”“信”，至今仍然存活，当前恰逢中国共产党在推动社会主义核心价值体系建设，所以目前可尝试的方案是在这一核心价值体系中充分吸收儒学成分或曰传统的核心价值体系；而且要切实践行，切勿停留在纸面，要化为几百万基层干部身体力行的真实活着的意识形态。这也可能成为马克思主义中国化的实现途径。[②]

2. 完善农村文化建设和投入机制

首先，孵化和培育以农民为主体的建设机制。改变那种过于概念化、理论化的文化宣传模式，结合农村的生产生活实际进行政策制度及社会主义意识形态的宣传；认真吸收传统文化的精华和积极要素，逐渐实现传统文化与现代意识的有机结合，培育具有公民意识、市场意识、开放意识的现代新型公民。发挥乡土文化人才在农村文化创造和传承中的积极作用；激活农村文化创造空间。积极抢救与发展乡村民间文化。民间文化是一个

① 谢遐龄：《重建意义世界：重建中国农村的核心》，《天津社会科学》2011 年第 1 期。

② 同上。

具有民族和地方文化特征的非物质文化遗产，其独一无二的文化形态也是世界性文化资源的一部分。地方政府必须组织人员调查乡村民间文化的现状，并与当地文化馆及有关专业人员一起，尽可能地发掘保护优秀的民间文化，搜集记录民间艺术作品，建立民间艺人档案，利用摄影、录音、笔录、出版等手段尽可能整理保存民间艺术，改变由家族世代相传与原始口传手授的方式，扩大传授范围和改进传授方法，鼓励民间老艺人向年轻人传授技艺。应努力营造民间文化的市场，积极扶植民间艺术的开掘和发展，在保留原有本色特征的前提下推陈出新，根据市场需要开发民间艺术新的适合现代口味的表现形式。[①] 其次，构建积极的财政投入制度。农村文化建设并不是简单地建个“农村书吧”“农村信息窗”，更不是让农民看几场电影、看几次演出、听听广播那么简单，繁荣农村文化需要人力、物力、财力的大力支撑，从中央到地方，必须形成一个清晰、可靠的财政投入体系。如中央和地方政府每年预算多少、支出多少、怎样审计等必须落实到位。

3. 加强农村文化团体建设

农民是新农村建设的主力军，自然也就农村文化建设的主体。温铁军和何慧丽的研究表明，凡是有合作社的地方必然有文艺队。文艺队的文艺表演不仅能够增强农民参与集体活动的概率，使农民更多的嵌入合作社组织中。同时，合作社中农民参与讨论与自己切身利益相关事情的机会比较多，这有利于增强农民的归宿感和主人翁的责任感。而且合作的文化是通过人与人之间的互助，实现农民利益之间的共享，并不是只要求农民做出贡献而不求收获，所以在淳朴的农村更能够为广大农民所接受。[②] 当前，由农民自办的文化大院、农村书吧、个体表演队、老年人自乐班等文化团体已经逐渐成熟，但总体上发展质量、服务水平仍然不高。因此，各级政府和相关文化部门要大力支持和引导农村自办文化团体健康有序发展，要尊重农民意愿，鼓励群众自筹经费、自我组织、自我管理不同形式、不同特色的文化团体，不断挖掘和弘扬本土文化。同时通过专业人才的引入和

---

① 杨剑龙:《警惕乡村文化的不良趋向》，人民网，2007 年 1 月 12 日。

② 何慧丽、温铁军:《着眼点在农民，着力点在村社》，载温铁军《新农村建设：理论探索》，北京出版社 2006 年版，第 167 页。

指导不断提升文化团体的服务、发展和管理水平，促进农民自办文化团体的专业化、特色化、规模化发展。

4. 完善文化管理和文化服务体制

首先，要明确管理责任权限。按照政企分开、政事分开原则，推动政府部门由办文化向管文化转变，推动党政部门与其所属的文化企事业单位进一步理顺关系。建立党委和政府监管国有文化资产的管理机构，实行管人管事管资产管导向相统一。健全坚持正确舆论导向的体制机制。健全基础管理、内容管理、行业管理以及网络违法犯罪防范和打击等工作联动机制，健全网络突发事件处置机制，形成正面引导和依法管理相结合的网络舆论工作格局。整合新闻媒体资源，推动传统媒体和新兴媒体融合发展。推动新闻发布制度化。严格新闻工作者职业资格制度，重视新型媒介运用和管理，规范传播秩序。① 其次，构建农村文化生活评估制度。农村文化建设的自觉性依赖于我们对农村文化建设的具体情况的了解和熟悉程度。因此文化政策的制定和实施部门必须对农民文化状况和农村文化政策的落实情况进行调查分析，准确掌握和反映农村文化发展的基本情况，以便进一步推动制度的完善和文化建设。最后，不断完善农村文化服务体系。建立公共文化服务体系建设协调机制，统筹服务设施网络建设，促进基本公共文化服务标准化、均等化。建立群众评价和反馈机制，推动文化惠民项目与群众文化需求有效对接。整合基层宣传文化、党员教育、科学普及、体育健身等设施，建设综合性文化服务中心。明确不同文化事业单位功能定位，建立法人治理结构，完善绩效考核机制。推动公共图书馆、博物馆、文化馆、科技馆等组建理事会，吸纳有关方面代表、专业人士、各界群众参与管理。引入竞争机制，推动公共文化服务社会化发展。鼓励社会力量、社会资本参与公共文化服务体系建设，培育文化非营利组织。②

5. 建立健全农村文化市场体系

随着农村经济社会发展水平的不断提高，农民群体的文化需求日益高涨，农村文化市场具有广阔的发展前景。推动农村文化市场发展，必须努

---

① 十八届三中全会：《中共中央关于全面深化改革的重大问题的决定》。

② 同上。

力完善文化市场准入和退出机制，鼓励各类市场主体公平竞争、优胜劣汰，促进文化资源在全国范围内流动。一方面，鼓励和支持各类文化主体进入农村开展文化活动和进行文化投资，积极引导精品文化进入农村文化市场，实现城乡文化交流和互动；另一方面，正确引导农村文化消费，整顿农村文化市场。提倡文明、健康、积极的文化消费，反对庸俗、低俗、媚俗、颓废的文化消费，提升农村文化的消费品位。坚持开展“扫黄”“打非”斗争，坚决打击非法出版物进入农村市场，清除市场上的假冒伪劣产品和淫秽、迷信出版物，整合城乡力量，动员社会广泛参与，消除文化领域的污染源，净化农村文化市场。最后，各级党政部门和全社会通过资源整合、专业打造，逐渐引导有特色、有内涵、有品位的农村文化走向市场，实现产业化发展。其实，农村的文化资源虽然分散，但是通过整合和打造完全可以转化为社会财富，给农民带来实实在在的实惠。比如，云南陆良县以“文化大户”为载体的农村特色文化逐渐实现了从单户向联合体、多元化、市场化、效益化方向发展和升级，板桥镇后所村家庭文艺队以家庭成员和亲戚为主组成文化户，马街镇牡丹艺术团以成员入股方式组成文化户，三岔河镇鱼米之乡艺术团以村委会老年协会牵头组成文化户，马街镇橄榄演艺公司以公司制运作组成文化户，中枢镇正点喜庆公司以连锁店形式运作组成文化户；随着公益性、群众性的节假日庆典，机关（企业）、校园文化活动增加，推动了农村文化大户文艺演出活动的开展；文化户参与文化活动范围不断扩展，品位、质量逐步提高，表现形式呈现多样化特点，既能在县内进行表演，还到红河、昆明，甚至出省到河南、浙江等地演出；有的文化大户已在市场上闯出品牌，成为县内外文化市场的领头羊；有的文化大户通过建立网站等方式向县外、省外开拓市场，扩大演出范围和影响力，承接各种庆典工程策划、场景设计施工、产品促销、开盘开业等大中型演出，仅 2012 年演出 12000 余场次，年经营收入逾 2000 万元，其中，年收入 200 万元以上的 2 家，年收入 10 万—100 万元的 18 家，年收入 5 万—10 万元的 31 家，年收入 1 万—5 万元的 32 家，年收入 1 万元以下的 43 家。[①]

---

① 肖陆有：《139 家文化大户活跃乡村》，和讯网，2013 年 9 月 13 日。

三　以制度权威建设为基础

（一）权威与制度权威

“权威”是从拉丁文 auctoritas（威信及创始人）一词派生出来的名词，而且显示了罗马人对随后的欧洲政治所产生的巨大影响。作者（auctor）就是某些事物（如诗歌、雕塑、法律等）的创始人。但尤其指一个家庭或一个城市的创始人。每一个罗马父亲在家庭中都体现了威信（auctoritas），但最高的拥有威信（权威）auctor 者就是“罗慕路斯”——罗马国家的缔造者。这种含义又被引申用于议院。议院最初由贵族阶级的长老组成，后来即由包括平民在内的有经验的官员组成，他们对罗马人的领导不是凭借他们所担任的职位的权力（potestas，例如领事职位的权力），而是他们对权威的特殊所有权；他们所提出的意见虽然不完全等同于政府的命令，但远非仅仅是意见。这种对于这一事物本质和政府权限的理解一直流传到中世纪和欧洲。[①] 现代意义上对权威进行系统研究并颇有建树的首推马克斯·韦伯，他依据大量的史料，把权威划分为三种基本类型：传统型权威、超凡魅力型权威和法理型权威。传统型权威是建立在古老传统和惯例的圣神上的权威，比如通过王位继承获得的权威和服从等。所谓超凡魅力型权威，是指个人凭借超人的才能、杰出的品行、英雄主义及其创立的典范、信仰而拥有的权威。革命战争年代产生的领袖、伟人获得的追随和服从就是超凡魅力型权威的典型表现。所谓理性型权威（法理型权威），是指建立在对理性、法律及官僚体制和法定授权的信任、服从之上的权威。这种权威的产生不是基于对个人的忠诚，而是依赖非人格的组织机构和制度规范。马克斯·韦伯的权威观不仅在理论上把人类对权威、权力问题的研究提高到了一个新水平，而且随着时间的推移，其权威理论的两大现实功能也日益深刻地显示出来：（1）认识功能。权威、权力作为政治生活的核心，有自身的特点和运作规律，韦伯的权威观在一般意义上揭示了这种本质和规律，并在客观上成为现代社会成员观察分析权威和权力现象的重要认识论工具。认识是行动的前奏，人们认识观念的更新，最

---

① 邓正来主编，《布莱克维尔政治学百科全书》（修订版），中国政法大学出版社 2002 年版，第 46—48 页。

终将会引起社会实践的改变；（2）引导功能。韦伯的权威观对合法性的反复强调，反映了人类社会朝着理性合法的期待。这种观点的重要之处还在于它实际上在思想深处否定了任何违反合法性行为的正当性和合理性，由此提示人们，培育和形成社会共识，特别是构建社会成员赖以遵循的共同价值规范，乃是现代社会有序运转不可或缺的重要精神基石。[①]

按照韦伯的逻辑，罗伯特·A. 达尔在《现代政治分析》一书中论述：如果Y承认X控制Y的合法性，X就对Y有权威。或者，如果Y承认有义务服从X，X对Y也有权威。因此权威是一种权力形式，是一种特殊的影响力，即合法的影响力。权威来自人们自发授权，能从自愿服从、为民认可中得到力量。[②] 通过上述分析我们可以把制度权威理解为人们对制度的服从、尊重和认可，或人们对制度和法律的忠诚，法制化、制度化是制度权威的重要特征，它是社会各种权威关系的重要组成部分。

（二）当前农村制度权威缺失的表现形式

既然我们对制度进行了扩展意义上的理解，既包括以某种明确形式确定下来，由行为人所在的组织进行监督并用强制力保证实施的一系列规则，通常以各种成文的法律、法规、政策、规章、契约等形式表现出来的正式制度，也包括人们在长期交往中无意识形成的、具有持久的生命力并构成代代相传的非正式约束，那么对制度权威问题的探讨是不是也是从这两个层面来展开呢？尽管有学者对社会生活层面的非正式制度权威缺失进行了研究，并把它归为四个方面：道德观念迷失；公民意识淡薄；价值选择迷茫；人际关系冷漠。认为新的生活方式需要新的行为规范来加以调整，只有让这些新的行为规范内化人们的内在信念，才能为人们的社会生活提供公共准则。因此，在市场经济条件下，我们面临着重构社会生活领域制度权威的挑战。[③]

但是，我们这里探讨的制度权威问题，主要是从正式制度层面来谈的，而针对非正式制度的权威或认同问题，将在对非正式制度进行改造部

---

① 汪闻声：《马克斯·韦伯权威观的理论与实践价值》，《上海人大月刊》，2010年第7期。

② ［美］罗伯特·A. 达尔：《现代政治分析》，王沪宁、陈锋译，上海译文出版社1987年版，第30—64页。

③ 周湘莲、林琛：《政府治理中的制度权威探讨》，《中国行政管理》2007年第11期。

分专门探讨。制度权威意味着大众社会心理对制度的认可和遵从，意味着以法定程序制定的法律制度要不折不扣地在现实生活中得到执行。新中国成立以来，我国农村社会的法制化水平逐渐提高，取得了显著的成就。但是通过前面对非正式制度以及正式制度与非正式制度关系的分析，农村由于特殊的社会结构和文化特质，农村社会的法制化水平仍有待提高，制度权威的缺失的确是一个比较突出的问题。

（1）制度被弱化甚至被虚置。表现为现实生活中制度不被有效执行，制度成为摆设，对于制度约束的特定主客体而言，大多采用另一套潜规则，通俗地说就是“有制不依”。这种现象对制度权威的影响是最为严重的。比如前面提到的农村丧葬制度就是典型的例子，我国20世纪八九十年代就制定了完整的丧葬制度，并且国家持续地推进丧葬制度的改革，其主要目的是鼓励火葬，从俭安葬，节约土地资源，移风易俗，现实却是火葬制度在农村并没有严格执行，大多数地方仍然选择土葬，特别是欠发达的西部农村，有些地方尽管表面上是火葬，事实上仍然是火化后的“二次土葬”，少部分地区，由于土地资源紧张，政府部门大力推进丧葬改革，采取了一系列措施，但是农村阻力太大，制度执行得也不好，离国家制定的目标相差甚远。比如河南采取“老坟平了坟头”、新下葬的坟墓“不留坟头”等，老百姓形象地称为“平坟运动”。

（2）制度被变通执行。制度作为各利益集团之间长期博弈的产物，体现着利益各方的分配关系，制度实施过程就表现为特定主客体之间的利益分配过程。制度一经法定程序制定，所指向的一切对象必须遵守制度，但在执行过程中制度的实施主体可能依据实施对象的社会资源做出裁决和处理，也可能出于某种特殊的需要而变通地执行。费孝通就曾经这样描述过：“中国的道德和法律，都得看所施的对象和自己的关系而加以程序上的伸缩。在这种社会中一切普遍的标准并不发生作用，一定要问清了，对象是谁，和自己是什么关系之后，才能决定拿出什么样的标准来。”① 课题组调研的云南宝山村在执行和落实农村低保制度的过程中明显地表现出某种“变通”的特点。“低保”成为村干部解决某些矛盾问题或者利益纠纷问题的一种手段和资源。宝山村委会所辖的一个叫“老姜子”的自然

① 费孝通：《乡土中国生育制度》，商务印书馆1947年版，第70页。

村，2007 年由于集镇建设的推进，该村村民在乡镇街道周边的土地被征用，镇政府给村民的补偿款为 7200 元/亩，村民就征地补偿问题与村委会产生了矛盾，村干部和村民之间还发生过激烈的冲突，甚至出现了村组矛盾转化为村干部与村民之间的私人恩怨。该村村民为了提高补助标准而走上了持续上访的道路，从县、市一直上访到北京，村委会为了缓和与解决矛盾，就向村民承诺不去上访的村民就给一个低保名额，因此，该村大多数住户都是低保户，当地村民把该村戏称为最富的“低保村”，在调查中，宝山村陈支书也坦承，其他村该给低保的人还很多，但从有益于问题解决的角度看，这样做也是不得已而为之。课题组在广西平圩村调查时，村民也反映，“低保”在某种程度上变成了村干部可以动用的资源之一，给谁、不给谁在私下还是有很大的操作空间的，部分低保户往往并不是贫困的人，一般与村干部关系密切、接触较多的人，很容易就“吃上低保”。

（3）违反制度的惩罚力度较轻。前面分析的制度权威的缺失主要针对制度的执行情况展开，但反过来看，从违反制度的惩罚力度和违制成本来分析，也存在影响制度权威的重要变量，那就是“违制”成本低，导致“违制”现象大量出现。对于受制度约束和影响的特定对象而言，当事人往往会在违反制度与遵守制度之间做一个权衡和选择，会在违反制度所付出的风险成本和预期收益之间做一个判断和分析，当风险成本远远低于预期收益，值得当事人去冒险的时候，当事人就会理所当然地选择去违反制度。比如计划生育制度在有的地方执行情况为什么会不太好，除了制度执行环境、制度执行力度的影响外，一个重要的原因就是违制成本太低。在山东的北泉村，计划生育也是执行得不太好。由于国家层面的制度环境发生了很大的变化，对于违反制度超生家庭的惩罚，一般都是通过征收社会抚养费的名义进行罚款，村妇女主任说，在该村，超生第一胎要罚款四五万元，二胎要罚 12 万多元。但是，由于村民近几年收入增长快，相对其他欠发达的农村而言，家庭经济状况较好，四五万元、十来万元的罚款很多村民是承受得起的，所以这种罚款规定要尽量地不让村民熟悉，更不能大肆宣传和介绍，如果村民熟悉这样的规定，超生的现象会越来越多。这无形中给人一种感觉：违反计划生育制度不就是交点罚款的问题。

造成制度权威缺失的原因是很多的，但是重要的原因体现在以下几个方面：

第一，正式制度体系本身不配套、不兼容，制度功能弱化。

由于制度设计的科学性不高，或者由于制度与制度之间不协调、不配套，导致制度执行困难，从而丧失制度权威。比如，目前的“村改居”社区在制度层面就存在很多问题。“村改居”后，社区居民适用城市计划生育政策，原来的农村户口一对夫妇可以生两胎，现在的城市户口却只能生一胎，很多人一下子接受不了，老百姓形象地说“好的福利政策见不到，严的法律规定一个也不少”。土地制度不配套。农转城后，入住“城市新居”的居民，其住宅用地是属于集体的，所住的新房也是不能进入市场进行自由出售的，同时部分居民居住条件较差，相关管理部门出于城市总体规划考虑，禁止居民乱搭乱建，“只堵不疏”现象严重，城市规划与社区发展的现实要求不配套。居民土地征用补偿形式单一，不能很好地满足居民的实际需求，影响了社区居民的生活和发展。低保制度缺乏整合性。“村改居”后，原来适用于传统乡村的制度和政策并没有及时得到整合和替代，严重影响了制度、政策的实效性。

第二，政治权威、个人权威对制度权威的僭越。

什么是政治权威，不同学者有不同解释。有人认为：“政治权威即公共权力的权威，主要是指依法行政的政府权威，权力的合法化即权威。”①有学者把政治权威定义为：“主要指那些掌握政治权力（尤其是政府权力）的主体，或者政治权力的操作者，如古代的执政者（或称为主治者，治理者）、君主、元老院、公民大会之类（总统、首相、议会领导人等）、议会、政党领袖之类。”由此可见，政治权威首先必须以权力为基础，没有权力当然就没有权威；其次，权力无法自行发挥作用，必须有掌握权力的主体——人，即掌权者。② 如果我们把政治理解为运用公共权力对社会资源进行权威性分配的活动和关系，那么政治权威则体现为个人和组织对公共权力的服从和认可关系，它可以通过政府权威、领导权威和个人权威等多种形式体现出来。

个人权威与政治权威有联系（有些个人权威的获得仅仅因为其赋予

① 金纬亘：《政治权威与现代化》，《江西社会科学》2001 年第 9 期。

② 王逸飞：《论政治权威对法治的对动作用》，《甘肃行政学院学报》2003 年第 2 期。

了公共性权力或者掌握着公共权力)，但并不是所有个人权威的形成均来自于政治权威。丹尼斯·朗认为：“在个人权威关系中，对象出于愿意讨好或效劳另一个人的服从，仅仅是由于后者的人品。”① 他对个人权威做出了这样的理解：“一方面，它是基于掌权者的特殊性格和能力而不是基于其社会角色或广义的规范品质；另一方面，它源于对象对独特的个人品质的感觉和评价而不是掌权者强制、奖励或提供专家咨询的资源。”② 马克斯·韦伯认为个人权威（魅力型统治者的权威）建立在非凡的献身于一个人以及由他所默示和创立的制度的神圣性，或者英雄气概，或者楷模之上。后来西方许多学者把魅力“不仅看作是个人属性，而且也是地位或角色、组织或机构的属性”③。从单纯的个人“魅力”出发探讨个人权威是一种孤立的抽象的方法，至少存在以下难以说明的问题：一是具有相同人格或“魅力”的人由于其所处社会地位的差异并非都能得到他人的服从和尊重，甚至在一定条件下具有较高人格的人要服从具有较低人格的人的权威；二是具有相同人格或“魅力”的同一个人在不同的条件下并非都能得到别人的服从和尊重。因此，真正解决个人权威问题必须到个人之外去挖掘更为深刻的根源。④

个人权威往往是个人特殊社会地位的表现，是个人对社会资源拥有支配权并得到他人认可的结果。现实的人在其行为的过程中总要处理各种各样的社会关系，总要依赖于维持社会关系秩序的社会资源。当这种社会资源为某个个人所支配并得到行为者认可的时候，行为者就不得不对这个个人表现出服从。在阶级对立的社会里，在物质财富相对贫乏的社会中，个人权威表现为生产资料占有者的权威，表现为他们对劳动者的支配和控制。个人权威是在特定实践活动中个人能力的展示并得到他人认可和一定程度上依赖的产物。这种意义上的个人权威不是靠外在的强制力量来维持的，而是靠人们对某一个人的认可和信赖来维持的。比如说在中国革命时期，毛泽东同志由于其独有的意志品质、个人才能等方面的优势，很好地

① ［美］丹尼斯·朗：《权力论》，陆震纶、关明哲译，中国社会科学出版社2001年版，第67页。

② 同上。

③ 同上书，第69页。

④ 李松玉：《制度权威和个人权威》，《山东师范大学学报》2004年第3期。

满足革命“时势”提出来的历史任务，成为“革命领袖”，获得了极大的个人权威，并且逐渐演化成为个人崇拜，这种个人崇拜在“文化大革命”时期表现得淋漓尽致，甚至像有些学者描写的那样“中国社会出现历史上前所未有的为了毛泽东的一句话的解释而开战的现象——这相当普遍，绝非孤证”。从社会发展和制度建设的规律性来看，制度权威体现的是人们对制度的服从关系，个人权威体现的是人们对某一个人意志的服从关系。在人类社会的历史上，制度和人的作用总是交织在一起的，制度总是由人来制定和维护的，人也总是要依据这样或那样的制度规范来行为的。因此，制度权威要由具有权威地位的某些个人来建立和维护，而这些个人的权威也要由一定的制度权威来保证。①

我国目前就正处于制度建设的初级阶段，社会建设和管理的法制化水平比较低，这在农村表现得更为突出，制度权威和个人权威之间的互动陷入了两难境地：一方面制度权威的实现必须借助于个人权威，因为必须有人去执行制度，实现国家意志；另一方面，个人权威并不完全由制度权威来型塑，换句话说，个人行为并不是基于制度的遵守而产生，甚至个人权威成为弱化制度权威的重要力量。我们在调研中发现，实行村民自治制度以来，农村出现了这样一种现象：在农村当选的村干部一般都是村里的社会精英，这些人要么是致富能手、经商带头人，要么是大家族（甚至宗族）中比较有威望的人，特别是近几年，在有些地方村主任、村支书由一人担任（所谓的“一肩挑”），由于权力过度集中，加之这些人对党和国家的方针政策不一定熟悉和了解，个人权威常常超越制度权威，表现为村干部个人说了算，村干部就是权威。比如20世纪90年代天津市静海县的“大邱庄”号称“中国第一村”。在其村庄内，国家法律制度作用甚微，遵循更多的是由“庄主”禹作敏制定的各种村庄规则。这些村庄规则有许多是和国家法律相抵触和相背离的，结果村庄演化为一个不受法律节制的“土围子”，当个人权威僭越了制度权威的时候，制度权威缺失就变得不可避免了。

第三，农村非正式制度的强势，弱化了正式制度的功能。

中国传统文化毫无疑问有它合理的内核。但由于我国是一个传统的农

① 李松玉：《制度权威和个人权威》，《山东师范大学学报》2004年第3期。

业国家，自给自足的自然经济占主导地位。风俗习惯、价值观念等非正式的制度形式与当时的社会状况和历史条件是相匹配的。当社会历史环境发生巨大改变后，传统的价值观念、社会习俗等就与之缺乏相容性。因此，传统文化中不利于现代社会发展的因素日渐显现。尤其值得重视的是，那种对制度缺乏认可与尊重的传统观念和行为模式至今仍然存在。目前，我国正在着手建立一整套以市场经济为基础的正式制度。由于社会结构与生产方式等的不同，决定了两者之间有着不相容的一面。具体来说，这表现为情与理的冲突。市场经济有其自身特有的“游戏规则”，必须按照其“游戏规则”参与市场竞争。而中国人却习惯用以“家”为核心而发展形成的情感、关系网络形式来处理和应对市场竞争，这样就使公平竞争的市场规则以及与之配套的公正法律制度被弃之不用。保守封闭和家族伦理观念与市场经济所要求的民主政治开放经济以及建立在平等基础上的社会伦理道德之间存在着深刻的对立与抵触。①

（三）加强制度权威建设的基本路径

中国法制化建设起步较晚，人们的法律意识和法律素养不强，因此，在推进现代化建设的过程中，一定要尊重制度的内在规律与质的规定性，自觉维护制度的权威。

第一，维护宪法权威，为制度权威建设提供法律保障。

宪法是国家的根本大法，是制定其他法律和各项制度的法律基础。宪法的法律权威是“宪法得到社会普遍认同、自觉遵守、有效维护的理念与理由，尤其体现为宪法对公权力和所有国家生活产生的拘束力和规范力”②。党的十八届三中全会又对维护宪法权威的重要性做了深刻的认识：“维护宪法法律权威。宪法是保证党和国家兴旺发达、长治久安的根本法，具有最高权威。要进一步健全宪法实施监督机制和程序，把全面贯彻实施宪法提高到一个新水平。建立健全全社会忠于、遵守、维护、运用宪法法律的制度。坚持法律面前人人平等，任何组织或者个人都不得有超越

① 龙立军、戴建国：《姜子华制度权威缺失的原因探究》，《湖北社会科学》2006 年第 4 期。

② 韩大元：《如何维护宪法权威》，《财经》2013 年第 23 期。

宪法法律的特权，一切违反宪法法律的行为都必须予以追究。”[①] 通过宪法规则调整各类行为的制度体系，制度治理克服了人治的随意性和不可预测性，具有进步性，提高了公权力行为的规范程度。由于制度权威存在自身的缺陷，缺乏法律基础的制度无法获得稳定性和权威性，宪法恰好能够消除这些隐患。宪法有效控制各项制度，并使制度法制化。制度权威是系统和多层次的，宪法权威发挥着统领功能和评价功能。宪法是制度体系的基础，各种制度是宪法体系的具体体现。宪法保证了制度的权威，引导制度顺利实施，需要注意的一点是制度权威不能超越宪法权威。

第二，培育起正确的制度意识。

对于特定的社会主体而言，制度是“公共产品”，培育起正确的制度意识是制度权威建设的关键环节。正确的制度意识主要体现在三个方面：第一，制度要体现共有的道德理想。制度必须体现人类共同体的道德理想。正如波斯特所说：“尽管制度设计有时候仅仅与程序和实施相关，但是通常情况下，它们直指实质性的价值，而这些价值恰恰是由制度设计的正当性以及通过对这一设计而取得的公正结果所体现出来”，[②] 试想，一个出发点就是“恶”的制度，或者说“为虎作伥”的制度，会有权威吗？第二，对于特定的环境，特定的对象来说，制度要公平地执行，不允许存在超越制度之上，游离于制度之外的特殊主体存在。一旦产生特殊主体，就违背了制度最为基本的普适性原则，因而制度就不会被严格地遵守和执行，这样的制度肯定是没有权威的。第三，制度不能成为少数人实现超越他人利益的工具。如果制度变成个体实现个体性利益，而使另一部分人利益减少或受损，制度就会演变为纯粹“功利性”工具，变成个体自由意志的体现，从而使制度丧失权威。

第三，增强制度执行力，克服人治。

制度在现实社会生活中能被不折不扣地执行，既是制度权威的表现，又会对制度权威的形成产生强有力的“示范效应”。在 1978 年的《解放

---

① 十八届三中全会：《中共中央关于全面深化改革若干重大问题的决定》。

② Rober Post, “Between philosophy and law: sovereignty and the design of democratic institution”. in Lan Shapiro and Stephen Macedo eds, Designing democratic institutions New York University Press, 2000, p. 221.

思想，实事求是，团结一致向前看》一文中，邓小平指出："为了保障人民民主，必须加强法制。必须使民主制度化、法制化，使这种制度和法律不因领导人的改变而改变，不因领导人的看法和注意力的改变而改变，现在的问题是法律还很不完备，很多法律还没有制定出来。往往把领导人说的话当做'法'，不赞成领导人的话就叫'违法'，领导人的话改变了，'法'也跟着改变。"

第四，健全社会普法教育机制，增强全民法治观念。

普法就是开展法制教育，在民众中普及法律知识，提高全体公民的法律意识和法律素质，提高治理者的依法决策、依法执政和依法管理的能力。这需要让法律的普及成为公众的内在需求，培养法制环境，提供公民了解法律和学习法律的环境，形成良好的普法氛围。创新普法工作手段，各个部门联合起来，制订统一的计划，共同行动。更重要的是，要让民众亲自参与，并与普法部门之间形成良性的互动。建立普法工作的长效机制是普法取得实效的重要机制保障，普法工作是一项长期的系统性工程，按照党委领导、人大监督、政府实施、各成员单位分工负责的原则，推进普法工作领导机制建设。同时，针对不同的普法对象因地制宜地开展普法工作。法治观念是人们对法律功能、作用和法律实施所持有的内心信念，是社会主义精神文明建设的一个重要方面。法治观念是民众理解制度的重要参考，无论是正式制度还是非正式制度都是依据法律和结合现实而确立的，法律确保了制度制定和实施的合理性，规范了制度行为。普法的有效实施和法治观念的增强，有助于民众对制度的理解和接受，进而为制度的顺利实施提供重要的保障。

第三节　制度整合的动力机制

实现制度之间的有效整合，不断推动制度的创新和变迁，离不开对推动制度整合、变迁的动力机制的分析和思考，推动制度有效整合的动力机制是错综复杂和多种多样的。这里，我们从主客观两个方面进行分析，客观方面主要指由诱发性社会环境的变化而自觉推动制度整合、变迁的动态过程，我们主要分析和探讨通过社会结构的变动和调整推动制度整合及其变迁的内在逻辑及其路径措施；主观方面指由主体本身主观层面原因诱发制度整合和变迁的动态过程。主要涉及源自知识的积累和认知水平的提高以及由于利益和需要不断得到满足，制度创新和变迁成本得到合理性分摊，从而推动主体对制度进行选择、调整和创新的过程。

一 进一步构筑开放型社会结构

通过前面的分析，非正式制度的约束功能之所以在农村社会中表现得较为突出，主要根源于农村独特的社会结构，由特定社会成员，按照特定的社会关系或社会互动行为组成的社会结构的质态和框架，为特定的价值观念和行为规则提供了运行基础。要实现对农村社会中滞后的思想观念、风俗习惯、地方性惯例的变革和转型，社会结构的调整和变革是客观的推动力量。因为社会结构的变动是推动人们认知改变、达成社会共识的重要推力，在现代化建设过程中，要实现国家和社会的良性互动，以现代化为导向的正式制度要能够与农村社会高度的契合，转化为实现农村善治的“社会现实”，必须进一步推动开放型社会结构的建设。中国在迈向现代化过程中出现的“三农问题”，准确地说是一个社会结构问题。

在传统中国，农村是一个具有明确地理边界、民间文化体系和民间信仰体系的自治体。村民之间具有典型的熟人社会的性质。在村落范围内，宗族内部人与人之间的关系性质自不必说，就算并非一个宗族的同村落的村民，他们之间因为长期而经常性的交往，必然形成熟人社会。熟人社会和陌生人社会的秩序生成逻辑和治理逻辑自然不同。前者靠人伦关系和情谊，后者靠法律和契约。对中国传统村落而言，因为道德和文化权威主导，村落没有明确的群己权界划分，人与人之间的界限更是不甚清晰，一般都是你中有我、我中有你，今日你帮我、明日我帮你。这种关系使村落中非常重视人情和面子，从个体的层面保证了基本的秩序。另外，这种熟人社会行者也是一种生产能力，保证了村落对外的一致性和封闭性，这种一致性和封闭性恰恰是其自主性的基础。① 这种社会结构导致了农村文化具有典型的亚文化的特点：“（1）人际关系中的相互不信任；（2）认为财

① 刘伟：《难以产出的村落政治——对村民群体性活动的中观透视》，中国社会科学出版社2009年版，第65页。

富是有限的；（3）对政府的权威又依赖又敌视；（4）家庭主义；（5）缺乏革新精神；（6）宿命论；（7）有限志向；（8）不能延迟满足；（9）地方局限的世界观；（10）移情能力低。”①

新中国成立以来，国家开始着手对农村社会实现全面的改造和建设，从三大改造开始、到合作化运动直至人民公社制的确立，党和国家在农村形成了高度集中的计划体制，市场的作用基本上取消了，党和国家实现了对农村严格的管理和控制。这种结构是通过社会制度的设计和推进逐渐固化下来的：第一，城乡隔离的户籍制度。人口分为农业人口和非农业人口，规定农业人口只能从事农业生产和农业经营活动，而且农业人口必须居住在农村，不能迁徙到城市变为非农人口。第二，城乡不同的社会公共服务和社会保障制度。城乡之间享有的社会福利体系和公共服务体系因为政策层面的不同而产生巨大的分化和差别。第三，城乡不同的产权和收益制度。农村实行的是集体所有制，城市实行的是全民所有制，所有制层面的不同导致城市和农村从国家和集体中获得的利益也不同。城市主要依靠国家和地方政府获取生存和发展的资源，而农村则主要依靠生产大队（行政村）和生产小队（村小组）。有学者还专门进行了细化的分析，提出城乡二元结构是由14种具体制度构成的，即户籍制度、住宅制度、粮食供给制度、副食品和燃料供给制度、教育制度、医疗制度、养老保险制度、劳动保护制度、婚姻制度等。由此，中国社会被切为泾渭分明的两大板块，构成发展中国家特有的一种社会状态。②

（一）城乡结构不合理的表现

尽管从1978年以来，国家开始调整城乡关系，经过30多年的改革，中国城乡关系从城乡分割、工农分离、体制僵化、工业化与城市化严重失衡，转变为城乡交往加强、城乡体制逐步调整、农村工业化水平显著提高的状态。但是，城乡格局并未实现彻底的突破，成为实现农村现代化建设中最为突出的问题。主要表现在以下几个方面：

第一，不利于城乡结构合理调整的制度瓶颈依然存在。如前所述，我

---

① ［美］埃弗里特·M. 罗吉斯、拉伯尔·J. 伯德格：《乡村社会变迁》，王晓毅等译，浙江人民出版社1988年版，第324页。

② 郭书田：《失衡的中国》，河北人民出版社1990年版，第7页。

国城乡二元结构产生的一个重要原因是由长期实行“城乡分治”的政策制度而逐渐演化形成的。但是，30 多年的改革和调整，并没有实现制度层面的根本性转变，户籍制度的改革仍然面临着诸多问题，在产权制度上，农村村民还没有充分地获得土地和住房等重要财产的产权，这些财产还不能顺利地进入市场获得收益，这不符合我国市场经济和现代化发展的要求。

第二，以城市为中心的公共资源和公共服务供给模式没有根本性改变。20 世纪 70 年代国家就启动了农村的市场化改革，但由于经济发展水平和社会政策等原因造成了农村在劳动力、土地资源、资本等生产要素还没有获得在市场平等流动和获利的机会，客观上造成了市场对资源配置的不合理。近些年来，中央高度重视改善民生问题，也出台了一系列改善农村公共资源配置和不断完善公共服务的制度、政策。但是，迄今为止，公共资源和公共服务向城市倾斜，城市优先于农村的格局未发生根本性转变。比如，到目前为止，农民还是不能用自己的住宅做抵押物以获得银行的贷款等。虽然新农村建设以来，农户也可以向银行或农村信用社等机构申请小额贷款，但是小额贷款主要服务于三农、中小企业和个人，贷款的发放主要满足于农业种植、养殖或其他与农村经济发展有关的生产经营活动。以云南为例：目前办理小额贷款的银行只有农业银行、邮政储蓄银行和农村信用社，申请小额贷款需具备以下条件：（1）身体健康，年龄在 18 周岁以上 60 周岁以下，在农村区域有固定住所，或有固定的经营地点的具有完全民事行为能力和劳动能力，持有有效证件的中国公民；（2）是农村家庭的户主或户主书面指定的本家庭成员，有正当的职业和稳定的经济收入，具有按期偿还本息的能力，如农行规定，每个家庭成员只能有一个家庭成员申请农户小额贷款；（3）从事农林牧渔等农业生产经营或工业、商业、建筑业、运输业、服务业等非农生产经营活动；（4）无不良记录；（5）申请人必须已婚；（6）银行要求的其他条件。农户小额贷款的授信期限一般不超过 1 年，最长不超过 3 年。农户小额贷款的额度一般为 20 万元以下，1000 元以上。如中国邮政储蓄银行农户小额贷款期限为 1 个月至 12 个月，以月为单位；农户贷款最高 5 万元，商户贷款最高 10 万元；单笔贷款最低限额 1000 元，以 100 元为浮动单位；还款方式为等额本息、阶段性等额本息、一次性还本付息等。从以上条件看，与城市居民用房屋及相关抵押物获取贷款的方式相比，性质上具有本质的差别。

第三，农村“流动人口”未能享受到城市居民的国民待遇。随着城市化市场化的快速推进，广大的农民工群进入城市，成为城市发展中产业工人的主体组成部分，特别是在建筑、纺织、冶金等，所谓“脏、乱、差”的行业中，农民工群体的数量惊人。据国家统计局监测，2012 年我国农民工人数已达2.63 亿，其中1.6 亿在城里，其他的在县镇。[①] 可以说农民工为我国城市发展、工业化发展做出了巨大贡献，但是农民工在城镇工作、居住和生活很难获得融入城市生活的基本待遇。农民工的收入还是远远低于城市居民，农民工仍然不能实现与城市居民“同工同酬”“同命同价”“同工同权”，在城市还是很难获得与城市居民同等对待的教育权、社会保障权等，遭遇了一定程度上的“社会排斥”。

（二）推动城乡结构调整的措施

1. 推进城乡一体化的制度建设

通过制度和政策的调整来推动开放型社会结构的建设是政府最容易做，同时也是履行政府职能的重要表现。制度的改革和重构需要整体性、系统性地推进，更需要中央和地方政府相互支撑和相互配合。中央层面应从宏观的户籍制度、社会管理制度、财政制度、公共资源配置制度等做出整体性设计，这些层面的改革和调整是地方政府不能做的，这也是当前某些地方积极推进户籍制度的改革而没有取得实质性进展的重要原因。反过来看，地方政府又需要结合自身经济发展水平、地方性传统以及社会发展的具体要求，在操作层面、细节层面进行制度的创新和改革。因此，构建一个新的城乡一体化的制度体系，是一个系统的过程，需要一定的时日，更需要分阶段的进行。第一步是对现有的政策和体制进行全面的清理和反思，确定哪方面的政策和体制已经向着城乡一体化变迁；接下来的工作是完善这些政策和体制。比如农村低保和医疗合作体制需要不断完善。在这个完善过程中，最需要解决各级政府在其中的责任问题。这也是当前中国最急需解决的体制问题。第二步是从事权、财权、职权上明确各级政府的职能，当然其前提是要研究各级政府之间的权力问题。现有的政府关系框

① 韩长斌：《实现中国梦，基础在“三农”》，《农村工作通讯》2013 年第 18 期。

架已经很不适应城乡结构的调整。第三步是解决农村流动人口的城市化问题，让已经进入城市务工经商的农村流动人口有机会有能力实现城市化，成为城市居民。第四步是解决其他体制问题。[①]

2. 逐渐落实农民的国民待遇

在享有权利、行使权利的过程中逐渐提高自己的公民意识、法制意识，同时增强社会责任感、国家认同感和归属感，是现代社会的基本特征。因此，逐渐落实农民群体的国民待遇，赋予农民群体更多的公民权，是党和政府当前农村发展中最为重要的任务。一方面，要逐渐使占人口大多数的农村人口逐渐享受到最为基本的权利。比如，自由迁移权，平等的就业权，基本的教育权，财产所有权，民主参政议政权，社会福利和社会保障权。没有权益上的平等，农村社会结构的根本性改变，新农村建设是不可能实现的。另外，要赋予农民更多的经济收益权。保障农民集体经济组织成员权利，积极发展农民股份合作，赋予农民对集体资产股份占有、收益、有偿退出及抵押、担保、继承权。保障农户宅基地用益物权，改革完善农村宅基地制度，选择若干试点，慎重稳妥推进农民住房财产权抵押、担保、转让，探索农民增加财产性收入渠道。建立农村产权流转交易市场，推动农村产权流转交易公开、公正、规范运行。[②]

3. 逐步落实城乡公共服务均等化

近年来，中央高度重视改善农村民生，把加强农村基础设施建设作为社会主义新农村建设的关键环节，加快推进农村“水电路气房”建设，农村面貌焕然一新。2002 年以来，全国新建改建农村公路 272 万公里，解决了 3. 26 亿农村人口的饮水安全问题，新增农村沼气用户 3000 多万户，改造农村危房 460 多万户。目前，全国 100% 的行政村和 95% 以上的自然村通上了电话，100% 的乡镇和近 90% 的行政村通了宽带。同时，逐步扩大公共财政覆盖农村的范围，城乡基本公共服务均等化取得实质性进展。[③] 但是，由于历史欠账太多，农村公共服务投入不足还没有得到根本改变。因此，逐渐实现城乡公共服务均等化，将是调整农村社会结构、推

① 陆学艺：《当代中国社会结构》，社会科学文献出版社 2010 年版，第 285 页。

② 十八届三中全会：《中共中央关于全面深化改革若干重大问题的决定》。

③ 韩长斌：《实现中国梦，基础在“三农”》，《农村工作通讯》2013 年第 18 期。

动农村社会发展的重要环节。首先，要加快健全农村基本公共服务的制度框架。改变现行政府重经济建设、重城市建设的偏好，把农村基本公共服务水平的提升纳入地方政府绩效评价，激活地方政府对农村公共服务的投入的动机。同时，鼓励农村居民积极反映农村基本公共服务需求，形成良好的信息联动和反馈机制。其次，政府应该通过积极的财政手段，把公共服务资源更多地向农村倾斜，配置到农村，从而引导公共服务向农村覆盖。最后，动员社会各方力量，整合社会资源，积极参与农村公共服务投入。引导和激励农村正在发展壮大的“两新”组织（新经济组织、新社会组织）、村庄社会精英、致富带头人、各种社会公益性组织参与农村公共服务建设和投入，形成“官民”互动的良好氛围。

4. 有序推进农民工市民化发展

当今的农民工群体主要由80后、90后组成，已经是新生代农民工，他们已经成为农民工大军的主要组成，占外出农民工的比例大约在60%。也就是说，有1亿多的新生代农民工在城市里就业，实际上，我们也不可能再指望新生代农民工回到农村种地，他们大多数人本身就没有承包地，而且绝大多数从来没有种过地，也不想再回去种地。据调查，新生代农民工没有从事过农业生产的占84.5%，希望在城里定居的占93.6%。[①] 让农民工群体在城市工作，却让他们回农村居住显然是不公平的，逐步实现农民工市民化发展，既是阻止不了的历史潮流，也是推进和谐社会建设的必然选择。推进农民工市民化发展既要立足当前，也要有长远的规划和安排。从当前看，先要满足农民工群体在城市生活的吃穿住行的基本需要，在就业、工资、社保、居住、医疗、子女上学等方面提供基本保障。从长远看，要从制度上采取一系列措施，逐渐解决农民工市民化发展。因此，十八届三中全会就提出：要创新人口管理，加快户籍制度改革，全面放开建制镇和小城市落户限制，有序放开中等城市落户限制，合理确定大城市落户条件，严格控制特大城市人口规模。稳步推进城镇基本公共服务常住人口全覆盖，把进城落户农民完全纳入城镇住房和社会保障体系，在农村参加的养老保险和医疗保险规范接入城镇社保

---

① 韩长斌：《实现中国梦，基础在“三农”》，《农村工作通讯》2013年第18期。

体系。[①]

二 知识的积累和认知的提高

前面分析了通过社会结构的调整从而客观上推动制度结构的优化和整合。事实上，社会结构的自发演化从而推动社会制度的优化、整合是一个非常漫长的过程，而制度无论是正式的还是非正式的，人类在某种程度上的自觉性设计和改善是完全必要的。如果把制度整合看作是一个从非正式制度向正式制度的转化过程，看作是各种非正式制度的合理筛选、改造的过程，看作是一个正式制度逐渐被认可和遵守又不断完善的过程，看作各个推动主体、包括群众、利益团体、政府等共同作用的过程，那么，在这个过程中，起决定性因素的是不同群体之间的力量对比，力量均衡容易产生较为合理的制度结构，反过来，力量不均衡就容易产生不利于弱势者的制度设计。因此，推动制度有效整合的着眼点在于改变现有组织和制度内的力量对比，促进各方力量分布均衡。一般地看，缓和与解决力量不均衡有两条基本途径：一者，随着人类社会的进步，社会力量会因自发机制作用而出现分散；二者，随着社会认知的提高，社会力量会因人类的自觉意识而人为分散。相应地，决定和影响制度变迁及其方向的主要因素也有两个：力量和认知。其中，力量又分两类：一是自发的力量演变；二是自觉的力量增强；认知也分为两类：一是掌控制度变迁主导权的强势者对制度本质的认知；二是寻求制度变迁的弱势者对自身地位和力量的认知。显然，自觉的力量变化与弱势者的认知间又是相通的：当弱势者认识到自身地位和力量局限时就会采取积极地行动，使社会存在从自在转化为自为。那么促进制度的优化和整合的力量可归结为三类：一是社会力量结构的自发变动，如弱势者力量的自然增强使组织的公共权力分配分散化，这主要体现为制度乃是人们基于力量互动的无意识结果；二是社会力量结构的自觉变动，如弱势者因自我觉醒并基于自身长远利益而自觉联合以形成强大的集体力量，这主要体现为制度乃是人们有意识行动的结果；三是对制度本质的认知提高，如立法者因认知提高而开始有意识地关怀弱势群体，这

① 十八届三中全会：《中共中央关于全面深化改革若干重大问题的决定》。

体现为制度是一些有远见和理性的制度决策者的有意识改造和设计。[①] 第一类，前面已经分析过，第二类第三类涉及制度整合的一个重要变量即认知。认知也分为两类：掌握制度的主导权的政府对制度本身的认知；公众（弱势者）对自身力量以及制度收益、变迁的认知。

当制度变迁主体（政府、公众等）认识到改变现有制度安排，可能会获得潜在的制度收益，这种收益是在现有制度安排里无法获得的，那么推动制度变迁的强烈需求就产生了。但问题的关键是认知又是怎么获取的呢？

（一）国家有针对性的教育和宣传

从公众的角度看，教育和宣传能在较短的时间内使人们获得某方面的知识和信息，从而有效地提高了人们的认知水平，人们才能具备明辨是非的能力，才能真正认识到制度的基本功能，并对自身行为和社会现状的合理性进行理性的审视，从而产生有利于制度变迁、整合的意愿和信心。例如，非洲长期流行着女性割礼陋习，1997 年塞内加尔马利康达地区班巴拉族村庄的村民宣誓集体抵制女性割礼，废除女性割礼的宣言迅速从一个村庄传播到另一个村庄，一年之后塞内加尔政府宣布女性割礼为非法，并开始传播到整个非洲。[②] 推动这个制度变革并产生的重要原因在于马力康达地区的观念巨变，主要源于非政府组织发起的一次活动，它将妇女联合在一起并提高文化教育。又如在大规模地宣传和介绍的背景下，人们越来越意识到吸烟对人体健康产生伤害，在公共场所吸烟的人越来越少，公共场所“禁烟”标志不但没有人反对，反而得到大家的认同和赞扬，显然这不是制度约束的结果而是认知提高的自觉选择。

（二）“知识型”领袖的宣传和介绍

所谓的“知识型”领袖是指在某些领域或对特殊社会、经济现象在知识上具有明显比较优势的能人或群体。一般由各行各业的专家、学者、技术人员等组成。一般情况下，无论制度变迁和调整是由政府强制性引入还是民众自发推动而促成，大多数对制度变迁潜在收益的认知总是先由大量的知识型领袖感知到，然后将这一认知逐渐传给政府和其他民众，那些

---

① 朱富强：《制度改进的基本思维：演化动力和演化原则》，《财经研究》2012 年第 4 期。

② 朱富强：《制度改进的基本思维：演化动力和演化原则》，《财经研究》2012 年第 4 期。

具有知识的领袖人物或者群体在制度的变迁整合中扮演着重要角色。例如，我国“新农村建设”政策的实施，首先是大批研究和观察农村问题的专家、学者逐渐认识到农村问题的严重性及建设新农村的意义。以林毅夫为代表的“知识型”领袖对新农村建设的背景意义及作用形成了普遍认识，并对外进行了介绍和宣传，在此基础上国家也才顺势出台相关法律制度。杨立华的研究也表明这样的客观事实：相对稳定的知识型领袖人物或群体的持续性号召和推动是制动变迁得以成功的重要因素。大量的专家学者（包括著名科学家竺可桢、刘慎谔和李鸣岗等）参与调查、研究和指导以及民众的普遍认同和参与，是20世纪50—70年代宁夏中卫治沙名闻天下的重要原因。1955年中国科学院在此成立沙坡头沙漠试验站研究站，在治沙研究、技术传播、沙漠化培训、农民治沙教育方面做出重要贡献，1988年被联合国UNEP评为“全球环保500佳先进单位”，1989年获德国李比希奖。[①] 当然要实现上述目标，知识型领袖的行为应具备以下特征：（1）相对独立的社会身份和较高的社会地位；（2）较高的参与热情和参与能力（参与能力包括自我学习能力、知识传授能力、领导能力和组织能力）；（3）足够的易于理解的和实际的知识（三种重要的知识包括：科学和专业性知识、地方条件和地方传统规则等地方性知识、有关社会关系知识）；（4）较高的社会资本；（5）较高的社会责任和实践精神；（6）尊敬其他社会成员和地方知识。对地方知识的不尊重往往会导致将由政府主导且有学者参与的制度改革和变迁看作是一种更为先进、科学和知识性的新安排倾向，并最终导致自上而下的政府“科学管理政策”的失败。[②]

（三）社会交往中自觉的“信息扩散”

作为具有公共产品性质的制度安排，一般针对特定人群，由遵守制度安排所获得的收益是不具有“排他性”的，当少数人认识到新的制度安排获得的收益时，为了获得制度的良性变迁和获得相应的社会支持，他们会扩散这一认识，当认知扩散到一定程度时，新的制度安排就会获得较大

① 杨立华：《沙漠化治理制度变迁的设计原则：基于中国北方五省的实证分析》，载巫永平《公共管理评论》（第十卷），清华大学出版社2011年版，第12页。

② 同上。

的支持力度，同时又会推动制度的进一步变迁和发展。“当新制度安排实现后，就会减少旧制度下通过制度变迁获得潜在收益的可能性，制度在一定程度上达到相对均衡。一旦人们再次发现更新的制度安排的潜在收益，更新的制度变迁过程又开始。”① 比如，农村新型合作医疗制度的实施就很好地印证了这样的观点。调查显示，虽然当前新型合作医疗制度基本受到了全国各地老百姓的欢迎和高度的认同，但是制度刚开始实施和推进的时候并不是顺风顺水的。山东北泉村村委会的付传云反映新型农村合作医疗刚开始实施的时候，乡里要求每家每户每个人必须入，但是百姓不愿意入。每次村委会都要挨家挨户跑好多趟去收钱，很多人家不是真心想入，但碍于村委会干部跑了四五趟，实在过意不去，才交钱入了合作医疗。村里李姓村民在村委会干部去收钱的时候这样说：“你们这不就是让多数人帮少数人吗？一口人 50 多块钱交给村委会什么都赚不到，别人有病有灾了，咱把钱直接捐给人家还能做个人情。”很多人觉得一年到头连个头痛感冒都没有，交那个钱既冤枉又浪费。村民付西美说：“都不愿意交这个钱，一口人 50 块，一年俺家也得 200 块钱。也只不过是多数人帮少数人，但没交钱的在村里只有几户，都是典型。俺宁愿交钱也不愿去做典型。”

村委会收钱困难，就想了个法子，告诉村民不入合作医疗的家庭就不给小麦补贴（政策规定一亩小麦政府补贴 80 元）。刚开始还有作用，但是村委会又不敢直接违背政策，没交钱的也照样领补贴。没交钱又领补贴的人还到处炫耀说：“俺没交钱还不是照样领补贴。”为了完成上级指标，村委会只能私下里给没有交钱参加合作医疗的村民偷偷地垫付。这样一来，交钱的人心里便更加不平衡，工作也越来越难。另外，整家人都在外地的情况，村委会也要垫交。即使在这样的情况下，仍然有很多人以为钱被村委会贪了，实际上每年都要贴钱进去。

但是，情况在近几年发生了变化，村里陆续有人生病，当一部分人参加医疗合作确实从新制度中获得实实在在的收益后，村民之间很快实现了信息传递和共享，村民的态度发生了转变。政府也看到了制度隐藏着的巨大潜力，于是进一步完善制度，在村民缴纳比率上略有提高以便让村民医

---

① 杨立华：《沙漠化治理制度变迁的设计原则：基于中国北方五省的实证分析》，载巫永平《公共管理评论》（第十卷），清华大学出版社 2011 年版，第 13 页。

疗报销的比率上进一步扩大，制度得到了进一步完善和发展。也就出现了前面提到的现象：由村干部主动“催缴”到农民自觉“问缴”的现象。村委会的付传云告诉我，农村合作医疗政策是好政策，只要住院花费报销60%，在乡卫生院里报90%，花费超过一万元的，民政部门还可以申请大病补助。

三 合理的利益诱使和成本分摊机制

制度创新的最终目标是为了获得变迁收益，由于制度创新是一个由多元主体参与、持续互动与博弈的过程，制度目标并不单一，参与制度创新的主体利益需求也不尽相同，一项新制度的确立必然带来新的利益关系和权利义务关系。同时，任何一项制度的创新和有效实施都意味着要付出相应的成本，制度创新的潜在收益和制度创新成本的有效平衡成为影响制度创新绩效的关键因素。因此，如何实现制度创新获得潜在利益增长，提升制度创新绩效，如何平衡利益关系、协调制度目标，特定群体的利益如何得到有效补偿，如何公平有效地分摊制度变迁成本，成为制度创新的关键变量。

（一）合理的利益诱使

1. 利益增长诱使

大多数制度经济学的代表人物都是从预期利益的增加和偏好的角度来考察和分析制度变迁的动因的。戴维斯和诺思就认为在现有制度框架和体系内实现不了的外部收益的出现和变化才会“诱使人们去努力改变他们的制度安排”。[①] 以家庭联产承包责任制为例，家庭联产承包责任制之所以能够在1978年后逐渐取代人民公社制而逐渐被广大人民群众接受和认可，最根本的原因在它实现了人民公社制下人民群众实现不了的利益需求。人民公社制被党和国家看作是快速过渡到共产主义的途径和方法，短短几年在中国农村社会里被迅速确立下来，从经济利益关系来看，它通过实现农村生产资料的完全公有化，农村经济活动的高度统一化，农民收入分配的平均化，来计划性的调配资源和组织经济活动，渴望通过这样的方

① ［美］L. E. 戴维斯、D. C. 诺思：《财产权利与制度变迁》，刘守英等译，上海三联出版社1994年版，第276页。

式快速实现经济的发展和社会财富的积累。但现实却告诉我们要“告别理想”，公社的平均主义导致了公社组织的低效率，农民劳动投入和劳动创造的积极性不高，公社产品流通和购销制度导致社会过度向农村进行资源提取，集体化生产、分配的规模效益并没有实现。人民公社制解决不了劳动者劳动投入的量、质和与收入分配之间科学化量化的问题，也解决不了公社组织和监督成本与规模化效益之间的关系问题，导致农村大面积出现农业生产效益低下，人民生活极端贫困的现象，甚至在许多地方的农村出现了村集体已经没有能力再组织简单的经济再生产，农民最基本的“吃饱肚子”的生存需求都受到了严重威胁。据统计，在 1957—1977 年这 20 年间，中国每个农业劳动力的净产值由 355 元下降到 317 元，而同期全国农村人均收入：60 元以下的生产队占 38%，50 元以下的占 27%，40 元以下的占 16%，全国年均约有 1 亿 4000 万农民处于半饥饿状态。[①] 正是在这种生存压力之下，农民寻求新的制度突破。

家庭联产承包制体现了三项制度创新：一是在不改变土地等生产资料公有制的前提下，实行所有权与经营权的分离；二是把家庭经营引入集体经济，形成分散经营与统一经营相结合的双层经营体制；三是把农户的劳动投入与劳动收益密切结合起来，真正体现多劳多得的原则。它所形成的激励机制与约束机制，无须外部监督，能节约管理成本，在一定的历史条件下，堪称农业生产经营中有着最优实施绩效的制度形式，这在实践中已得到了充分的验证。[②]

2. 利益实现的平衡和补偿诱使

国家实行的计划生育制度，为什么会出现制度执行效果的巨大偏差，有些地方执行得非常好（比如经济相对发展的农村），基本不存在超生的现象，而且村民更喜欢生女孩；有些地方（比如经济发展相对滞后的农村）执行得差，超生现象普遍，甚至基层党员干部带头超生，除了受到生育观念、价值观念等因素的影响外，最重要的一个原因还是因为利益上的差别。这种利益差别有区域性层面的，诸如东西部地区、城市和农村，有个体层面的，诸如穷人和富人、城市人和农村人等。对有些个体而言，

① 林蕴晖：《人民社狂想曲》，河南人民出版社 1995 年版，第 361—362 页。

② 万振凡：《建国以来中国农村制度创新的路径研究》，《江西社会科学》2003 年第 2 期。

选择“超生”是出于自身实际利益考量的，比如孩子长大以后能够在经济上对家庭有所帮助，正如农村俗语所言“有劳力，才有收益”，自己年老时有孩子给自己养老送终，等等，这些群体的利益显然与在城市生活、有稳定工资收入、享受着国家提供的基本社会保障服务的群体，以及在经济相对发达地区、能够自己给自己准备养老钱的群体有着很大的差别，选择超生一两个孩子可能更符合他们的利益。因此利益的补偿和平衡也是制度整合、变迁中需要认真考量的问题。

3. 利益实现的可持续性诱使

制度整合要能够良性发展和持续性推动，依赖于制度变迁收益实现的可持续性和逐渐增强。不同时代背景、不同的社会发展程度下，人们对利益的诉求和期望是不一样的。正是基于这样的逻辑前提，有些利益主体可能因为要维护特定制度形成的利益诉求而阻碍制度的改革和变迁，有些利益主体可能在既有的制度框架内不能实现自身利益的最大化而不断地推动制度的变革、调整和创新。以家庭联产承包责任制的不断发展和完善为例，尽管这一制度的产生有力地促进了农村生产力的提高和农村经济的快速发展，但是在现代化、市场化、城市化发展的快速推动下，传统的家庭联产承包责任制的制度优势逐渐消融，制度的弊端逐渐凸显出来。国家一方面坚持长期稳固农民对土地的承包权和经营权；另一方面，我们又看到近几年土地被大量“抛荒”“撂荒”的现象产生，有些农民把土地送给别人耕种，只要对方帮自己看好、管好自己的土地，也没有人愿意耕种。这其中的逻辑是什么呢？当我国社会主义市场经济日益成熟之际，农业的比较收益却越来越低，农民在市场竞争中地位却越来越不利，家庭联产承包责任制面临着严重的挑战。家庭联产承包责任制在土地等生产资料的分配上依然存在平均主义原则，导致农民对土地承包期限的不稳定感，造成农民对土地投入的短期行为甚至掠夺式经营；这种承包模式与农业现代化所要求的适度规模经营相矛盾，使农田水利等基本建设受到严重阻碍，使先进的农业机械和农业科技难以推广运用；家庭分散承包经营，农资、工具等重复购置，无形中增加了农户对农业生产的投入；小规模经营的农民对市场反应不灵敏，其生产经营存在严重的盲目性和滞后性，缺乏市场竞争力，等等。

土地流转难是我国现行土地制度的一大弊端，必须在以后的改革中逐渐解决，首先，加速土地流转是促成适度规模经营，促进土地与其他生产要素的优化组合，实现农业产业化经营，从而提高经济效益的必由之路。其次，加速土地流转是发展社会主义市场经济的需要，也有利于农村劳动力向第二、第三产业转移。最后，加速土地流转也是农民增收的有效途径，事实上农民仅靠几亩责任田要想富起来是很难，甚至可以说是不可能的事，只有通过土地流转，使有农业经营能力的农民一心一意经营土地，而不善于经营的农民则迅速转移至第二、第三产业，最终实现共同富裕。正是基于利益实现的可持续性，才会促使人们去不断地推进制度变迁。

（二）合理的成本分摊

任何一项制度变迁都是有成本的。制度成本是指以制度设计为起点，制度变迁为终点的整个制度周期中所产生的一切耗费，是实现不同主体之间利益博弈而产生的成本。制度成本作为一种客观存在的社会事实，是指投入到制度各个环节中的相关资源。一个完整的制度周期包括制度的设计、执行、监督和变迁四个阶段，每个阶段都需要支付相应的成本。各阶段的制度成本之间是相互联系、相互影响的，其形式是多种多样的。制度变迁成本具有复杂的结构和内容，从成本覆盖的范围来看，可以分为制度内成本和制度外成本。制度内成本主要指制度设计、运行、实施成本以及制度约束下相关主体的利益逆转的补偿成本等，制度外成本主要指制度运行实施后所导致的政治成本和社会风险等。

一项制度成本与其功能实现的收益之比构成了制度效益；制度效益是评价一项制度是否具有现实性的客观尺度。从经济角度来看，如果生产成本与交易成本是个常数，那么哪种制度提供的服务或收益多，哪种制度便是有效的制度。反过来，如果制度提供的服务或收益是个常数，那么哪种制度所需的生产成本和交易成本少，哪种制度便是有效的制度。在制度选择中，理性的人总是在成本是常数的情况下选择收益最多的制度，在收益是常数的情况下选择成本最低的制度。制度变迁的根本目的是获得潜在收益，提高社会经济活力和社会成员生活水平。在制度变迁过程中，必然遇到来自旧制度中既得利益者的阻力，每一项制度的立或废，都涉及利益格局的重新调整。因此，利益受损的一方很可能有意阻挠或排斥不利于他们的改革。相比前期固定的显性成本投入，这种隐性成本总容易被忽略。而一项制度从建立到完全起作用，需要一段很长的时间。在这段时间内，还要不断付出新的成本。这种成本就是新制度的“贴现率”，有时，往往因为“贴现”成本太高，即使制度设计很好，也可能成为不堪承受之重。改革主体为了顺利推进改革，有逐步分摊或向后累计式分摊制度变迁成本的倾向，改革的客体则倾向于向外转移制度变迁成本。因此，要促进制度的合理变迁，首先必须对成本范围进行合理的估算，在此基础上采取合理的成本分摊机制。

1. 科学估算制度变迁成本

客观估算制度变迁成本是成本分摊的前提，也在很大程度上直接决定着制度变迁的成败。如果制度变迁成本估算不科学、不准确，制度变迁往往会制造出“制度漏洞”并演化成“制度笑话”。制度变迁成本的估算必须考虑几个关键问题：一是成本的范围。制度变迁各环节的成本支出以及与制度紧密相关的公共服务、资源条件均应该成为成本估算的范围。比如“农转城”户籍改革中与户籍直接关联的基本公共服务与福利应该是成本核算的主体，包括教育、就业、社会保障、医疗卫生和最低生活保障、住房保障、城市基础设施、社区服务等。二是成本的地区差异。不同地区之间制度整合、变迁的成本是具有差异的，要充分考虑到不同地区经济发展、公共服务供给水平，科学估算制度变迁成本。三是成本与收益之间的权衡。只有在预期收益大于预期成本的情形下，行为主体才会去推动直至最终实现制度的变迁，反之亦然。比如户籍改革就是通过基本公共服务与福利均等化来解决“人的城镇化”问题，使“户籍人口”城镇化与“常住人口”城镇化之间的差距逐步缩小并最终消失。长远地看，户籍制度改革必然是利大于弊，但这种制度变迁必须基于城镇化发展的估算才更有实际价值，而不是主观臆断盲目决策实施。大家比较熟悉的郑州户籍改革就是对制度变迁成本估算不足的典型个案：2001 年 11 月 1 日起，郑州市一举打破传统户籍制度造成的藩篱，进行全面的户籍制度改革。此次户籍改革共分 7 个方面，在亲属投靠、购房入户、工作入户、投资纳税入户、大中专院校毕业生入户等方面都有了明确创新的规定。如夫妻分居 3 年以上的，一方在郑州有常住户口，准予迁入；外地公民在郑州购房达到一定面积的，准予迁入；具备本科以上学历的，准予迁入等。户籍改革前，郑州户籍人口只有 166 万，经济总量只占全省经济总量的 16%—17%。一夜之间，户口无条件放开，如同开闸放水，人口急速膨胀，郑州尝到了

“一步到位”的甜头。8 个月，市区人口猛增 38 万，一举超过 200 万。2004 年秋季入学，郑州中小学生一下子增加了 2/3。财政、医疗、社保也同样受到了强烈冲击。细一算账，也是必然。如果按当时一个人需要公共投入 8 万元计算，新涌入 38 万新市民，需要增加投入近 300 亿元，而当年郑州市财政总收入只有 110 多亿元。财政缺口高达 190 亿元。无奈之下，郑州户籍改革在推行了 8 个月后，突然宣布终止。今天的郑州市区，真所谓“车水马龙”，身为二线城市，郑州的车辆密度比北京还高，市中心的小学，人数多的班级竟有 90 多名学生。现在来看，郑州的户籍改革更像一场“大跃进”，轰轰烈烈，无疾而终。

2. 分类分摊制度变迁成本

能否在不同主体之间实现科学、公平的成本分摊也是制度创新中成本分摊的重要内容。分类分摊就是依据受益原则以及制度变迁中涉及的基本服务和资源投入的性质，在不同主体中公平合理地分摊制度成本的一种方式，分类分摊要解决的关键问题是“由哪些主体出钱”“出多少钱”。在具体操作过程中，可以依据制度变迁中涉及的服务和利益范围来确定成本分摊的主体和比例。如果制度变迁的潜在收益主要是针对个体或特定群体的，带有明显获利性特征，可以依据受益程度的“大与小”来决定成本分摊的“多与少”，实现成本与收益的正相关。让在制度变迁或新的制度安排中获得更多服务和利益的群体支付较高的制度变迁成本，反之，享有较少服务或获利少的人支付相对较少的制度变迁成本。比如，要想获得比别人多的养老保险金，那肯定要缴纳比别人更高比例的养老保险，增加养老保险成本投入中个体投入的比例。另外，如果制度变迁中涉及的服务和收益是具有明显的公共性、保障性特质的，可以根据制度变迁中涉及的公共服务、公共福利、公共资源的性质来确定成本的分摊主体和分摊比例，一般采取多元主体按比例分摊的方式。比如，农村公共产品的投入成本，可以在科学估算的基础上，确定教育服务、医疗服务、公共基础设施投入等方面的分摊主体和具体分摊的量。具有全国性，涉及基本保障和需求的部分，应该由国家承担，具有区域性和地方性特质的公共投入可以通过“一事一议”等方式，由地方政府、农村社区和农民个体多方筹资共同分摊。

3. 逐步消化分摊制度变迁成本

制度变迁不可能一蹴而就，从制度的设计到制度的正式实施和运行，往往需要投入大量的人力、物力和财力，即需要支付高额的制度成本。为了获得制度创新中各利益相关群体的支持，有效推进制度变革，制度创新主体会尽量减少一次性制度变迁成本，往往采取把改革成本向后推移的策略，这样就形成了改革成本的累增效应。但是，制度变迁的成本最终还是必须支付的，对于这样长期形成的创新成本，不可能一下子完全分摊，要逐步消化和分摊。逐步消化分摊要重点考虑以下两个方面：一是公共财政的积累程度。依据财政收支情况才能科学确定每年可用于支付制度成本的比例和具体的数额；二是制度成本递增递减的动态评估。有些制度成本是逐年减少的，有些是逐年递增的，只有科学估算好不同阶段、不同时期制度成本的增减情况，才能确定如何逐步分摊制度成本和具体的分摊比例。比如，我国农村公共服务供给，由于长期受到城乡二元结构的影响，历史欠账太多，在公共投入有限、社会大众支付能力有限的情况下，推进农村公共服务制度变革就不能一步到位，必须依据社会经济发展水平、人均可支配收入的增长情况以及公共财政的积累程度，逐步逐年分摊制度成本。

概言之，站在农村制度建设的高度，在实现农村治理体系与治理能力现代化的进程中，要实现制度创新与农村社会高度契合，必须对制度创新带来的潜在利益增长进行科学的估算和考量，确保制度受益主体有推动制度创新的强烈愿望，同时，构建科学合理的制度创新成本分摊机制，让制度受益主体客观上能够承受制度创新成本。

第四节　正式制度与非正式制度整合的具体路径

对农村正式制度与非正式制度的整合原则、动力机制进行系统分析和梳理的基础上，还必须进一步探讨二者有效整合的具体方式和路径。结合本项目研究的基本认知和判断，综合现有学术界的研究基础，可以发现有如下几种路径：第一，正式制度进一步完善和进入，达到有效整合非正式制度的效果；第二，通过制度吸纳，把积极的非正式制度正式制度化；第三，进一步改造非正式制度，培育、建构与正式制度相匹配的非正式制度；第四，通过过渡性制度安排，实现二者在一定空间、时间内的共融，不断推动制度创新；第五，选择合理的制度变迁方式，为二者的有效整合提供良好的制度环境。

一　进一步完善农村正式制度体系

提出进一步完善和调整正式制度，不是要对正式制度进行分门别类的分析和探讨，而是从正式制度与非正式制度有效整合的立场来审视正式制度。因为农村之所以存在大量的非正式制度而且发挥重要作用，从某个侧面看，正是因为正式制度的建设不够完善，不能很好地满足农村经济社会发展的需要。

（一）转型期农村正式制度供给的主要缺陷

改革开放以来30多年的农村发展历程，不仅表现为以经济体制改革为核心的社会转型，更是一个国家逐渐对农村社会进行整合，实现农村治理制度化发展的过程。改革是以制度变迁作为重要推手展开的，通过正式制度的不断创新和变革推动了农村经济、社会、政治、文化的快速发展。但我们也要清楚地认识到，由于我国属后发型国家，国家的制度建设带有较强的移植性特征，随着农村社会发展的快速推进，我国农村制度体系的不足也逐渐凸显出来，主要表现在两个方面。

1. 正式制度时滞性明显

20世纪80年代以来，国家制定了大量涉及农村的法律制度，但从制度实施情况来看，实施成效不明显，而且不太适应经济社会提出来的客观要求，带有明显的滞后性。比如，确立了家庭联产承包责任制后，我国的《中华人民共和国土地承包法》就明确提出农民承包后获得土地的使用权和经营权，但不得将承包的土地抛荒，现实现象却是：由于农民种地的收益在逐渐缩小，近几年来农村社会里土地被大量抛荒的现象是普遍存在的。我们在云南宣威石城村委会了解到由于农村大量劳动力外流，农民的土地被大量抛荒，村干部为了保证土地的耕种面积，同时也可以获得相应的收益，就把抛荒的土地“承包”下来，再雇人进行耕种。尽管近几年国家加快了农村土地流转的改革力度，但从现实的政策效果来看，其局限性缺陷性仍然明显。又如《中华人民共和国村民委员会组织法》明确提出由村民直接选举村民委员会，是法律赋予村民的一项基本民主权力，是基层民主的重要体现，同时关于选举的具体细则又要求村民按户籍登记进行投票等。这些法律、法规在操作上显得非常困难，在大量离乡又离土的农民工群体中，在“原子化”“空壳化”的农村又怎能做到呢？因此正如云南宝山村委会书记所描述的那样：“这几年谁还关心选举，农民都是‘自种自家田，自挣自家钱’，通知村民来投票几乎不现实，下村投票，人家连门都懒得开。”

2. 正式制度的科学性不高

从制度学的角度来看，制度是可设计的，科学的制度是一个相互联系的整体性结构，并且是一个有机的系统，这个系统一般由四个基本要素构成：第一，科学的制度必须有为全体利益主体认可的公平公正的关系规范和行为规范，它体现的是原则公平问题；第二，科学的制度必须有科学的执行程序，它体现的是运行科学的问题；第三，科学的制度必须设计公平执行的受控机制（监督机制），它解决的是制度操作公平问题；第四，完美的制度设计必须要有制度公正执行的自控机制，它解决的是制度正义的自动实现问题。① 我国针对农村的有些法律制度在制度设计的原则层面就没有体现公平性，换句话说某些制度使身份和权力的不平等反而以制度化的形式得以强化和巩固。比如我国户籍制度从建立之时起就带有明显的利益倾斜和国家计划性的特点。它是以实现城市合理的资源配置，建立城市公共秩序，恢复城市经济建设为前提的。所谓的户籍制度是指与户口或户籍管理相关的一套政治经济和法律制度，其中包括通过户籍来证明个人身份、执行资源配置和财富分配。新政权建立之后，饱经战乱之苦的广大民众最渴望的是安宁和秩序，这种社会心态与新政府的愿望显然是一致的。② 1958 年的《户口登记条例》，后来成为各种行政部门限制或控制个人的迁徙和居住自由以及接近和占有资源权利的法律依据。条例第十条规定：“公民由农村迁往城市，必须持有城市劳动部门的录用证明，学校的录取证明或者城市户口登记机关的准予迁入的证明，向常住地户口登记机关申请办理迁移手续。”1958 年 2 月国务院发出《关于制止农

---

① 陈朝宗：《论制度设计的科学性与完美性——兼论我国制度设计的缺陷》，《中国行政管理》2007 年第 4 期。

② 陆益龙：《1949 年后的中国户籍制度：结构与变迁》，《北京大学学报》（哲学社会科学版）2002 年第 2 期。

村人口盲目外流的指示的补充通知》，1959 年 1 月，中共中央又发出《关于立即停止招收新职工和固定临时工的通知》，“文化大革命”期间，出于经济和政治的考虑，政府大力动员广大城市知识青年“上山下乡”，从此又兴起了中国第二次反城市化运动。政府让城镇知青“上山下乡”，有政治和意识形态方面的考虑，更重要的是迫于减轻城市负担。这样，一次大规模的、全国性的人口反向迁移运动广泛兴起。自 20 世纪 60 年代中期以后，政府动员了近 4000 万知识青年上山下乡。国家通过这种制度安排暂时减少合法的城镇户口，以减轻城镇资源供给的压力。1978 年以后，中国的改革开放选择了渐进主义的策略，渐进主义策略的目标不是彻底改造既定的社会结构和秩序，而是先要在思想上进行“拨乱反正”，改变观念，把精力集中转移到经济建设上去。搞好经济建设需要一个比较稳定的社会秩序，所以政府不敢对户籍制度进行大的改革，决策层似乎认为，户籍控制是社会稳定的必要保证；改革只能是“微调”，或在控制中开小“口子”，解决某些遗留问题。20 世纪 80 年代，工业下乡或乡镇企业异军突起。这条乡村工业化的道路，可能是农民付出较大交易成本才闯出的一条生存与发展之路。正如费孝通所说：“由于严格控制城乡人口迁移，用行政手段划清城乡户口，农村户口不能向城里迁移，于是农村中隐藏着大量的剩余劳动力，城乡户口的隔离迫使农民另找出路。”[①]（1）户口符号的价值化；（2）行政权力的价值化。户口符号之所以具有价值，是因为其中包含了对个人权利和利益分配的权威界定，如各地区各部门都有规定，没有当地户口，子女入托或就学，需要另加高额“赞助费”或“借读费”。户口便有了价值，成为一种商品可以交换，这种交换实际是权力和权利的交换，是不平等的交换。[②]

（二）推动农村正式制度体系完善的重点问题

1. 以产权制度为基础，推动农村经济制度的合理调整和变迁

产权，又称财产权或物权，是指权利人依法对特定的物品享有直接支

---

① 费孝通：《从实求知录》，北京大学出版社 1998 年版，第 179 页。

② ［美］布劳：《不平等与异质性》，王春光等译，中国社会科学出版社 1991 年版，第 69 页。

配和排他的权利，包括所有权、用益物权和担保物权；所有权人对自己的不动产或者动产依法享有占用、使用、收益和处分的权利，用益物权人对他人所有的不动产或者动产依法享有占有、使用和收益的权利；用益物权人、担保物权人行使权利，不得损害所有权人的权益。产权制度是有关产权的法律、政策、习俗的总称。农村产权制度中最重要和最核心的内容是农村土地制度，农村土地制度也是决定农村治理制度的最重要因素。土地是农村经济社会的根本，农业生产形式和农民生活方式都与土地这一关键要素息息相关，农村的各项经济社会制度都是围绕“土地”来精心建构的。[①]“产权理论”是西方国家构建组织和制度设计的基础，新制度主义最具代表性的人物诺思认为一个产权明晰、极具效率的组织是西方世界兴起的原因。他提出“私人产权或某种排他地转移所有权制度的存在是保证交易的顺利进行，降低交易成本，促进技术创新的前提”[②]。一般定义上，产权具有以下功能：第一，产权的权力界定和减少不确定性的功能。建立产权制度的目的是划分个产权主体的财产权力并对他们之间的产权关系予以确认，以便为个产权主体确定行为的边界，使他们明确可以做什么和不可以做什么，从而使人们的经济选择行为有了确定性。因此，产权制度的建立可以使人们在自己的经济活动中形成稳定的预期，以减少不确定性，提高经济活动的效率。第二，产权的资源配置功能。产权就是运用和支配各种资源或产生要素以获得经济利益的权利。[③] 因此，建立产权制度有利于明晰产权。只有产权明晰，产权主体才能明确自己的行为边界，以便在法律允许的范围内和不侵害他人权力的条件下自由使用、支配和处置产权，并全面衡量成本与效益的关系，以效益最大化原则来行使产权，从而使资源得到有效配置。第三，产权维护秩序的功能。新制度主义者认为，人类社会一开始处于一种机会主义盛行、利益相互冲突的“霍布斯状态”或“自然状态”，后来人们在长期交往过程中发现，缔约即建立制度可以产生一种“合作效益”或“合作剩余”，即大于不缔约时各方总收

① 郑雄飞：《从“他物权”看“土地换保障”》，《社会学研究》2009 年第 3 期。

② 李松玉：《制度权威研究：制度规范与社会秩序》，社会科学文献出版社 2005 年版，第 124 页。

③ 刘秀全：《新制度经济学》，中国商业出版社 2003 年版，第 116、122 页。

益的增量；这个增量开始是潜在的，人们经过多少起博弈会发现这个增量，从而缔结合约，形成私有产权制度，跳出“霍布斯状态”①。“土地”是农村社会中最基本、最重要的生产资料；“土地”对农民的重要性是不言而喻的，纵观中国农村重大的社会变革，无不与土地紧密联系在一起。但是新中国成立以来我国土地制度反复调整至今仍存在诸多问题。

第一，土地制度要适应农村产业化发展的基本趋势。与新中国成立初的合作化运动和六七十年代的人民公社化运动相比，家庭联产承包责任制的确立尽管带来了农村生产力的大幅度提升，当今农村的社会劳动生产率已经大大提高了，农业生产的规模化、专业化发展已经是大势所趋，但是农民要靠分散的“一亩三分地”发家致富很难。正如邓小平同志所言：“中国社会主义农业的改革与发展从长远的观点看，要有二个飞跃，第一个飞跃就是废除人民公社，实行家庭承包责任制。这是一个很大的进步，要长期坚持不变。第二个飞跃，就是适应科学种田和社会化的需要，发展适度规模经营。”② 这里面内含的逻辑是什么呢？既然要发展规模经营，在土地属国家或集体所有的前提下，产权的界限就非常重要，明确的产权有益于在市场化运作中获益。

第二，现行土地流转制度如何增强农民对土地的安全感和权属感。土地流转是在适应土地制度规模经营的背景下进行的一项制度安排。从操作实践层面看，土地流转又非常困难。尽管农村劳动力大规模地从农业生产部门流向了城市（城镇）的第二、第三产业；但是在农民没有完全实现角色转化、没有完全融入城市（城镇）生活的前提下，农民群体往往把“土地”当作一种保障性的资源，即使自己不能耕种，也想牢牢控制在自己手中，这本质上也反映了农民对土地产权明晰的诉求。历史地看，土地所有权的明晰化有利于农民经营土地积极性的提高，因此如何在保证农民权属感和安全感的基础上，实现土地流转仍是一个悬而未决，需要进一步研究和探讨的现实课题。

第三，与城市相比，农村通过住宅、企业等明晰产权实体从市场获

---

① 曾峻：《公共秩序的制度安排——国家与社会关系的框架及其运用》，学林出版社 2005 年版，第 15 页。

② 《邓小平文选》，第 3 卷，人民出版社 1993 年版，第 355 页。

利，获取发展性资源的方式和手段仍然单一，甚至有些是制度性排斥。比如，到目前为止，农民的住宅仍然不能进入市场进行自由交易，农民自己创办的涉及农业的小型企业生产单位由于受发展层次、发展的不稳定性因素的制约，同样很难从公平的市场资源中获得发展机会。换言之，如何构建起明晰的产权制度，确保农民群众公平地参与市场对资源的公平性配置，是农村经济制度体系完善的关键所在。

2. 推进税费改革后农村基层治理制度的完善和调整

农村治理体制的改革源于农民负担加重而出现的治理危机，尽管《村民委员会组织法》1998 年就正式实施，它强调“民主选择、民主决策、民主管理、民主监督”，但从当前农村治理的现状来看，村民自治制度在解决“三农”问题、实现农村治理有效转变方面的作用仍然有限。2003 年中央在全国范围内推进以减轻农民负担、规范基层政府行为的农村税费改革，2006 年完全取消农业税。此后，农村改革进入以统筹城乡经济社会发展和推进社会主义新农村建设为导向的综合性改革。因此，作为农村税费改革配套措施的乡村体制改革同时进行，具体包括撤乡并镇，合村并组，精简机构，减少乡村干部，取消农民小组长，将乡镇事业单位推向市场，等等。乡村体制改革的动力来自“养不活”的压力，改革的方向，是将国家行政性力量撤出农村基层。其中，取消农民小组长是重要的标志，因为村民小组是熟人社会，取消村民小组长，标志着国家在新中国成立后第一次将行政力量从熟人社会撤出。① 这标志着农村基层治理制度发生了重大变化。国家行政性力量从农村撤出，农村却仍有 9 亿农民生活在其中，行政力量的退出会不会导致农村公共产品供给不足，传统农村的组织力量，诸如家族势力、宗族势力等死灰复燃。

因此，当前推进农村综合改革必须注意解决两个层面的问题：第一是村民自治制度的落实和完善。村民自治制度是国家法律规定的基层民主制度的重要组成部分，在大规模地进行乡、村、组合并的背景下，怎么保障村民自治权的实现？另外，合并后的乡镇组织，管理的幅度必然增大，在现有的管理体制下，怎么保障服务的质量？正是基于上述矛盾，有些地方的合并出现了“历史的轮回”，即合并一段时间后，由于管理上出现了很

---

① 贺雪峰：《村治模式——若干案例研究》，山东人民出版社 2009 年版，第 2 页。

多问题，又重新回到原有的行政建制。第二是基层组织的职能转型问题。当前，农村综合配套改革的主旨就是要打破原有按人口、地域划分基层组织的弊端，而是根据不同的文化、价值、生活习惯、经济发展要求来重新规划出具有不同模式、不同特色、不同文化的乡村组织。换句话说，是围绕服务功能的转变来考虑乡村组织的。因此，包括目前正在进行的农村社区化建设的试点和推广，更多地都要从这么一个立场出发。必须在制度设计、人才队伍、服务职能等方面进行系统地调整和完善，一定要避免一边是政府力量的撤出，另一边却是乡村的无序。

3. 立足于城乡统筹，完善农村公共服务制度

提供公共服务，不断地满足公众对公共产品的需求，是政府的主要职责之一。对于村民而言，可能也是最直接、最现实地感受到政府能力、政府关怀的重要环节。公共服务城乡均等化发展是统筹城乡发展的关键环节，也是党和国家努力推进城乡经济社会一体化发展的目标任务之一。但是农村税费改革以后，基层政府的财政状况必然受到较大影响，原来由政府提供的公共产品和公共服务出现了缺位，加之公共服务范围不清、服务质量差等问题，必须对现行公共服务制度进行改革，在理顺和厘清公共服务具体范畴的基础上，进一步明确不同供给主体的权责关系，完善公共服务的投入机制、参与机制，以便进一步提高农村公共服务的合理性和有效性。当前，重点考虑以下方面：

第一，进一步明确农村公共服务的范围。

要科学界定公共服务的范围，不仅仅要看公共产品或公共服务是否具有非排他性、非竞争性等公共品特征，更应该结合农村经济发展的水平和实际情况来确定。因为农村市场化程度低，有些本来可以交给市场提供的产品，由于达不到市场要求的利润水平，造成了市场不愿进入，这些产品也应纳入公共服务的范围。当然，传统意义上的基本服务，诸如基础教育、基本医疗、基本养老、基本社会保障、基本社会管理服务等关系到个人权利和自由的服务肯定是必须纳入公共服务范围的。限于农村在这些方面的投入不够，国家应该在这些方面更多地考虑农村，向农村倾斜。

第二，不断提升基层政府和村民自治组织的公共服务能力。

政府要做出正确的公共服务决策必须依赖于准确了解居民对公共服务的需求信息，基层政府比上层政府获取居民需求信息更加直接，不会出现

向上传递过程中的失真问题，因而更容易准确地了解辖区居民的需求信息。但是，目前很多基层政府和组织明显“心有余而力不足”，没有投入的财力和物力。就村级组织而言，有些地方村级组织投入公共服务的能力还不如一个“乡村精英”或“致富能人”，长期这样，不但影响了基层政府和基层组织的职能发挥，还会影响到合法性认同。因此，必须想办法提升基层政府和村级组织投入公共服务的财力，特别是壮大村级组织的集体资产，真正能够满足村民的服务需求。

第三，完善农村公共服务的民主表达和公共产品制度。

农民长期生活在农村，更清楚自己需要什么样的公共服务。政府在公共服务（公共品供给）中要防止效率低下和社会资源的巨大浪费，首先必须正确地识别与发现公众的公共品需求，唯有如此才能真正建立起以需求为导向的公共产品政府供给机制。农民是农村公共服务的消费主体，他们最知道合适的公共服务的数量、质量和结构。因此在农村公共服务的供给中必须建立以农民的需求为导向的机制，首先是要建立农民的需求表达机制，至少应包括两个层面：一是关于公共产品、公共资源以及特定公共产品供给需要的条件等相关信息可以被农民了解，形成选择需求表达的有效性基础；二是建立公共产品供给主体对农民需求敏感反应机制，使农民需求表达成为公共产品供给中的关键环节。

二 通过“制度吸纳”把积极的非正式制度正式制度化

社会制度是多层次的，除了国家有意识、有目的设计的国家正式制度体系以外，以各种形式存在的非正式制度还广泛地存在于社会生活的方方面面，企图用国家力量设计出的正式制度去完全控制和约束社会生活的每个方面，既是不现实的，也是没有必要的。因此，实现正式制度与非正式制度的耦合，把积极的非正式制度因素有效地“吸纳”到正式制度体系中来，是制度建设必须遵循的客观规律。“制度吸纳”是体现在制度设计中的一种社会互动策略，也是站在国家与社会实现良性互动前提下，探寻制度设计的内在规律性。所谓制度吸纳是把在特定时间、空间、地域范围内形成地适用于特定个人和群体中的某些积极的非正式制度作为正式制度产生和运行的条件，在正式制度的设计、运行以及反馈等各环节予以充分体现，以增强制度设计的科学性、制度实施的有效性的动态过程。其实，作为反映农村文化特质、思想观念、行为习惯和价值诉求的非正式制度，完全可以成为国家治理的“积极资源”，以便有效增强制度设计的科学性和有效降低制度执行成本。

“制度吸纳”将统一适用于全国的法律制度规则和直接规定利害关系人权利义务的具体操作规则分开对待，国家层面的正式制度规定适用于全国的基本规则和利益分配的总体格局，同时在地方具体的操作和分配细则方面，赋予非正式制度一定的合法空间，有效地实现了二者之间的互动。这样整个社会制度体系就可以在两种制度（正式制度与非正式制度）三个层次上（个体、团体、国家）自如地展开自上而下和自下而上的演化变迁。变迁路径的灵活性和国家正式制度与民间非正式制度在变迁成本与变迁时滞方面的互补性，充分保障了社会制度体系的相对灵活性，从而最大限度地降低了制度滞后、制度设计不科学所带来的利益损失，有效地避免了“高度集中的体制试图在其统治范围内的所有地方实行同一的操作规则。在那种情况下，地方的占用者必须说服中央改变在所有情形相似地区共同使用的规则，或说服政府使用例外原则”，“任何改变中央政府所制定的规则的活动，都必须投入大量时间”。①

（一）制度设计层面的“吸纳”

制度设计层面的“吸纳”是指在制度设计层面把某些大家共同享有或遵守的积极的非正式制度作为制度要素予以充分体现，以增强制度的科学性和认同度。这种互动策略在我国传统社会里得到了淋漓尽致的体现。中国曾经创造了闻名于世的封建社会，与之相对应的封建制度一直以其高度的社会整合性和持续的稳定性延续了两千多年的历史。其原因何在呢？最主要的原因在于：中国封建社会国家层面的制度设计与基层民众的价值认同和行为规范之间是相互支撑、相互强化的。中国自进入农耕文明时代，“家”便成为基本的组织单位和社会共同体的根基。后来出现了“国”不过是家的放大，是一个个“家”的聚合。国家统治是占统治地位的“家族”的统治，“国法”的根源来自于“家规”，其共同基础都是以维系共同体的义务和家长的权威为本位的。“国法”不是服务于所有国

① ［美］埃莉诺·奥斯特罗姆：《公共事务的治理之道——集体行动制度的演进》，余逊达、陈旭东译，上海三联书店 2000 年版，第 296 页。

民，而是维系占统治地位的“大家长”——皇帝的权威。只是由于“国”是一个个不同的家而聚合，才需要制定专门的“国法”进行强制性整合。因此国法不过是家法的提升。而作为民间法的家规、族规、乡约、习俗等，其根源来自于久远的家族社会传统，它与国法的不同之处限于家族和乡土共同体内部，主要依靠共同体成员长期形成的自觉习惯和内部压力而遵守。[①]“在国家的立法中不仅确立了有关封建宗法制度的大量内容，而且承认了宗族家规具有一定的法律效力，是国法的重要补充形式”[②]。

面向未来的中国社会，要能够建立起体系完备、科学合理的制度体系，吸取积极的非正式制度因素，是比较理性的选择。我国传统文化部分内容由于具有较强可塑性，通过改造和创新可以转化为促进经济社会发展的积极因素，以适应农村现代化的要求。儒学的“仁”“义”“礼”“智”“信”等观念体系依然存活，吸收这些合理的成分有助于正式制度设计和运行更加有效率；“忠、信、诚、义”等为人处世理念对市场经济条件下建立交易者之间的信任、降低交易成本有积极作用；“广父慈子孝”等家庭伦理关系对市场经济下减少“边缘人群”的数量与社会安全成本具有积极作用；“内省”“克己”等道德修养的观念，对规范市场经济主体的行为起到一定的积极作用。比如，农村养老保险的设计就应该充分吸收传统的养老观念的合理立场，进一步明确公民和国家之间的权利义务关系，以减轻国家的养老压力。养儿防老的观念在中国农村是根深蒂固的，家庭赡养是农村最为重要的养老方式，尽管随着城市化步伐的加快和农村劳动力输出，越来越多的农村青壮年人口进入城市寻找生存和发展的机会，但是“家庭认同”“孝顺父母”“赡养老人”等传统观念在大多数农村人群中还是保留着的。因此我们可以在制度设计的层面就充分考虑到家庭、个人的主观认同，进一步明确家庭、个体在农村养老中的责任、义务关系。从目前来看，完全由政府负责农村养老是不现实的。据统计，2000 年农村人口 8.33 亿中，65 岁老人估计占 7.36%，到 2030 年 6.64 亿农村人口中 65 岁以上的老人将达 17.39% 为 1.29 亿。这样从资金的筹集上来看就应该包括：（个人）体现自我保护层次，（家庭）体现成年子女对老年人

---

① 徐勇：《“法律下乡”：乡土社会的双重法律整合》，《东南学术》2008 年第 3 期。

② 张晋藩：《中国法制史》，群众出版社 1992 年版，第 7 页。

的“反哺”“义务”，国家体现社会保障的基本职责。当前农村养老保险也是按这个思路推进的，只不过在家庭责任、个体义务方面和宣传的力度还不够，还应该再进一步提升。

（二）制度执行层面的“吸纳”

制度执行层面的“吸纳”是指正式制度执行环节给予非正式制度一定的空间和范围，在不违背国家正式制度的制度规则、目标的前提下，结合地方非正式制度，变通灵活地执行正式制度的过程。其实法律制度的执行从来都不是僵硬的，法官在司法实践中同样存在自由裁量权。我国的机关研究专家诸如孙立平、苏力、强世功等对权力运作、制度执行、法律实践中的本土资源均进行过系统的研究，得到的共识是：法律制度的实施往往被嵌套入一个符合地方性知识体系的动态过程。以农村税费改革前，定购粮的征收为例，“在收粮的实际过程中，官员们对正式权力资源的使用是相当慎重的，即他们很少使用正式规则所规定的程序和惩罚手段；相反却常常借助于有关权力的正式规则中所不包含的非正式因素，运用日常生活中的‘道理’和说服或强制方式，来极富‘人情味’的使用这些权力。从中我们或许可以看到一种‘正式权力的非正式行使过程’。也就是说，这种权力行使在很大程度上并不是以有关权力的正式规则为基础，而常常是基于民间社会中的本土性资源。”①

由于基层干部中大部分人从小生长在这里，大部分人的家庭也扎根在这里，抑或相当一部分人已经在这里工作了很长时间，这就使他们在进行工作的时候，所面对的往往是“熟人”。这里所说的熟人有两层含义：一是指双方不但认识，而且相当熟悉；二是间接的“熟人”，就是人们可能并不认识你，但都知道你是某村某家的人，如是“张家的二儿子”“李家的大小子”，而他们本来是与其长辈相熟悉的。这两种情况都使当地的镇干部被嵌入一种严密的社会网络之中。这样的社会关系网络不仅强化了镇干部对当地的“地方性知识”的认同，而且使他们在进行征收定购粮这样棘手的工作时，感到相当的困难。

因此，孙立平教授认为尽管在人民公社解体和将土地承包给农民后，

① 孙立平，郭于华：《“软硬兼施”：正式权力非正式运作的过程分析——华北B镇收粮的个案研究》，《清华社会学评论》（2000年特辑）。

国家在农村社会的总体权力处于衰败之中，但正是基层政府官员对正式权力之外的本土性资源的巧妙利用，强化了国家在农村中的权力。也正因为如此，在今日的中国农村才会存在一种令人费解的现象，即一方面国家的权力处于明显的衰败之中，但另一方面国家的意志在农村中确基本能够贯彻执行。①

导致制度被非正式执行或者权力的非正式运用，不是以有关权力的正式规定为基础来展开的，而是建立在对地方社会理性认识的基础之上。在中国的政治文化中，与此相关的至少有两个因素值得注意。一是对权力行使的道德评价，二是对于权力基础的认知。对于权力行使的道德评价是指要求权力合情合理的使用，也就是说仅有权力本身的正式规定还是不够的，这种权力的行使过程需要合乎日常生活的常理。也就是说，判断一种权力的行使是否得当，并不在于这种权力的行使是否符合有关权力的正式规定，而是看权力的行使是否合乎“情理”，对于官员的行为是否合情合理抑或伤天害理自有民间标准的判断。而就权力的基础来说，中国自古以来就有“父母官”的概念。在这种政治文化中，人们对一种行动的判断，不是基于这种行动的实质内容和有关正式规定，而是基于行动者本身，在于是谁进行了这样的行动。如果是官员进行了这样的行动，就被理解为自然是正当的。当然，是在前面所说的“合乎情理”的范围之内。②

（三）制度反馈层面的“吸纳”

制度是需要随着社会、环境的变化和执行的具体情况进行不断地完善和调整的。其中一个不可忽视的环节就是要把制度执行过程中，公众对制度的接受度、认同度，以及与地方实际、地方非正式制度相吻合的程度进行反馈。某种意义上看，制度反馈的层次和水平直接决定着制度的稳定性和科学性。从农村基层组织的角度来看，通常被誉为“农村精英”的村干部，承担着举足轻重的中介作用。他们对外直面政府，占有较为完整充分的外部文化信息，他们是外部正式制度最直接、最先期的接触者，经过

① 孙立平：《“软硬兼施”：正式权力非正式运作的过程分析——华北B镇收粮的个案研究”》，载谢立中主编《结构—制度分析，还是过程事件—分析》，社会科学文献出版社2010年版，第155页。

② 同上书，第184页。

他们的初步理解和口传身教，正式制度到了农民那里，具备了成功地解释正式制度的前提条件能对国家和社区负有双重责任，既具有国家承认，同时又有获取小社区认可的意识和心态。同时，这些群体由于长期生活在农村，对农村社会中的非正式制度也最为熟悉，他们是农村社会的代言人，最了解地方社会，也最有能力和条件向正式制度的设计和安排者解释非正式制度的具体情况，从而为正式制度的安排提供可靠的现实依据。因此，在国家推进农村制度创新的过程中，培养一支具有扎实专业技能和法律知识，同时具有崇高的责任感和使命感的优秀农村干部队伍迫在眉睫。

三　进一步改造非正式制度

从制度整合的视角看，我们可以把非正式制度看作是正式制度之外部运行环境的一个重要变量，二者间的有效互动，除了前面提到的将积极的非正式制度通过“吸纳”的方式纳入正式制度体系外，另一个侧面就是在对非正式制度改造的基础上建立起与正式制度相匹配、有助于正式制度实施的非正式制度体系。非正式制度有消极和积极之分，一些非正式制度与正式制度的内涵及制度导向是不吻合的、冲突的，那么对起负面功能的非正式制度进行改造和替代就成为一个重要的问题。对非正式制度进行改造必然涉及改造的基本目标、改造的基本方式等问题。

（一）非正式制度改造的目标及任务

我们在分析和借鉴西方发达国家的制度建设的基本经验时，往往只注重对制度设计的科学性以及制度文本的解读和研究，而忽视了对制度运行的本土文化和社会支撑体系的研究和分析。西方现代化国家的法治现代化之所以能较早发生，一个不可或缺的前提因素在于其培育和发展出了一套以普遍信任为特质的非正式制度。作为一个事实例证，英国法治现代化之所以较早，其原因就基于此。即，“法治现代化在英格兰来得格外早”，或言之，“法治现代化较早地就在英格兰发生了”。[①] 英国率先发生法治现代化并非偶然，其关键在于得到了以普遍信任为特质的社会结构和非正式制度的强力支持。“有一个事实使得英国在所有现代国家中显得独特，并

① R. C. Van. Caenegem, *The Birth of the English Common Law*, Cambridge: The University of Cambridge Press, 1988, p. 90.

且唯有它才能使人们理解英国法律、英国精神以及英国历史的特殊性……使英国不同于欧洲其他国家的并不是它的国会、它的自由、它的公开性、它的陪审团，而是更为特殊、更为有效的某种东西。”而这个所谓的“更为特殊和更为有效”的东西就是，“英国是真正将种姓制度摧毁而非改头换面的唯一国家。在英国，贵族与平民共同从事同样的事务，选择同样的职业，而更有意义的是，贵族与平民间通婚”[①]。可以说，正是在这种以普遍信任为特质的社会结构和非正式制度推动下，英国的法律制度才开始率先平等地适用于所有英国人，这一点意义重大，它标志着英国法治迈入了现代化。英国以普遍信任为特质的非正式制度的形成，主要得益于英国市场经济与市民社会的存在和发展。而与英国不同，一些后发现代化国家长期以来则由于市场经济的缺失、市民社会组织的发育不良，使其社会始终没有走出等级、身份、特权为主导的封闭式社会结构，进而阻碍了这些国家法治现代化进程。迄今为止，一些后发国家的法治现代化并未达到预期，就与以特殊信任为特质的非正式制度的阻滞有关。尽管这些国家制度变迁的方向和所建立的新制度都符合现代法治要求，从根本上说也符合现代化制度选择和价值追求。但是，这些正式制度在实践中往往被悬置和扭曲，反而被其传统文化中所固有的特权、身份、庇护等非正式制度所替代，造成了非正式制度“人治”对正式制度“法治”的排斥。同时，这些社会中的成员由于长期以来缺乏平等、公平和权利意识，面对社会中的特权泛滥和不公，也往往容易缺乏批判和质疑，而常常是不经反思地加以服从。作为结果，这些国家也多出现这样一种情况，即正式的法律制度不断出台，虽然制定出来了较完整的法律制度体系，但法律信仰却在削弱，人们对法律并不信任，法律虚无现象普遍。[②]

同样的逻辑出现在美国社会，纵观美国，美国的现代化不仅仅表现在其经济的发展、工业化水平提高的层面，其高效运转的法律制度，特别是其民主制度更是全世界学习的“样板”。美国民主的运行实际上是建立在公众对制度认同的基础之上的，公众的政治信仰、政治态度和政治价值观

---

① ［英］伦纳德·霍布豪斯：《社会正义要素》，孔兆政译，吉林人民出版社2006年版，第79页。

② 魏建国：《非正式制度改善与法制现代化发展》，《思想战线》2010年第4期。

是民主制度的合法性来源，是民主制度的社会支撑，如果撇开公众舆论，美国的民主也是不能够成立的。尽管公共舆论的变化性强，其内容也处在不断调整和变化之中，但我们仍然可以看到美国公众舆论的基本结构，那就是所有美国人都非常关心社会福利、公民权利和国家的外交政策。(1) 社会福利。在公共舆论的各种意见中，社会福利无可争议地居于首位。我们从每位总统候选人的竞选演说中就不难发现，社会福利问题始终是他们关心的最为重要的问题，总统候选人对福利问题的态度如何直接决定着他的政治命运。(2) 公民权利。公民权是美国社会关心的另一个非常重要的问题，舆论的重点更多地集中在这方面。(3) 外交政策。在美国社会，在对待外交政策方面主要存在两种倾向，一部分公众认为美国应当积极参与国际事务，主导世界发展的方向，取得国际霸权地位与美国的国家利益是不相矛盾的，这部分人被称作“国际主义者”(internationalist)。另一部分公众认为，美国不应投入太多的精力于国际事务，在国际政治交往中应当采取消极的态度，维持本土安全就是政府的全部目的，这部分人被称作“孤立主义者”(isolationism)。[1] 反观我国的现实情况，新中国成立以来，我们曾经经历了法制建设不足给国家和社会带来的严重后果，譬如“文化大革命”时期对社会秩序的破坏，针对毛泽东同志的个人崇拜基础上产生的“两个凡是”思想对国家思想认识路线的严重影响等，十一届三中全会后，党和国家加快了法制建设的步伐，经过几十年的法制建设，党的十七大报告里已经明确指出，中国特色社会主义法律制度体系已基本形成。在这样的大背景下，国家的法律制度体系也迅速地渗透到农村社会生活的方方面面，但是大量的法律制度并没有转化成“社会现实”，农村社会的法律意识仍然很淡薄，“法律缺乏综合征”仍然明显，利用法律手段解决纠纷和矛盾的现象依然较少。法律制度执行和实施的效果不尽如人意，社会生活中还存在大量的“潜规则”“人情”“特权”等不良因素，严重阻碍着国家制度化水平的提高。深究其原因，我们不难发现：国家通过正式制度来构建社会秩序，尽管组成了社会秩序的主要方面，然而，无论是正式制度的设计还是有效运行，都离不开本土性资源和相应的非正式制度与之相适应和匹配。作为后发型社会主义国家，我们在

---

① 谢岳：《公共舆论：美国民主的社会基础》，《江苏社会科学》2011 年第 1 期。

很大程度上更多地考虑和关注国家层面，以现代化为导向的“制度设计”和“制度供给”甚至带有某种“制度迷信”，渴望通过完整、科学的制度设计和有效施行去化解社会矛盾，解决一切社会问题。而更少地关注社会微观层面，对社会大众的行为习惯、价值观念和社会认知的改造和变革。事实上，“一个国家除非首先改造它的非正式制度因素，否则将无法改变它的正规法律制度。换言之，一个国家要实现法治现代化，首先是非正式制度的现代化，其次才是正式制度的现代化，把这个顺序颠倒过来，表面上看是捷径，但最后是行不通的”①。

因此，构建起有效支撑正式制度的公共舆论和信仰体系，实现非正式制度从“特殊信任”向“普遍信任”的转变，将成为我们改造非正式制度的基本目标。

（二）农村以“普遍信任”为特质的非正式制度的基本要素

以普遍信任为特质的非正式制度涉及诸多要素，如理性、诚实、守约、开放、认同、尊重个人权利等，但从当前农村社会发展的具体情况来看，最需要营造和孵化的非正式制度要素主要包括稳定的政治认同、开放的公民意识、共享的理想信念等方面。

（1）政治认同

就政治被理解为在共同体中运用公共权力对资源和利益进行权威性分配的活动和过程而言，它包含三项重要的推论：第一，对运用公共权力主体的合法性认同，即“谁享有公共权力、并有资格运用公共权力”；第二，规则和制度的实施过程，即“运用公共权力的方式和手段”；第三，它必须是发生于共同体内、服务于共同体的权威性活动，即“运用公共权力的目的和价值”。在政治活动中，公众的政治认同度的高低是决定公共权力、规则和制度能否有效运行和实施的关键因素。政治认同是一种政治态度，使人们在社会政治生活中对于政治权力系统、政治规范、政治秩序、政治价值观的政治倾向和心理归属，与政治合法性和政治稳定密切相关②，任何法律制度的实施和有效性都离不开公众信任的支持。正如 L.

① 魏建国：《非正式制度改善与法律现代化实现》，《思想战略》2010 年第 4 期。

② 彭正德：《民主政治：一种农民政治认同机制》，《当代世界与社会主义》2010 年第 3 期。

姜姆森认为的那样，当政治信任度高的时候，当局能够在此基础上培养新的政治忠诚，进一步提高公众的支持率；当政治信任度低或正在衰落的时候，行政当局会发现，维持现有的政治忠诚以及有效管理很困难。[①] 在当前的农村社会中，从宏观层面看，尽管改革开放以来，国家积极推进农村土地制度改革和税费制度改革，同时积极推行一系列惠农支农政策和措施，切实给农民带来了实惠，农民群体对党和政府总体上还是具有较高的认同度。但是，从基层治理来看，情况就大不一样了。诸如：乡村治理带有更为明显的运行机制与利益群体非均衡博弈的复杂性特征，政府主导与乡村社会自主性两股力量的失衡加剧，面临诸多矛盾与问题。国家权威式的干预进一步减弱，基层政府权力“悬浮”，遭遇制度困扰、经济难题，治理能力与水平下降，不能有效作为，难以完成从汲取型政府向服务型政府的转型。乡村两级组织弱化现象加剧，农村公共服务、公共产品供给严重不足，直接影响广大农民的生产生活，制约着农业和农村的可持续发展。农村基层组织软弱涣散、功能弱化情况较为严重。干群关系疏离，集体经济薄弱，村自治组织运转缺少物质保障、组织保障和人才保障，作用难以有效发挥。农民原子化生产生活状况更为明显，农民的绝对生活水平得到了大幅度提高，维系公共理念的纽带却进一步松弛，其政治认同水平和政治归属感有所下降和弱化。农民希望发挥群体力量但又缺乏现代公共精神和社区意识，使乡村政治建设和公共治理陷入两难困境。具体表现为：农民的政治认同是基于经济利益的认同，而缺乏政治价值体系的倾向与心理归属，呈现出复杂性、层次性和区域性特点。农民在日常的生产生活中，尽可能使自身利益最大化，更多关注的是与自身利益密切相关的国家政策和制度体系，经济利益的满足程度，成为农民政治认同的标准和逻辑起点。农村改革以来，党和政府向农民输送政治理念、政治信仰、政治价值观的渠道和方式日益多样化，所推出的一系列惠农政策在一定程度上提高了党和政府在农民群体中的政治认同水平，但这并不能掩盖农民在政治价值体系和信仰方面的缺失。农村改革以来，农村政治生态环境发生巨大变化，农村社会发展的基础由过去国家意志的组织变为村民自治组织，农村价值体系随之呈现“碎片化”状态，同时由于多元文化带来的冲击，

---

① 转引自谢岳《公共舆论：美国民主的社会基础》，《江苏社会科学》2011 年第 12 期。

以及农民自身的一些原因，使农民难以完全接受主流价值的引导，无法完全进行正确的政治价值选择和判断，他们对党的方针政策认识存在偏差。虽然其争取民主权利和政治参与意识在逐步增强，但对政治参与的性质、目的以及自身的责任和基本权利却缺乏足够的了解，农民的政治参与行为缺少理性的支撑，现实中难免会带来政治参与的随意性、政治冷漠或政治离散的消极心理状态，其结果是非制度化的政治参与。但是由于地方政府、基层干部确实存在着侵害农民利益，甚至与农民争利的现象，农民对地方政府和地方干部的认同度不容乐观，老百姓经常挂在嘴边的话“国家的政策是好的，被地方干部念歪了”就是例证。老百姓在现实生活中与地方政府和干部之间的交往和接触往往表现为一种矛盾的心态，有些问题离开他们不行，但对他们处理问题的方式、目的产生怀疑。因此建立起对地方政府和干部的信任，将是非正式制度改造的重要内容。

（2）公民意识

建立适应现代社会发展要求的现代公民意识是建立以“普遍信任”为特质的非正式制度的重要内容。它主要包含三个层面的内容：公民的权利意识，公民的责任意识和公民的行动意识。从权利意识来看，农民群体往往倾向于对国家和政府、特别是地方政府和基层干部提出更高的要求和期望，但对自身享有的权利或者权利的诉求意识却是很淡薄的。有学者在研究和分析“三农问题”中的“农民问题”时提出，中国农民问题的实质是农民的权利问题。应该不断提高中国农民享受人权的水平，并从平等权、生命权、人身权、迁徙自由权、结社权、参与权、自治权、信访权、受教育权、社会保障权、健康权、文化权、环境权等诸多方面进行分析和探讨。[①] 公民权利意识的觉醒，将会对社会的政治过程，特别是法律、制度的制定产生重要影响，政策和法律的制定就会较好地考虑公众的意见和建议，公共的意见也会对政策、制度的执行施加实质性的影响。

从公民的责任意识来看，公民责任意识是现代公民意识的重要组成部分，是公民教育的核心内容。它包含公民自我责任意识、家庭责任意识、集体责任意识、社会责任意识等方面。党的十八大报告特别强调，要进一

① 张红英：《农民权利论》，中国经济出版社 2007 年版。

步“推进公民道德建设工程，弘扬真善美、贬斥假恶丑，引导人们自觉履行法定义务、社会责任、家庭责任，营造劳动光荣、创造伟大的社会氛围，培育知荣辱、讲正气、做奉献、促和谐的良好风尚”。但现实的困境恰恰是农民缺少甚至没有公共精神和责任意识，这里所言的农民责任意识缺失主要是指农民公共责任的缺失。在广大的农村，实行农村家庭联产承包责任制后，农民由公社时期的“社员”变成了自主经营的个体，分散的小农经济结构使农民的自主意识、利益意识明显增强，“社会人”意识趋于淡薄，公共精神与公共责任意识消失殆尽。大多数村民极少考虑到自己是国家的公民、社会的成员、所在村庄的一分子，缺少对社会责任和集体责任的担当。多数农民遇事只考虑个人私利，对村庄的建设、村里的公益事业漠不关心，认为乡村建设和公益事业是国家的事情，是政府的事情，是村干部们的事情。对村里的公益性建设缺乏关心与热情，更不愿意通过集资出义务工等方式参与村里公益事业。目前农民对公共事务的态度正如亚里士多德所言：“凡是属于最多数人的公共事务常常是最少受人照顾的事物，人们关怀着自己的所有，而忽视公共的事务，对于公共的一切，他至多只留心到其中对他个人多少有些相关的事物。”[①] 由于公共精神与公共责任意识的缺乏，农民在公共选择时往往利用博弈规则实现自身利益的最大化，而绝少考虑公共利益，以至于农村社会集体行动困难，合作互助难以展开。韩玉芳认为：“公共精神，是指公民具有超越个人狭隘眼界和个人直接功利目的，以利他方式关怀公共事务、事业和利益的思想境界和行为态度，它是现代社会大力弘扬社会公德，对公民提出的一项最基本、最重要的美德要求。概括地说，它包括独立的人格精神、社会公德意识、自律自制的行为规范、善待生命的慈悲胸怀和仁爱精神等。它是公民意识的产物，是公民意识转化为公共情感、意志和信念的结果，又是公民道德和公共伦理建设的思想道德基础。”[②] 公民的行动意识。公民的行动意识是在权利意识和责任意识基础之上产生的一种主体自觉性行动的预期和状态。它是公民社会成熟的重要标志。有了行动意识才会产生社会交往中的各种互动行为，社会才会更加有活力。

---

① ［古希腊］亚里士多德：《政治学》，吴寿彭译，商务印书馆1981年版，第48页。

② 韩玉芳：《公德意识·公共伦理·公共精神》，《北京日报》，2012年2月27日。

（3）共享的理想和信念

在不同的社会环境和社会发展进程中，人们的生活方式、生存状态、价值追求，理想信念是不同的，但是营造或者强化某种大众共享的理想和信念却是社会发展中非常重要的非正式制度支撑要素。在共同的理想、信念支配下的人们会产生更为持续、有力的社会互动行为，社会发展会更有活力。从制度建设的视角出发，人们为什么会选择某项制度或有意促成某项制度变迁，还体现了人们对未来美好生活的向往和追求，体现出行为背后的某种“意义性”价值。马克思主义经典作家对社会制度变迁的研究，尽管展现了严密的逻辑体系和方法论诉求，但是我们很容易从他们对资本主义制度的研究和批判以及整个思想理论完整体系中，感受到他们对美好社会制度的期盼以及实现一个社会财富极大丰富，人与人之间高度和谐，每个人自由而全面发展的崇高社会理想的向往和追求。

从中国农村社会发展的历史过程来看，在新中国成立后不久，我国为什么会迅速走上了合作化道路，并在此基础上迅速地确立了人民公社制，甚至有些农户在一夜之间牵着自己的耕牛、带着自己的劳动工具参加了合作社？作为长期从事自然经济，没有经历过现代化熏陶的农民群体而言，这样的支持和做法的确是很难做到的，甚至是很难理解的。其实，一个重要的原因就是共享的理想信念在发挥着巨大作用，对当时的社会发展和制度变迁产生了重要影响。这种共享的理想信念以某种“默会知识”或“情绪支撑”的方式支配着人们的行为。当时的中国社会刚从一个积贫积弱、备受欺凌的困境中走出来，人们坚信：就像战争年代一样，通过党和人民的共同努力，旧世界是可以摧毁的，同样我们也可以通过建立一种全新的社会制度，来开创自己美好的生活。对党和国家具有高度认同的基础上，认为党和国家能够解决自己的问题，更能够带领人民摆脱贫困，同时除了物质层面的追求外，也包含着实现人民真正意义上的当家做主，人与人、人与社会、个人与国家之间关系的高度和谐的向往。从当时的历史过程来看，这种理想信念通过对美好社会生活的追求和向往，对自我成就的追求，已经逐渐演化为一种文化精神和意识形态并对农村社会的制度变迁产生了重要影响。

在当今中国，国家在经济、政治、文化、社会、生态文明建设等方面取得了举世瞩目的成绩，新的领导集体面对新形势新任务提出实现“中国梦”共同理想。“中国梦”的提出本质上反映了党和政府对社会主义道路、社会主义制度、社会主义理论所追求的“意义世界”。“中国梦”不是一般意义上的梦想，而是一种特定的、整体性的思想意识和目标指向，是思想意识和目标指向的高度融合统一，是中华民族正在万众一心、努力奋斗的共同理想。首先，“中国梦”进一步呈现了中华民族伟大复兴的宏伟蓝图。习近平总书记在阐述“中国梦”时提出了两个百年的目标。一个是到中国共产党成立100年时全面建成小康社会，另一个是到新中国成立100年时建成富强、民主、文明、和谐的社会主义现代化国家。这两个百年的奋斗目标，勾勒出了中华民族伟大复兴的宏伟蓝图，成为实现“中国梦”的里程碑式的标志。其次，“中国梦”进一步凝聚了中华民族的整体力量。“中国梦”最大限度地兼顾和包容了各族人民的根本利益，让各个阶层、各个领域、各个方面的群众，都能从民族复兴的光明前景中看到自身利益所在，都能从国家富强、民族振兴中实现自身的幸福生活，从而有利于把全国人民更好地凝结成“利益共同体”和“命运共同体”，焕发出实现共同理想、共同目标、共同事业所需的强大凝聚力。再次，“中国梦”进一步激发了中华民族奋斗的勇气和力量。“中国梦”的提出，描绘了民族复兴的光明前景，表达了中华民族万众一心、戮力奋斗的共同理想，并给当代中国社会和中国人民树立了一个既有憧憬又有超越又看得见摸得着的目标，必将激发全党全国人民投身中国特色社会主义伟大事业的壮志豪情，激发人们继续奋斗的勇气和力量。因为民族的梦与个人的梦不仅相关，而且路径相同。唯有艰苦奋斗、脚踏实地、实干兴邦的奋斗精神才能实现。

从当前农村社会发展的具体情况来看，应该强化和营造什么样的理想和信念呢？即使在经济、政治、文化相对发达的西方国家，对社会福利的关注始终是社会公共舆论中最为重要的变量。就连美国的民众也认为“政府的目的之一就是要为他们创造更加富裕的生活，政府是为公众服务的，如果政府不能在经济发展方面有所作为，它就不是一个好政府，总统也不是一位好总统。实用主义哲学决定了美国民众的态度：他们要一个繁荣的社会，而不要一个碌碌无为的政治领袖”①。社会福利对我国而言，具有重要的现实意义。因为不仅与西方国家相比，就是与中国城市相比，农村的经济发展相对滞后，存在着巨大的差距。发展经济，不断增进社会福利，仍然是当前和未来一段时间内农村发展的主要任务之一。从这个角度看，国家的各项方针、政策、制度只有在促进农村经济发展、增进社会福利方面有所作为，才能得到民众的支持和理解。这符合马克思唯物史观的基本观点：经济基础决定上层建筑，上层建筑反作用于经济基础。作为法律制度、上层建筑只有满足经济基础的需要、促进社会经济发展时，才能保证其稳定性和有效实施。当前，国家在“民生”方面的投入越来越多，力度越来越大，百姓对国家政策制度的认同就很高，各地政策制度执行也就较为容易。因此，在党和国家的领导下，在自己不断的努力下，通过新农村建设，不断地实现社会财富的增长，过上美好幸福的生活，应该是当前老百姓的主要目标和追求。

（三）改造非正式制度的基本路径

（1）国家意识形态和社会舆论的合理引导

国家意识形态作为一种主流的意识形态，它提供社会的基本价值观念，以及人们应该遵守的基本伦理、道德和基本的行为规范。国家意识形态的教育和引导是达成社会共识、形成某种共享观念的基本途径，也是履行国家职能的基本途径。作为一个农村人口占多数的农业大国，我国广大农民所具有的价值理念、思想认识和道德素养直接影响和制约着全民族素质的提升，制约着我国社会主义现代化建设的进程，但是在农村，社会主义核心价值体系建设面临着诸多困境和挑战，特别是受到市场化和各种大众文化的冲击，农村出现各种与主流价值不相吻合的思潮和价值观念，加强农村意识形态教育刻不容缓。

当前，推进社会主义核心价值体系建设成为我国当前意识形态建设的主要战略举措。社会主义核心价值体系建设，既包含着对国家发展理念、目标、路径的基本选择，又包含着对全体公民的精神追求、价值取向和行为方式的基本要求。因此，要以社会主义核心价值体系引领农民价值观念的更新、精神面貌的改善和道德境界的提升，以民族精神和时代精神滋养

---

① 谢岳：《公共舆论：美国民主的社会基础》，《江苏社会科学》2011 年第 1 期。

农民的精神世界和个人品格。在广大的农村弘扬社会主义核心价值体系，首先，基层干部要加强学习，不断提升自身的理论素养和道德素养，在践行社会主义核心价值体系方面做出表率，坚决抵制官僚主义、贪污腐化、作风恶劣、吃拿卡要等不良现象的发生，树立党和政府在农民心目中的良好形象。其次，用社会主义核心价值体系引导农民，一定要与农村生产生活紧密联系起来，挖掘各地农村现有的独特的以及富有地域特点的文化资源，通过各种宣传媒介和农民所熟悉、所欢迎的喜闻乐见的形式，诸如通过建设广播站、图书室、宣传栏、文化活动室和文化活动广场等农村文化宣传阵地。最后，用社会主义核心价值体系引领农民，应该充分地吸收我国传统文化的精华，找到结合点。在文化认同的基础上，构建价值观念，同时，要对新时期农民群体的思想认识和价值追求进行调查分析，以便有针对性地开展意识形态的教育和引导。

（2）促进农村非政府公共组织的发展，营造有利于公民意识成长的环境

农民身份、角色和认知的转变，公民意识的形成不仅需要各级政府为之创设有利环境，也需要民间启蒙与生成的沃土。“充满活力的市民社会被看成与价值认同和发展的情感共同体——由人际的忠诚、承诺和团结的紧密的网络连接在一起——是同义的。它意味着成熟的公共意见和丰富的公共生活，市民认同公共制度，关心公共物品，并且尊重法律。”① 当前农村“两新组织”（新经济组织、新社会组织）发展迅速，农村要积极挖掘内部优势资源，培育村庄外部社会资本，充分整合各种社会资源参与社区建设。要充分调动基层党员、农村社会精英等人员参与农村建设的积极性和示范性，激活和培育农村各类社会团体，人力发展维稳、治安防范、农业培训、产业化服务、文化、慈善等群众的“自组织”，如农民科技协会、留守老人儿童帮扶组织、农村法律援助中心、植保协会、红白喜事会、志愿者协会等，以解决村民的生产生活难题。

（3）要引导村民有序的社会参与

认识总是来源于实践的。要让农民形成良好的公民意识，理性的政治

---

① ［波兰］彼得·什托姆普卡：《信任：一种社会学理论》，程胜利译，中华书局2005年版，第9页。

认同以及共享的理想信念、有序的社会参与是必不可少的条件。比如，20世纪的二三十年代，在中国农村就出现了以政府、学者和各种社会团体参加的新村建设运动，它在维护现有社会制度和秩序的前提下，采用比较温和的方式，通过兴办教育、改良农业，提倡合作，办理地方自治和自卫，以及改良民风等措施，来改造农村，实现所谓的“民族再造”或“民族自救”，但是由于缺乏相应的民众基础，出现了所谓的“号称乡村运动而乡村不动”的现象。正如梁漱溟所说的那样：“我们走上了一个站在政府一边来改造农民，而不是站在农民一边来改造政府的道路。”这里，一方面体现了公民行动意识的欠缺，另一方面也反映了新村建设在引导农民参与方面，存在认识上的偏差，结果自然不好。需要说明的是，这里提出的社会参与有着更为宽泛的指向，不仅包括有序的政治参与，还包括积极参与社会公益事业、社会慈善事业、村公共事务，等等。只有通过各种有效的社会参与，某些共识、某些意识才会逐渐形成。比如说，在发生重大自然灾害的时候，村民通过积极参与社会的抢灾、救灾的活动，在这个过程中，村民更加能够意识到自己的责任和主体地位，也更能直观地感受到政府在维护人民生命财产中的地位和作用，更加地理解和支持政府。因此，要积极培养村民良好健全的民主观念，提高村民自身的基本素养，不断增强村民的主体意识，引导广大村民用自己的行动去开创自己的幸福生活，具有非常重要的基础性意义。

四　通过“过渡性制度安排”进一步推动制度创新

前面提出的三种整合路径都是从单向性的角度来探讨和分析正式制度与非正式制度的整合方式。比如通过完善正式制度以便进一步规范非正式制度，改造和培育与正式制度相匹配的非正式制度，吸纳合理的非正式制度等。事实上，正式制度与非正式制度之间的冲突和不协调也是农村社会与国家衔接和互动的一种方式，正如矛盾的“对立统一”“硬币的两面”一样。科塞认为，冲突扮演了一个“激发器”的角色，它激发了新规范、新规则和制度的建立，从而充当了促进敌对双方社会化的代理人。此外，冲突重新肯定了潜伏着的规范，从而强化了对社会生活的参与。[①] 他对冲

① ［美］科塞：《社会冲突的功能》，孙立平译，华夏出版社 1989 年版，第 114 页。

突做了定性的理解："冲突，而不是崩溃或分裂，确实是一种平衡，因而也是维持作为运转中的康采恩——社会的手段。"① 对农村治理而言，正式制度与非正式制度之间一定限度内的冲突和不协调本身就反映了真实的制度演化过程，这一过程不仅促成人们对非正式制度的反思，也给正式制度进一步完善或新制度的诞生创造空间，冲突一方面将矛盾展现出来，另一方面也让各方面看到了现有制度的弊端和改进方向。但这并不意味着我们对二者完全采取消极无为、自由放任的态度，当二者处于严重冲突的前提下，如果对非正式制度进行强制整合与替代，将会导致制度执行成本偏高或无法实现制度目标的情况出现。那么，以国家和政府的名义颁布和实施的正式制度如何才能解决"适应性效率"问题，即怎么实现与社会的高度契合，获得良好的民情支持？可以通过推进"过渡性制度安排"进行积极的尝试和探索。

（一）过渡性制度安排的基本内涵

过渡性制度安排（transitional institution）是一种探索性、实验性、阶段性的制度设计，它是特定时期衔接两种不同制度安排的中介形态，是制度演化和变迁中非常重要的环节。罗兰是国外学者中系统研究过渡性制度安排的学者，他认为过渡性制度安排虽然不具有普适性，但对于诸如越南、中国等发展中国家而言是非常适合的，由于这些国家处于社会转型的典型时期，制度改革的总和具有明显的不确定性，通过过渡性制度安排，按照一定的程序和步骤进行分类改革和渐进性改革，能够形成改革的确定性信息和认知。美国学者林德布罗姆也认为，由于受到环境变化的不确定性和人类理性的有限性制约，政府进行公共政策的制定所采取的方式也是一个"断续渐进主义行动策略"（the strategy of disjointed incrementalism）。他认为过渡性制度安排是资本主义市场体系下制度的各种变形，它可能是通向市场制度的必要步骤，它在让市场发展的同时，维持现存的既得利益，避免了混乱。他还具体分析了何种可能条件下渐进主义会优于大爆炸策略，在什么条件下需要渐进转型，以及两种不同的转型策略带来的经济绩效。由于他的研究方法比较规范，引起了国内外学术界对过渡性制度安排研究的重视。

---

① ［美］科塞：《社会冲突的功能》，孙立平译，华夏出版社 1989 年版，第 123 页。

盛洪是最早对过渡性制度安排展开研究的中国学者，他在《外汇额度交易：一个计划权利交易的案例》一文中率先提出并使用了这一概念。曹远征在评论中指出盛洪所提出的“过渡性的制度安排”是研究中国体制渐进变迁的核心。因为体制的转型或过渡不只是一个时间过程，还是制度形式的变化过程。他还进一步详细总结了盛洪所提出的过渡性制度安排的特点，认为它具有兼容性，它不是一种稳定形式，它有创新能力和演进等性质；过渡性制度安排在渐进转型过程中的作用是，有效地降低了制度变迁、特别是其发端时的社会成本，为制度变迁提供了一个学习过程。[①]真正对过渡性制度安排展开系统研究的是周冰及其学术团队，基本代表了当前对过渡性制度安排研究的学术水平。周冰认为，过渡性制度安排是与正式制度相对应的一类特殊的制度安排。它是体制结构中的一种或一些非均衡的制度安排，或者是在体制结构中各个制度安排之间出现的不协调状态。从改革决策者或者说制度供给者的角度来看，它是试验性、尝试性、暂时性的制度安排；并在实证研究的基础上，根据主观预测和事后结果的确定性程度把过渡性制度安排分为四种主要类型，即作为对改革目标搜寻机制的搜寻型过渡性制度安排；由于未能预见到后来的发展而作为改革目标推出但后来却演化成为过渡性制度安排的目标型过渡性制度安排；作为一项大的改革措施化整为零分步骤推出的阶段型过渡性制度安排；为了缓和改革中的矛盾，采取以退为进的迂回策略而实行的策略型过渡性制度安排等。[②]

过渡性制度安排既不是临时性制度安排也不是常规性制度安排。临时性制度安排是在特殊形势和非正常状态下，针对特定的事件、群体和行为关系而采取的非常态化制度安排。常规性制度安排是在社会发展变化过程中逐渐被人们认可、选择并逐渐固化下来、稳定运行的制度形态。动态地看，过渡性制度安排的潜在基础是一定时期的常规性制度，它的制度目标是通过创新性实践和探索，最终演化为常规性或基础性制度安排，是制度创新的必经环节。当前，过渡性制度安排的研究仍然没有形成严谨而规范的分析概念和理论体系，需要对它进行深入的分析和研究。

---

① 周冰、钟玉文：《过渡性制度安排理论研究综述》，《经济学动态》2011 年第 6 期。

② 同上。

（二）过渡性制度安排产生的原因

为什么会产生过渡性制度安排？它究竟是制度变迁中不得已而为之的结果，还是制度创新的必经环节，这是探讨过渡性制度安排不能回避的现实问题。从制度演化的本质来看，最高决策者的有限理性、制度调整过程中利益结构的不平衡以及大众主体社会认知和信息获取的欠缺等因素成为过渡性制度产生的主要原因。

1. 最高决策者的有限理性

作为最高决策者的国家和政府总是在制度变迁中扮演着重要的角色，一项新制度的颁布、旧制度的废弃，最终明确地表达和公布都是以国家和政府的名义进行的。受到有限理性和环境复杂性的影响，推动制度变迁的决策主体，不可能完全预知未来发展中碰到的一切问题，主要表现在以下两个方面：一方面，制度变革具有总合的不确定性，制度目标能否实现，制度变革会带来什么样的社会结果，都是很难准确估算的。某项制度变革可能会引起其他制度的变化，会导致一系列意想不到的连锁反应，作为阶段性推出的新制度可能与原有制度结构不相协调等。另一方面，最高决策者不一定熟悉民情和社会大众的利益诉求。全知全能的决策者是不存在的，不同国家、不同民族、不同的区域的人们具有不同的文化传统、心理认同、民风民俗、行为习惯及不同的利益诉求。渴望通过整齐划一的制度设计或制度移植来推动制度变革不一定能给社会带来秩序和发展，反而会出现无序和失控。事实证明拉美国家移植了美国先进的法律制度，结果并不理想。出于理性的考量和风险控制的需要，也为了获取有效的制度知识，只能采取过渡性制度安排。

2. 制度调整中利益结构的不平衡

制度变革必然涉及权利结构的不断调整和变化，导致利益结构的深刻变动。利益结构的不平衡是影响制度变迁的重要因素，一般意义上看，制度变革引起的利益变化主要有三种情形：新制度导致原有制度体系下利益受益者利益受损或触动过大，这些群体反对和抵制新制度，在这种情形下，如果最高决策者仍然强制推行制度变革，将产生较大的社会风险。第二种情形，尽管新制度能带来利益增加，但需要公众在短期内支付较高的制度成本，导致公众选择维持原有制度，决策者推动制度变革仍然具有一定的社会风险；新制度带来的预期收益不明确，出于对自身利益的理性考量，公众不愿意放弃原有利益，对制度变革持观望和犹豫的态度。在这种情形下，推动制度变革，制度绩效大打折扣，甚至“有和没有差不多”。综合以上因素，出于有效的风险控制和弥补制度知识的不足，最高决策者只能选择以“过渡性制度安排”的形式，为不同的社会主体提供足够的利益博弈空间，使利益实现相对均衡化，从而产生稳定的、为不同社会主体认可的基础性制度安排。

3. 大众主体社会认知和信息获取的欠缺

一项新制度要逐渐发展为社会稳定的基础性制度，除了受制度设计本身的科学性、公平性、可操作性等因素的制约外，必须处理好制度与社会文化、社会认识以及社会信息之间的沟通和衔接问题。如果制度创新与社会文化、社会认识体系不相契合，制度就会游离于社会结构之外，形成“两张皮”。表面上看制度创新是一个为经济、政治、文化、社会发展提供稳定的秩序和规则的过程，深层次看更是一个观念、思想、认知的变迁、创新过程。但问题在于正式制度的变更可以在相对较短的时间内，甚至一夜之间发生，文化的嬗变、思想和认知的提升却需要一个漫长的演进过程。因此，通过过渡性制度安排，让大众获取相应的制度认识及信息，并内化为支持制度变革的信念认知体系和行为体系成为过渡性制度产生的重要原因。前面已对提升大众认知水平、增进大众知识积累的方式和路径进行了系统的分析和论证，此处不再赘述。

（三）“过渡性制度安排”的基本功能

1. 过渡性制度安排有利于缓和正式制度与非正式制度之间的矛盾。如果正式制度的实施受到非正式制度严重抵制或与非正式制度发生矛盾，过渡性制度安排可以作为在各方都不满意的情况下的一种“妥协”性策略，既保障正式制度在一定程度上的执行和价值导向的实现，同时也给予非正式制度一定的接纳和容忍，缓和二者之间的矛盾。比如，农村的丧葬制度就是典型例证，虽然国家大力推进农村丧葬制度改革，提倡推行火葬，但由于受到几千年流传下来的丧葬观念、丧葬习俗的影响，火葬制度在一些地方受到了严重抵制，导致很多地方即使强制推行，违规土葬还是大量存在，制度实施效果不明显，甚至有些地方还产生了许多的社会矛盾（如河南的“平坟运动”）。因此，国家在提倡火葬的同时，也不搞“一刀切”，在经济文化相对落后的农村，尤其在那些保留着传统丧葬习俗的少数民族地区，并没有强行废除土葬，给非正式制度一定限度和范围内的存在空间。

2. 有利于进一步明确制度变迁的方向。过渡性制度安排，尽管不是一种稳定的、能够持续提供某种激励和行为预期的制度设计，它往往是一种实验性、尝试性、暂时性的制度设计，但是从制度过程来看，却是非常重要的。它为制度变迁提供了一个试错、学习的过程，为未来明晰的制度变迁打下了坚实的基础。通过过渡性制度安排，可以实现三个重要目标：第一，发现制度改革的目标，由于人类的有限理性和信息的不完全，制度设计的初始目标并不是理性的。制度执行往往会出现制度实施效果与制度目标相差甚远、甚至截然相反的现象，通过过渡性制度安排，在兼顾新旧制度特质的前提下，能够合理搜寻制度目标。正如哈耶克所言："当社会出现新的问题的时候，我们无从预测谁将在第一次调试中获得成功。知识、技巧、个人态度、环境、传播、时间等等各种因素在那个时候产生的特定的组合，如果能给某人提供恰当的解答，他就获得了成功。这个过程是极其复杂的，事先几乎无法预测。只有当各种组合付诸实施以后，人们才能看出哪个组合比较恰当一些，进而被人们普遍接受。这个进步的过程决不是有意识地创造出来的，而是无意间摸索出来的。"[①] 第二，能够为整体性制度变迁提供化整为零、分步推进的策略和方案。即把过渡性制度安排定位为实现宏观制度安排的具体探索程序和行动策略。第三，从公众的角度看，它留给了公众对制度进行选择和甄别的空间，增强公众对制度的认知和识别水平。

3. 过渡性制度设计有利于降低制度执行成本。任何制度变迁都是有成本的，一般而言，制度变迁成本的高低主要取决于以下几个因素：第一，人们对新制度的认知和了解程度。一项制度尽管设计得非常完美，但是由于人们知识上的欠缺和信息上的不完全，对制度不了解、不熟悉，导致制度变迁困难。第二，社会中正式制度和非正式制度的融合性。如果正式制度与非正式制度不能有效地融合，而是彼此对立，必然大大增强制度的执行成本。第三，制度变迁方式的合理性。内生于社会自然诱致性制度变迁支付的成本要明显小于强制性制度变迁。作为探索性、暂时性、阶段

---

① 张留成：《论我国民间金融的诱致性制度变迁》，《商业时代》2011年第30期。

性的“过渡性制度”安排，实施过程中既兼顾了正式制度的价值导向，也充分考虑到非正式制度的接受度，同时提高了人们的认知和判断水平，能有效地降低制度变迁成本。

（四）过渡性制度安排的实施策略

过渡性制度的产生有其客观必然性，并在引导合理的制度变迁过程中发挥重要作用，因而结合农村社会的具体情况和发展要求探索科学合理的过渡性制度安排就具有非常重要的价值和意义。

1. 允许新旧制度在一定时间、空间内的共存，以便诱导基础性制度创新。某项制度的实施和推行，会形成相应的利益结构，或产生某种固化的心理认同和认识结构，即使这种制度安排已经表现出严重的滞后性，急需推进制度创新或被新制度所取代，作为制度供给主体也有了明确的制度创新目的和动机，制度创新仍然会面临来自人民大众的严重阻力。为了减少制度创新可能带来的阻力，有效控制很难清楚预测的变革风险，最高的政治决策者可以采取某种“妥协”或“先易后难”的策略，允许新旧制度在一定时间、空间内的共存，然后慢慢替代旧制度的方式推进过渡性制度安排，可称为“策略型”过渡性制度安排。这种策略既兼顾了旧制度所新型塑的利益格局和认知图景，同时也反映了新制度的优越性，通过新旧制度实施对比促使社会公众产生自觉性的实践认知，逐渐抛弃旧制度而选择新制度，制度创新逐渐转化为社会稳定的基础性制度。比如，农村在推行的“农转城”政策的过程中由于农民群体的不理解、不支持，受“安土重迁”和“土地依赖”等传统观念的影响严重，许多农民担心自己转为城镇户口以后，自己在城市的生活没有保障，担心自己在原有农村户口之下获得的利益受损，如失去土地的承包权和经营权、宅基地及农房的使用权、林地承包权和林木所有权等，所以“农转城”政策出台以后，虽然城市化水平有了明显的提高，农村工业化也实现一定程度的发展，但总体上农民的积极性并不高，城市化发展还是远远落后于工业化发展，城乡结构依然不合理。

为了转变发展方式，破解“三农难题”，推进城镇化、工业化进程，云南就创造性地推进“农转城”政策调整。云南省于2011年10月出台了《云南省人民政府关于加大城乡统筹力度促进农业转移人口转变为城镇居民的意见》，这个政策就具有典型的“过渡性”“兼容性”的特点。

政策规定：办理“农转城”的居民“兼有两个身份、享有五项保留、提供五项保障”。“兼有两个身份”，就是在一段时间内给予进城落户农民“城乡兼有”的特殊身份待遇，盖上“城乡两床被子”，让农民既能享受农村惠民政策，又能平等共享城市的公共服务；“享有五项保留”，就是继续保留转户进城农民的农村土地承包经营权、宅基地及农房的使用权、林地承包权和林木所有权、原户籍地计划生育政策、参与原农村集体经济组织资产分红权等五项权益。“提供五项保障”，进入城镇住房、养老、医疗、就业、教育等五大保障体系。结合云南的实际，在政策上更多地鼓励农业转移人口在中小城市落户，以避免大城市的人口压力和各类城市病。有序地推进“农转城”，在转户居民中逐渐落实市民待遇，尽量减少经济社会发展中的失衡现象，同时“农转城”的实施，有利于扩大农村耕地面积，提高农业现代化的水平，并促进农民收入的增加及人与自然关系的和谐。

政策实施以来“农转城”人数快速增长，到 2012 年 8 月已达 183 万人次，是上一年农转城人数的 19.3 倍，是前四年累计转户 51.7 万人的 3.5 倍。并且“农转城”的实施倒逼城市盘活资源，提升公共服务的水平。据不完全统计，在全省转户农民中有 14.8 万人参加了城镇养老保险、34 万人次参加了医疗保险，为转户农民提供就业岗位 10.7 万余个、新增就业 4.4 万人，提供技能培训 12.4 万人，建设保障性住房 157 万平方米，制度绩效已初见成效。

2. 通过“外部引入—试点探索—总结推广”的方式，推进过渡性制度安排。当某项制度安排已经不适应农村经济社会发展要求，或某些消极的非正式制度急需进一步改造和替代，这时便产生了推进制度变革、创新的内在要求。通常意义上，作为制度供给主体的最高决策者对制度变革的目标应该是清楚的，但由于受到主客观条件及社会发展的复杂多变等因素的影响，造成了具体制度、制度的直接目标、制度实施的实际后果等都具有较大的不确定性。基于此，只有通过进一步明晰制度变革的目标，形成稳定的操作路线，检验制度实施绩效。我们可以把这种制度创新路径称为“外生型”或“外引型”过渡性制度安排。方式一：从具有成功经验的发达国家学习借鉴或引进移植。对于广大的发展中国家或广大欠发达地区而言，这是比较常见和普遍的制度变革方式。例如，我国在推进新农村建设的过程中，就如何结合各村的具体情况、资源优势、区位特点，形成独具特色的产业结构，就积极吸收和借鉴的日本和韩国的新村建设的基本经验和做法，特别是日本“一村一品”的新村建设模式，对我国新农村建设有着积极的启示和借鉴意义。方式二：依据理性制度设计进行试点推广。这种方式不是从外国引进和借鉴，而是由决策者依据变革目标，进行理性建构和论证，制度变革先在一个小区域内试行，相对成熟后，依靠示范效应或诱导性的推广机制扩大到更为广阔的区域。比如，十八届三中全会后，我国明确提出要加快农村土地制度改革，提出“要让农村集体经营性建设用地与国有土地同等入市、同权同价”，其主要目的就是要进一步明晰所有权、放活经营权、落实处置权、保障收益权，促进农村土地权属明晰化、配置机制市场化、产权要素资本化、让农村集体经济组织和农民更加有保障的所有权和用益物权，加快农村经济发展。但是我国农村土地制度和农村经营体制的形成不同于其他国家，有其自身的特殊性，制度变革没有可供借鉴的成果经验，改革能否达到预期效果，能否巩固以家庭承包经营为基础、统分结合的双层经营体制都是不明确的，只有通过过渡性制度安排进行试点和探索，才能进一步明晰化。因此，尽管公众和地方政府对改革充满期待，国家在推进这一制度改革的态度和方式上却是非常谨慎和理性的，目前还处在顶层设计的论证和研究之中。

3. 通过“内部总结—试点探索—总结推广”的方式推进过渡性制度安排。这种过渡性制度安排既不是来自制度供给主体自上而下的理性建构，也不是从其他国家借鉴和移植，而是从农村社会和民间组织的实际做法和成功实践中进行总结和搜索。即“从本国本地的民间和基层单位发现总结出有效的成功经验加以推广，从而使某一地方或单位的特殊做法成为一种普遍的规定；或者使已经存在着的某种非正式制度上升成为官方认可的正式制度”①。我们可以把这种方式称为“内生型”过渡性制度安排。这种方式往往促使制度创新能够获得较好的民意认同和良好的社会基础。事实上，纵观我国农村社会发展的历史进程，许多成功的制度创新都是通过这样的方式和途径实现的。我国家庭联产承包责任制最早也是农民群体的发明和创造，经由试点，并逐渐发展推广到全国各地的。近几年才逐渐

① 周冰、黄卫华、商晨：《论过渡性制度安排》，《南开经济研究》2008 年第 2 期。

形成和推广的“村三委”制度也是遵从这样的逻辑展开的，“村三委”正是基于农村经济社会发展内在需要而逐渐产生和发展起来的。在城镇化、市场化发展带动之下，与传统相比，农村的资源流量和利益积聚迅速增加，急需对村级公共资源、集体资产、村财务收支情况以及村干部的行为进行有效监督，但在传统“村两委”约束之下，村民监督很难实现，特别是村主任、村支书“一肩挑”的村很容易出现一人独揽大权、以权谋私的现象，严重侵害村民的利益。正是基于这样的现实矛盾，一些地方的村民提出要组建一个主要由村民构成的“村民监督委员会”或“村三委”来独立行使监督权。经过一段时间的探索和实施后，在解决村级组织监督问题方面的确发挥了非常有效的作用，因而被很多农村广泛采用。尽管这一制度创新目前还没有在宪法中予以明确，仍然处在试点和经验总结阶段，但在这一过程中，制度目前越来越清晰，制度的绩效得到了初步验证，离真正的制度创新也就不远了。

五　合理选择制度变迁方式

对正式制度体系完善的关注，通过制度吸纳把具有“正功能”的非正式制度正式制度化，同时通过改造非正式制度、构建过渡性制度体系等策略与路径都是探讨正式制度与非正式制度相互整合的微观策略，这些微观策略共同指向了一个终极性的目的：实现制度的理性变迁，为农村有效治理搭建良好的制度平台；换句话说，只有选择了正确的制度变迁方式，才能保证正式制度与非正式制度有效整合的顺利实现。

（一）制度变迁的一般理论

制度变迁理论“试图为建立一个专门的、相关的和逻辑的关于这些制度的产生、成长、成熟、衰亡的理论框架提供基础”①。制度变迁指新制度（或新的制度结构）的产生，并否定（代替）、扬弃或改变旧制度（或旧的制度机构）的过程。从不同的角度可以对制度变迁进行不同的区分。依据新制度主义对制度的理解，制度包含正式制度和非正式制度，正式制度与人类理性相对应，非正式制度是社会自发演化的结果。据此，制

---

① ［美］R. 科斯、A. 阿尔钦、D. 诺思等：《财产权利与制度变迁》，刘守英等译，上海三联书店、上海人民出版社 1994 年版，第 268 页。

度变迁可分为：取决于群体决策的理性设计型制度变迁和基于个体分散决策的自发演化型制度变迁两种。根据制度变迁的主体和机制的不同，可以将其区分为诱致性制度变迁和强制性制度变迁两种模式。前者是一群人在响应由制度不均衡引致的获利机会时所进行的自发性变迁，后者是指由政府命令和法律引入和实现的，由统治者主体设计并以国家强制力保证其贯彻实施的制度变迁。“诱致性制度变迁指的是现行制度安排的变更或替代，或者是新制度安排的创造，它由个人或一群（个）人，在响应获利机会时自发倡导、组织和实行。”[①] 这种制度变迁的主体来自基层，程序为自下而上，顺序为先易后难，先试点后推广、先经济体制改革后政治体制改革及先外围后向核心突破相结合。诱致性制度变迁具有营利性、自发性和渐进性的特点，其中，渐进性在很大程度上是由非正式制度内在的传统性和沉淀性决定的。在诱致性制度变迁中，正式制度的形成从谈判到达成一致意见已经是一个长期的艰难的过程，并且在这一过程中必然受到非正式制度，如意识形态差异的影响。即使在正式制度形成以后，正式制度的执行和推广也可能受到意识形态差异的干扰，甚至发生冲突。因为非正式制度的变化非常缓慢，无法在短期内调整。这会使正式制度或者流于形式，或者在执行中变形，甚至根本无法实施，形同虚设。[②] 其优点是：具有自动的稳定功能，避免政治变迁过程中的重大政治动荡，随时可以修补制度变迁中的问题，降低决策失误率。其缺点是核心制度难以突破，改革的时间长，极其容易导致“双轨制”的存在，给政府官员创造“寻租”空间。与此相反，强制性制度变迁是由政府命令和法律引入和实行。它以政府为制度变迁的主体，程序是自上而下的激进性质的变革，能够在较短的时间内完成新旧体制的更替，能够克服变革过程中的“搭便车”现象。但是，由于其变革的力度很大，容易引起社会动荡。关键是如何把这两种制度变迁方式协调起来。

---

① ［美］R. 科斯、A. 阿尔钦、D. 诺思等：《财产权利与制度变迁》，上海三联书店、上海人民出版社 1994 年版，第 384 页。

② 林毅夫：《关于制度变迁的经济学理论：诱致性制度变迁与强制性制度变迁》，载科斯等《财产权利与制度变迁》，刘守英等译，上海三联书店、上海人民出版社 1994 年版，第 382—398 页。

（二）我国农村制度变迁的阶段性特征及其困境

1. 制度变迁的基本历程

新中国成立以来，中国农村社会的建设与改革已经走过了60多年的历程，这60多年不仅仅是农村经济、社会、文化全面转型的过程，更是一个面向国家现代化发展而努力推进农村制度建设与变迁的过程。但就整体而言，对我国农村制度变迁的历史及其过程进行梳理，准确把握农村制度变迁的特点及其存在的问题，在此基础上提出推动农村制度变迁的路径具有重要的理论及现实意义。就全国而言，60多年来，我国农村制度变迁经历了四次大的调整和变化。

第一个阶段以“土地改革”“三大改造”为核心的基层政权建设与改革。这一阶段的主要目标是巩固农村的新生政权，并赋予农民更多的权利。这一阶段是农村建设的起点阶段，通过农村土地改革，农民获得了土地，亿万农民的积极性和创造性被空前激发。1954年9月，新中国的第一步宪法的颁布和实施，取消了过去的“区村制”和“区乡制”，规定实行乡镇人民代表大会制度，乡镇成为农村以及基层政权。1956年“三大改造”完成，标志着社会主义稳定的制度形态的确立，这些改革为我国农村经济社会的发展奠定了重要的政治和制度基础。

第二个阶段是在合作化的基础上将乡村体制改革为政社合一的人民公社制。这一阶段主要目标是解决土地改革以后出现的新问题，同时为国家工业化发展聚集资源，迅速实现向共产主义过渡。土地改革完成后农民尽管获得了土地，农业生产有所恢复和发展，但是很快又陷入另一种历史轮回，“即农户间又产生了两极分化”，一部分能力强、经济上升较快的农户很快又开始了买地、雇工扩大经营；另一部分由于种种原因变得生活困难的农户则开始卖地、借债和受雇于他人，农村中的贫富分化正在悄悄扩开。为了解决这样的现实问题，同时也为了支持工业化的快速发展，在合作化运动的基础上，1958年中共中央《关于在农村建立人民公社问题的决议》提出，标志着人民公社制在农村的确立，“一大”“二公”和高度集权的政社合一是人民公社制的典型特征，党和国家实现了对农村社会的全面控制。

第三个阶段是以家庭联产承包责任制的确立为核心的农村制度变革。这个阶段的制度变迁动力主要来自于农民的“生存理性”。人民公社制实现对农村社会的全面控制，但解决不了这两个重要矛盾：一是劳动者付出的劳动数量和劳动质量高低的平衡问题；二是劳动者的激励和动力问题。

第四个阶段是从农村税费改革以来，一直持续到现在的农村综合的改革。其总体目标是解决改革开放以来农民负担过重、城乡发展差距拉大的问题，从而实现以工支农、以城带乡的乡村管理体制。

2. 农村制度变迁的典型特征

通过对农村制度变迁历程的梳理，我们发现，中国农村制度变迁的典型特征是政府主导，政府不仅设置制度变迁的基本方向，并提供具体的制度规则，而且还在一定程度上限制微观个体和组织的制度创新行为。

（1）政府设置制度变迁的基本方向和原则

我国农村制度变迁，无论是计划经济体制下的制度供给，还是市场化改革的推进，宏观来看都是“政府主导”下的制度变迁。政府凭借自己的合法性权威和对社会资源的控制成为制度变迁的推动者和掌控者。同时，任何制度变迁都是在坚持“一个中心，两个基本点”的前提下展开的。维护自身的合法性权威，使自己在社会发展中获得较大的社会支持仍然是政府推动制度变迁时考虑的重要目标。这可以解释为什么在改革的过程中，中国偏好于采取“试错式”的渐进改革方式，其目的就是要使制度变迁的方向、速度、形式、广度和深度控制在预期有利于巩固和增强共产党政治权威的限度之内。①

（2）政府是法律制度具体规则的主要供给者

按照新制度主义对制度变迁的理解，制度变迁所追求的目标都是通过制度的创新和调整实现在现有利益约束下实现不了的利益。因此制度变迁最早已由能够预见潜在收益的初级行动团体（个人、企业家）推动的，在此基础上，基于共同的利益诉求，出现次级行动团体，最终影响政府决策，固化制度规则。换句话说，政府更多的是在顺应诱导性制度变迁而推动制度变革的，但我国农村制度变迁的逻辑却带有明显的政府主导性。政府根据既定目标和约束条件，规划体制改革，包括确定改革的方向、原则、形式、步骤和突破口等；根据改革的总体方案，调整所有权关系，开放市场，调整产业政策，制定新的规则或条件，建立一套新的行为约束机

① 陈天祥：《论中国制度变迁的方式》，《中山大学学报》（社会科学版）2001 年第 3 期。

制；建立惩罚条令和程序，约束社会的各行为主体在政府设定的制度规则范围内活动，否则，要受到一定的违规处罚；统一思想观念，即建立一套可为大多数人接受的意识形态，以减少新规则实施中可能出现的阻力，降低交易费用。

（3）微观主体的制度创新活动受到政府的严格控制

政府通过法律、法规和行政命令等手段，限制微观主体的制度进入权，如限制市场准入权和政治体系进入权等，使制度创新活动控制在政府所允许的范围内，避免偏离政府设定的制度变迁轨迹的情况出现。比如，在20世纪五六十年代，由于“合作化运动”“人民公社制”带来的弊端，很多地方都出现了“包产到户”的农村经营形式，但都在极“左”的思想路线影响下和政府的严厉反对下“流产”了，从而使这一制度的确立和推广延迟了很长时间，即使制度建设发展到了今天，我们仍然可以感受到，民间社会在制度变迁中的作用仍然是相当有限的。

3. 我国农村制度变迁的困境

虽然政府主导制度变迁在促进农村社会发展过程中起到了巨大的推动作用，特别是像我国这样处于社会转型期、面临现代化发展压力的国家而言，政府主导制度变迁能够在较短的时间内给社会提供必要的制度支撑，而且保证制度的相对稳定和有序化，节约制度变迁成本，但同时我们也要看到它的负面结果。

（1）政府主导性制度变迁很难适用于所有农村的实际。大家知道，我国农村发展不平衡，不同农村在社会结构、文化传统、区位特点、资源条件等方面存在着巨大差异，整齐划一的制度安排，可能跟地方的实际不符而导致制度的低效率，因此现实生活里出现了大量空有其表的所谓“空制度”。比如，关于农村房屋拆迁补偿款的标准问题，不同区域，农民建造房屋的成本是不一样的，统一化的农村补偿标准肯定是不公平、不合理的。

（2）政府主导制度变迁容易导致“诺思悖论”。所谓“诺思悖论”即“国家的存在对于经济增长来说是必不可少的；但国家又是人为的经济衰退的根源”，说明的是国家权力在垄断租金最大化的驱使下导致国家陷入低效率状态的可能性。[①] 比如，我国人民公社制的确立，就是典型的个案。政府尽管实现了对农村社会的绝对控制，社会变得整齐划一，但同时塑造了一个没有效率、没有活力的基层组织，人民为这个制度付出了巨大的代价。自实行高级社的统一分配制度以来，农村人口平均从集体经济组织分配的年收入，从 1957 年的 40.5 元，提高到了 1987 年的 73.8 元，21 年间，来自集体的人均分配收入中，现金收入只从 1957 年的 14.2 元增加到 1978 年的 18.97 元，21 年间只增加 4.77 元，平均每年增加 0.23 元。到 1977 年，年人均分配收入水平在 50 元以下的生产队，有 180 万个，占全国生产队总数的 39.0%。[②]

（3）政府主导性制度的变迁容易导致路径依赖。所谓制度变迁的"路径依赖"指制度变迁过程中对过去制度形式及变迁历史的高度依赖。形成较强的路径依赖以后，往往使制度创新很难发生，突破性的制度改革难以形成。制度总是在进行简单的修修补补。路径依赖有两种方向：一种情况是某种初始制度选定以后，其报酬递增促进经济的发展，其他相关制度安排向同样方向配合，导致有利于经济增长的进一步的制度变迁。这是一种良性的制度依赖。另一种极端情况是某种制度演变的轨迹形成以后，初始制度的报酬递增消退，开始阻碍生产活动，那些与这种制度共荣的组织为了自己的既得利益而尽力维护它。此时这个社会进入了无效制度，进入了"锁定"状态，政府主导型制度变迁主要从外在制度或正式约束方面作以调整，而相对固着的内在制度或非正式约束对这种调整作用不大，这就是一些中国学者所认为的制度存在着不一致和制度冲突。外在制度的推行需要借助内在制度构建的社会制度和文化氛围，外在制度的可执行能力要取决于其对内在制度的兼容性。中国的内在制度特征显然有别于"制度溢出"的先发国。而当政府将引入的被认为是规范的市场制度在国内推行时，如若遇到来自非兼容的内在制度的抵触，政府要么借助暴力特征的国家机器，要么采用渐进式的逻辑在长期中通过"教化"来修正内在制度，而内在制度的修正又是漫长且无法确知其方向的社会自发性过

---

① ［美］道格拉斯·C. 诺思：《经济史上的结构和变革》，厉以平译，商务印书馆 1992 年版，第 21 页。

② 陈锡文、赵阳、陈剑波：《中国农村制度变迁 60 年》，人民出版社 2009 年版，第 19 页。

程。所以，强制性的政府制度推进必然遭遇其无法逾越的制度障碍。

（三）新时期农村制度变迁的路径选择

1. 实现强制性制度变迁和诱制性制度变迁的有机结合

之所以采取诱致性和强制性相结合的制度变迁方式，是为了实现国家和社会在推动制度变迁过程中的良性互动。从目前农村的实际看，出于自身社会需求而完全由农村社会自觉推动社会变迁是不现实的。原因在于：第一，主体认知观念的欠缺。农村整个社会的教育发展水平较为落后，“市场”“法制”“竞争”“权利”等诸多在制度变迁中至关重要的思想认识不足，导致通过制度变迁获得利益的能力较弱。第二，农村的组织化程度偏低，制度变迁仅仅依靠个体的力量是单薄的，不具备平等谈判、讨价还价、说服动员的基本能力。第三，客观社会环境推动制度变迁的动力不足。当前的农村技术和要素市场发展很不成熟导致通过外部力量诱致制度变迁的力量弱。但同时，完全由政府推动制度变迁也是不合理的，前面我们已经分析过它所导致的弊端，因此政府需要有计划、有步骤地通过一些强制性的手段，如强制性的观念灌输、政策法规出台、适当的企业扶持、合理的宏观调控等途径，有目的地将一些本地社会中诱致因素较少，却有利于本地方长远发展的制度在本地强制推行，并以政府持续的政策活动，使相关制度与本地社会文化相融合，是当前农村制度变迁选择的必然趋势。必须要给“村改居”社区一定试错、修正的空间，通过充分的诱导性制度变迁过程，形成明确的、稳定的制度需求和内部规则后，再经由政府研究分析后，才从制度上予以确认和规范。通过这个过程，一方面，可以有效地避免因为强制性制度变迁带来的冲突和不适，降低制度构建的成本，化解和缓和社会矛盾。另一方面，也给传统的非正式制度的转型和嬗变留有一定的时空条件，使人们的价值观、伦理、风俗习惯的转变达到水到渠成、瓜熟蒂落的自然效果。

2. 推动多元主体参与制度变迁

陆学艺通过对我国工会制度的研究发现：当你把这些制度设计与其他国家对比时，可以发现这些设计在世界范围内都是最为全面系统、最为完善完美的。它吸收了各国好的东西，也继承了中国的传统。然而另一方面，它在实际中的建设，只停留在蓝图上；已有建设多偏重于表面形成，缺乏实质性内容；所产生的效果可以用“有比没有好，有与没有相差不大”来形容。[①] 为什么会出现这种情况，一个重要的原因在于设计图纸中并未包括社会中的行动者。即由劳动者实施社会行动，进行社会建设。从发达国家的经验看，政府从来都不是制度变迁的唯一主体，除了政府外，农村社会中的各种社会组织、乡村精英、农民群体均应成为制度变迁的推动力量。改革开放前后，也是农民群体率先突破了高度集中的农村管理体制，成为社会制度和社会体制的积极变革者和创新者。国家应该为各种社会主体参与制度变迁提供更多的政策和政治空间，激活各社会主体参与社会建设，推动社会变革的动力和意识，形成国家和社会的良性互动。首先，激活农村各社会主体的参政议政动机。动机是行为的先导，不同的社会主体参政议政的目的和动机是不一样的，农村社会精英可能更多地考虑社会价值，获得社会尊重和社会认可。农民可能是比较现实的群体，更多地考虑现实物质利益。因此，必须从不断满足和实现不同群体的利益需求的视角去诱使不同主体的创新行为。比如，在新农村建设过程中，有些地方为了解决建设中的两大难题：筹集资金和危房改造，自发组织“新农村建设理事会”，理事会成员由村里有较强权威的老年人组成，在村两委协同和支持下开展新农村建设，收到了良好的效果。其次，必须畅通民主渠道。作为基层组织，村委员会必须认真落实国家赋予村民的各项民主权利，让农民通过选举和参政议政的方式去表达和实现自己的利益诉求。村级组织要做到重大事项、重大决策集体讨论，同时，对农民政治参与的内容、方式、途径等做出明确的规定和说明，改变法律制度流于形式、缺乏可操作性的现状。最后，要切实加强农村法制教育，切实提升农民参政议政的能力。增强农民法律意识，是提升农民素质的重要组成部分，地方政府必须充分整合各种法律资源，把普法教育融入农民的日常生活中，融入农村行政执法中，融入各种信访案件和群体性事件中，并强化普法综合平台建设，真正做实普法工作，切实提升农民法律素养。

3. 营造良好的制度变迁环境

制度变迁特别是诱制性制度变迁能否成功实现，与制度变迁的环境密切相关，成功的制度变迁只能在环境具备的条件下产生。良好的制度环境为变迁主体的创新行为提供了较大的行动空间，能为变迁主体提供稳定的

---

① 陆学艺：《当代中国社会结构》，社会科学文献出版社 2010 年版，第 168 页。

变迁机制，能给予变迁主体更大的激励和保护。当前应从以下三个方面营造农村诱制性制度变迁发生的制度环境：第一，从宏观的制度环境考虑，应赋予地方政府和基层组织一定的政策空间。不同地方在文化传统、经济发展、产业结构、社会分化等方面存在差异。因此，国家应该适当“放权”，留给地方政府一定的政策调解空间，甚至给予地方政府一定的政策决定权。鼓励地方政府和基层组织在不违背国家宪法和最基本的法律制度条件下，合理调整政策，制定符合地方实际、具有较强操作性的地方性政策。如果“书上没有的，文件上没有的，领导人没有讲过的，就不敢多说一句话”①，怎么可能产生符合地方实际的制度创新呢？给予地方政府和基层组织一定的政策空间也是符合世界经验的，我们知道，即使在法制建设相对成熟和发达的美国，各州的具体法律制度也是有较大差异的。因此，政策的制定不能追求简单化，不能只有一种模式，要尊重群众的意愿，尊重县情、乡情、村情，真正做到“因地制宜”“因人而异”，不搞“一刀切”，这样才能最大限度地激发地方政府和基层组织的制度创新能力。其次，从中观层面，要努力推动村级组织职能转型。当前“村两委”组织机构和功能发挥还受“压力型”体制的影响，更多地在履行基层政权组织的管理和控制职能。在服务村民。服务社会方面职能弱化，定位不清，怎么转变为一个真正代表民意。服务村民的自治性组织，的确需要认真思考。2007 年国家民政部门启动“农村社区建设实验”和 2009 年民政部门开展“农村社区建设全覆盖”作为标志，国家开始探索农村社区化建设与发展的孵化和培育，逐渐引导基层组织职能转型，这也许就是一个很好的思路和尝试。最后，从提升微观主体能力的角度出发，要不断提升农村教育水平和加快农村信息化建设。农村在制度变迁中之所以遭遇种种阻力或缺乏动力，根源在于农村整个社会的认知水平、教育水平、信息化水平的落后。农民对自己的利益诉求缺乏足够的能力和认知，对市场信息掌握不够。因此，通过优先发展教育，加快农村信息建设，提升农民群体的社会认知，拓宽农民群体的眼界和视野，明晰自己的利益诉求，才是解决问题的关键。这也是西方社会之所以能够产生一个有效率的组织以及在此基础上形成推动制度变迁的“初级行动团体”“次级行为团体”的根本原因。

---

① 《邓小平文选》第 2 卷人民出版社 1994 年版，第 147 页。

第五章

结论与发现

农村治理中正式制度与非正式制度的整合方式研究，既反映了农村社会中正式制度与非正式制度“实然”关系，也立足于农村“善治”的目标提出了二者之间实现整合的原则、动力和具体路径。作为本项研究的结论章，本章对项目研究作一个总结，同时，从制度建设、制度研究的高度展现本项目研究的具体发现。

一 研究的基本结论

（一）非正式制度依然是农村社会运行的重要基础

社会生活中，正式制度与非正式制度以不同的约束机制和运行方式规范着人们的各种行为。就连制度经济学的代表人物诺思也认为，即使在经济社会比较发达的西方社会，尽管正式的法律制度和产权制度在规范社会生活和经济秩序中发挥着重要作用，它们也只是型塑选择的很小部分。传统中国，农村社会具有典型的“乡土性”“聚村而居”“土地依赖”“重家族归属”“乡绅治理”等特质构成了农村社会的基本面貌，农村的有效治理和基本秩序的维护主要依靠一套内生型的“非正式制度”，国家宏观的权力运作和制度体系未能真正渗透到农村社会。新中国成立后，国家通过“政权下乡”“政党下乡”“行政下乡”“政策下乡”“法律下乡”等方式和手段，期望通过对农村社会进行全面意义上的整合，以实现农村的现代化转型。但是传统不是那么轻易能解构的，农村社会也不是那么容易型塑的，农村仍然是一个有着明确地理边界和文化边界的客体。事实上，社会与政治设计有关却从来不是政治型塑的结果，社会拥有外在于政治的品格，社会的运作规则潜在地外在于政治领域，正是社会这一内在的运行机制，成为非正式制度产生和发挥作用的内在逻辑。国家的各种法律制度可以在一个相对较短的时间内被理性设计出来，但非正式制度的变化和发展却要经历一个漫长的过程。非正式制度对生活在农村的人们起到凝聚共识、信息传递、行为规范和价值评价等功能。由一定的地域范围内的人们长期交往中形成的非正式制度会形成人类学上讲的共同的或相似的“民族文化心理”，这种民族文化心理体现了世代相传的亲缘意识，从而强化了社会成员之间彼此的认同感，起到了凝聚社会力量的作用；同时，借助非正式制度提供的信息，人们可以预期他人的行动，获悉他人行动的信息，在考虑自己如何行动时做出理性的判断，合理地调节与他人的关系，从而达到自己的目的。其次，非正式制度作为人们在长期交往过程中积累起来的生活经验和交往惯例的集合体，它借助于某些流传下来的共同道德原则，对人们行为的合理性进行道德判断。所以，它往往与其他评价尺度相得益彰、相互补充，而且这种评价功能是靠人们的主观判断进行的，评价方式和范围也是相对的，没有绝对的对错之分，只是在不同的范围内其评价结果才会不同，符合此范围内非正式制度的内在要求，就得到好的评价；否则就将受到舆论的谴责、人们的唾弃，因而在这种约束机制下，人们的行为更多的是一种“习得性”行为。最后，由于非正式制度中包含了一定社会的价值取向和行为评价的准则，规定了人们应该怎样做、不应该怎样做的基本规范，当人们尊重这些规范时就会受到特定社会范围内的肯定和推崇，反之则受到否定和谴责。因此，一定的非正式制度总是包含着对人们行为选择的激励功能，它不仅激励着人们去做出何种选择，也给予人们选择的行为以巨大的精神动力；正是由于以上方面的功能和作用，非正式制度成为农村社会运行的重要基础。

（二）农村经济社会结构的嬗变推动了农村非正式制度的演化和发展

非正式制度并不全是“历史的回声”“文化的遗传”，不能用静止的、孤立的、片面的眼光去审视非正式制度。理解农村社会中非正式制度的产生、嬗变及发展，必须立足于农村特有的经济社会结构。作为具有一定公共产品性质的制度，无论它是正式的还是非正式的，它的需求性均源自于特殊形态下的经济发展水平和相应的社会结构。社会结构和经济结构是一个国家和地区最基本的两个结构。经济结构是一个国家或地区的基本经济形态，是观察和认识这个国家或地区经济状况和发展水平的重要维度；社会结构是一个国家或地区的基本社会形态，是观察和分析这个国家或地区社会状况、社会发展水平的重要维度。社会结构的整体性变化必然导致非正式制度不断地演变和发展。主要表现为三个方面：第一，特定历史时期形成的非正式制度因受到新的社会生产、生活的冲击、挤压而丧失生存空间，被迫退出历史舞台，因为非正式制度产生的社会基础结构发生了变化，必然导致相应的观念和文化的嬗变。比如，随着现代性因素、市场性因素向农村社会全面渗透，市场伦理和市场逻辑必然代替传统的乡土伦理和乡土逻辑。所以，即使在农村，“男尊女卑”的思想观念，滞后的民间信仰体系，已经很难再有生存空间。第二，有些非正式制度具有较强的弹性和韧性，为了能适应新时期社会发展的需要而不断地调整和改善，以新的形式延续下来，并依然对农村社会的生产、生活发挥着重要影响。比如，传统的宗族伦理体现以“孝”为核心，强调“忠”“仁”等规定，现代宗族伦理加入了很多现代因素，体现出男女平等、代际平等、爱国守法等新的时代特点，实现了宗族观念现代转型。第三，当代社会生活、社会交往和社会发展的实践也在不断地催生出新的观念、新的社会交往方式和新的规则。比如，随着现代化、市场化的发展，人们逐渐形成了竞争意识、独立意识，当然也容易产生急功近利的思想意识等。

（三）非正式制度对农村社会既有积极影响也有消极影响

在“乡政村治”体制下，国家在农村原有的那种超强控制力明显处于衰败之中，但是，农村社会并没有想象的那么杂乱无章。一个重要原因在于农村有一套内生型非正式制度在发挥着重要作用。非正式制度为生活在农村社会里的人们提供了共同的约束规则和社会规范。在农村“没有大量的习惯、传统、惯例、生活就不能顺利的展开，人的思维就不能这样迅速地对外部世界做出反响”。但是，非正式制度对农村社会的影响却是双重的：既有积极影响，也有消极影响。

积极影响主要表现在：第一，地方性惯例、某些禁忌在一定程度上弥补了法律制度的欠缺和不足。地方性惯例是在长时间的社会发展演进过程中自发形成的，通常具有维护社会秩序、规范人们日常行为的功能。相对于城市而言，由于农村一直缺乏国家法律制度的资源环境，法律制度渗透薄弱，地方性惯例的存在和发展有其独特的社会需求和现实原因。第二，具有认同功能的意识形态能有效降低制度创新和执行的成本。作为体现国家整体指导思想、价值观念的国家意识形态，如果能得到人民的认同和支持，必然会对国家和个人的行为起到规范作用。它是一个国家“软实力”或者“软约束”的重要来源。所谓国家的“民意”支持在某种意义上体现为民众对国家意识形态的理解和支持，意识形态认同能增强人们的规则意识和法律意识，从而减少因大量违规行为带来的执法费用以及实施机关制度带来的支出，同时因认同也会产生追求集体利益、国家利益的奉献行为，以及追求自我成就感的实现等，发挥规范和激励作用。第三，家庭外部关系网络化带来农村发展，加速农民社会融入。由于社会组织缺位，政府组织难以到位或组织成本过高，于是以“家庭”“扩大家庭”为单位的社会网络迅速发展起来，可以说这种网络化的家庭关系是传统家庭关系在现代社会的表现形式。第四，人情交换实现了没有“组织”的“组织化”效果。中国社会是一个非常讲究“人情”的社会，谙熟“人情世故”对一个人来讲具有重要意义，特别在农村社会表现得非常突出，中国社会一个显著的特点就是社会组织的发展相对滞后，但是，中国社会又是相对稳定、有序的。其中“人情关系”“人情运作”甚至“人情交换”在某种程度上实现了社会交往中没有“组织”的“组织化”效果。

非正式制度的消极影响：第一，落后的社会意识会产生反射效应，进一步阻碍农村社会的现代化发展。非正式制度中的观念体系、社会习俗、伦理价值、地方性规范等本身是对现存社会结构、社会秩序的一种反映，但是这些非正式制度一旦形成，反过来，人们又会在这些非正式制度约束下来理解和改造现存的社会制度和社会秩序结构。思想观念对人的行为约束影响是十分有力的，甚至是决定性的。受“乡土观念、安贫观念、农本意识”的影响。许多农村地区，人们的经济生产方式仍以传统农业为主，祖祖辈辈守候在贫瘠的土地上，最怕“背井离乡”“举目无亲”。因此，当前农村地区出现的持续贫困除了受生态环境、社会发展结构等影响外，很大程度上是由于落后的传统观念导致的，严重束缚了农村社会的合理流动。农民在思想深处仍把从事种植业生产活动视为自己的天职，以满足自己生活各方面所需，市场意识淡薄。这些消极观念的侵蚀，使制度本身的功能不能有效发挥。第二，异化的人情交往增加了农民的经济负担，加快了农村社会分化。人情是一套约束特定社会群体的非正式制度，它能够把熟人社会中的每个人都卷入其中，人情可以涵盖社会生活的方方面面，成为熟人社会中赖以生存的社会基础，熟人社会中的每个人都身陷其中，当一个人脱离了一定的社会人情圈的时候，也即意味着他已经脱离了熟人社会的生活圈。当前，人情的仪式性文化被剥离，利益追逐被强化，人情的文化功能已经受到严重挤压，甚至基本看不到，人情逐渐演变成赤裸裸的利益运作和利益追逐。在人情名目越来越多、人情交往越来越频繁的背景下，人情就像一张无形之网，把所有人都圈入其中而不能自拔。对于那些经济条件不是太好的村民而言，人情消费和支出变成了一种经济上的压力和负担，人情通过社会性的运作把经济差距转化为社会差距，从而在客观上变成了社会分化的工具。第三，消极的非正式制度阻碍了农村法治化发展。表现为：其一，许多纠纷和矛盾通过非法律化手段解决，但明显违背法律要求。比如，在我国西南彝族聚集的凉山地区，由于少数民族习惯法的强大，当地村民在处理纠纷和矛盾甚至“人命案”时，仍然依据习惯法来解决，甚至国家机关介入也不能从根本上解决问题，村民还是要寻求“坎下法庭”进行二次调解，直接威胁到法律的权威。其二，大量的非正式制度直接渗入法律、制度领域，像血脉一样影响着人们的生存方式，不利于制度的有效实施和价值导向功能的发挥。其三，非正式制度还直接影响着人们非制度化政治参与。在一些农村地区，人们借助于家族、宗族力量参与基层选举，直接干预和破坏了基本的民主程序，甚至出现宗族力量对抗基层政府的行为等。

（四）正式制度与非正式制度具有多重的制度关系

首先，正式制度与非正式制度会产生冲突关系。当正式制度进入农村社会，与农村传统文化和非正式制度对特定行为的约束发生冲突，非正式制度不是作为正式制度的有力支撑，反而成为弱化正式制度权威和作用的一个重要变量，正式制度实施效果差，制度执行成本高。这时就产生了“制度冲突”。从理论上来分析，正式制度与非正式制度之间发生冲突，有其逻辑必然性。从制度的产生来看，非正式制度的产生更多地是由文化积累和生活习惯积累自然形成，人们遵循某种非正式制度安排常常是出于习惯、风俗或惯例而非理性的考量和选择，正式制度的产生大多是理性构建的结果，往往代表着国家的意志。正如哈耶克所言，建构秩序往往是具体的秩序，是可以创造出来的，服务于该秩序创造者的目的。建构秩序需要一种假设，即存在一位全知全能的构建者或者计划者。然而从知识论的角度看，全知全能是不可能的。事实上完美的制度只存在于理念中，现实生活中只有次好的制度，正式制度不可能完全兼顾到地方性价值、信仰和意义。制度的冲突关系指向了制度的不合理。一种制度不管理论设计上多么科学、完善，但如果实现不了制度目标，不具备自我实现能力，肯定是不合理的，一种制度即使实现了其制度目标，但是付出了巨大的制度成本（包括经济成本、社会成本）肯定也是不合理的。制度冲突不仅导致正式制度实施的低效率、制度在实现社会效益方面能力弱、制度目标很难实现的情况，也会导致正式制度的仪式化，社会出现大量空有其表的“空制度”，还会导致正式制度与非正式制度之间的相互妥协，制度执行走样。

其次，正式制度与非正式制度也会相互融合，相互支撑。当正式制度约束被认为与行动者的利益和偏好相一致时，正式制度与非正式制度之间的关系是相互融合的，因而会相互支持和相互强化。正式制度与非正式制度的“相融”指向了制度的“合法性”问题。制度的合法性是指制度的这样一种特性，这种特性不仅来自于正式的法律或命令，而更重要的是来自根据有关价值体系所判定的，有社会成员给予积极的社会支持与认可的制度规范的可能性或正当性。它包括两个方面的内容：一方面是制度能否以及怎样以社会价值观念和价值规范所认可的方式有效运行；另一方面是制度有效性的范围基础和来源。就其本质而言，制度的合法性就是制度所涉及的主体对于制度的承认，对其规范正当性的认可。从非正式制度与正式制度“相容”“相互支撑”的关系来看，主要表现为两个方面：一方面，正式制度所蕴含的制度伦理和约束与非正式制度约束的伦理和诉求的有机契合。之所以能够有效运行，在于正式制度与其作为外部环境的制约因素——“非正式制度”之间有了高度的契合性，也就是说制度的实施和运行有了其社会层面的认同机制和文化基础，这样从正面有效地回答了为什么有些社会能够建立起良好的社会秩序，为什么有些国家的制度体系是成功的，而另一些国家的制度体系却是失效的。相同的制度，为什么在有些地方实施得好，有些地方则无法实施等问题。另一方面，制度约束下个体的行为和意志性。即制度规范的客体或个人，其行为及社会交往满足了制度的规范性要求。在一个良性的制度体系中，非正式制度可以为正式制度的实施提供认同的观念、行为习惯和共同的心理预期来促进正式制度目前的实现，当正式制度所倡导的行为预期及利益诉求与微观个体、群体中的成员的利益和偏好相一致的时候，正式制度和非正式制度就会实现紧密融合。当非正式制度与正式制度紧密融合时，会形成良性互动。正式制度有效实施的关键并不在于有国家强制力作为保障，而在于社会大众对制度的认同和支持，也就是制度权威的形成。当正式制度对特定行为关系的约束与非正式制度约束关系一致时，二者之间会相互强化，从而大大提高了制度实施绩效。非正式制度与正式制度的融合会大大降低制度的执行成本，因为制度的监督和实施可以通过非正式的形式，也就是通过公众的认同行为来实现。公众会自觉地产生服务于或与制度目标相一致的行为，因为对制度的遵从是在社会互动的过程中自发实现的。与之相反，对于由国家和政府实施的监督依赖性越强，制度的执行成本会越高，因为立法和行政法规的执行都要由专门设立的权力机构来完成，因此必然要耗费较高的成本。最后，非正式制度与正式制度的融合会减少社会交往中的不确定性。非正式制度与正式制度的融合，会使群体成员对社会情境产生相同的情景和共同的行为期待，使社会交往中的不确定性大大降低。

最后，正式制度与非正式制度之间的对立、冲突从一个较长的过程来看必然预示着制度之间的相互转化和替代。从当前制度分析理论来看，不管是经济学视角的制度分析范式还是文化视角的分析方法都把制度的演化看作一个渐进性过程。正式制度与非正式制度之间的相互转化包含两个层面的内容：一是非正式制度转化为正式制度；二是正式制度转化为非正式制度。制度转化反映了制度演化的本质和规律。制度演化是多元主体推动的结果，民众、精英、政府在推动制度变迁过程中发挥重要作用，而且制度演化、变迁具有明显的“路径依赖性”，指制度的变迁或演化一旦选择了某一条路径，它就会沿着这条路径演化下去，沿着既定的制度安排“先验”模式变迁和演化，经济和政治制度的变迁可能进入良性互动的轨道并迅速优化。但也可能沿着既定的错误路径继续往下滑，甚至被长期锁定在某种无效率的状态之下。如果制度变迁一旦进入到锁定状态，制度创新将变得十分困难，新的制度创新会夹杂着大量旧制度的因素，甚至是旧制度的变种。造成路径依赖的原因主要有两个：一个是组织的力量（利益集团的影响），另一个是非正式制度的影响。从组织的力量来看，任何一项制度安排必然会形成与之相对应的组织力量或利益集团的形成。换句话说，现行的制度安排是一定利益集团实现其利益诉求和稳定的手段和工具。在新的制度变迁、演化带来的潜在收益和利益不明晰的前提下，维护这一制度有利于他们的利益。另一个是作为文化遗传的非正式制度的影响，它在制度演化中起着重要作用，构成了路径依赖的主要来源。

（五）实现农村“善治”必须实现正式制度与非正式制度的有效整合

十八届三中全会提出了我国全面深化改革的总体目标是：完善和发展中国特色社会主义制度，推进国家治理体系和治理能力现代化。从国家的层面看，这一目标至少包含两层含义：一是现代化发展的客观实际要求国家必须不断地提升自身的治理能力和治理水平；二是必须通过制度化的手段和方式去实现治理能力和治理水平的现代化。因此，“站在现代化的高度，国家能否给社会带来一个长久稳定的制度体制，其中最重要的是形成稳定的、具有持续性的政治体系，即制度的屹立乃是社会和国家建设的最高使命。它体现为两个方面：一方面是制度获得有效的权威，成为社会稳定和发展的基础和保障；另一方面是制度与经济社会、文化高度契合，获得广泛的认同，具有持久的稳定性和持续性”。以主权国家为载体的现代化发展浪潮，有“先发国家”和“后发国家”之分，先发国家发生在最早走上市场经济的国家，这些国家从传统到现代的转变过程具有“自然”和“自发”的特点，如商品交换的逐步发展，农业产业化与城市工业化大体同步，民族工业体系与国际市场的形成大体同步，以及市场经济的形成与国家政治体制的变革大体相应，等等。这些国家由于经历了充分的市场经济和公民社会的发展，很自然地形成了与现代社会发展基本吻合的现代化观念、法治意识和契约精神，因此国家的制度化水平一般都比较高。公民已经具有与“法治”相适应的文化心理，在这样的社会中，合法性高于合理性，其社会呈现出高度的法律文化特征，国家基本实现了法治化治理模式，其治理大都依赖于法律调节，其国家治理具有内在性、自发性和渐进性特征。从社会结构的变迁来看，属于先有经济社会发展后有社会结构的整体转型。反之，我国是一个“后发型”国家，社会发展和转型是交叉进行的，发展从一开始就带有明显的“追赶型”目的，过分强调了国家在推动社会发展中的作用。从农村发展历程来看，由于农村的传统惯性和农村的社会结构不可能在很快的时间内完成转型，尽管从20世纪以来国家就希望通过大量的制度渗透和创设，实现对农村的全面整合，不断摧毁传统，改造农村社会，但是传统并不是那么容易摧毁的，农村也不是那么容易改造的。农村法治建设受到非正式制度的影响是远远高于城市，这是我国现阶段农村基层治理问题产生的主要原因所在。这是由中国传统文化的特点所决定的。中国社会是一个几千年法制传统极为丰富的国家，法律制度的条文自古就有，也很全面，但是中国社会从总体而言并不是一个“法理”国家，而是一个“情理”国家，儒家文化中的“情”与“义”在中国公民的生活中影响很大，对情与礼的推崇大大超过对法理的呼唤，民众接受法律价值。

（六）正式制度与非正式制度有效整合的关键在于构建起与正式制度相匹配的非正式制度

发达国家制度建设的经验表明：无论是正式制度设计，还是正式制度的有效运行，都离不开本土性资源和相应的非正式制度与之相适应和匹配。美国民主的运行实际上是建立在公众对制度认同的基础之上的，公众的政治信仰、政治态度和政治价值观是民主制度的合法性来源，是民主制度的社会支撑，如果撇开公众舆论，美国的民主也是不能够成立的。国家通过正式制度来构建社会秩序，尽管组成了社会秩序的主要方面，然而，作为后发型社会主义国家，我们在很大程度上更多地考虑和关注国家层面，以现代化为导向的“制度设计”和“制度供给”甚至带有某种“制度迷信”，渴望通过完整、科学的制度设计和有效施行去化解社会矛盾，解决一切社会问题。而很少关注社会微观层面，对社会大众的行为习惯、价值观念和社会认知的改造和变革。国家制度变迁的方向和所建立的新制度都符合现代法治要求，从根本上说也符合现代化制度选择和价值追求。但是，这些正式制度在实践中往往被悬置和扭曲，反而被其传统文化中所固有的特权、身份、庇护等非正式制度所替代，造成了非正式制度“人治”对正式制度“法治”的排斥。同时，社会中的成员由于长期以来缺乏平等、公平和权利意识，面对社会中的特权泛滥和不公，也往往容易缺乏批判和质疑，而常常是不经反思地加以服从。作为结果，国家正式的法律制度不断出台，但是法律制度并没转化成“社会现实”，因此，建立起以公众“普遍信任”为特质的非正式制度成为后发现代化国家法治化过程中迫切需要解决的现实问题。

以“普遍信任”为特质的非正式制度涉及诸多要素，如理性、诚实、守约、开放、认同、尊重个人权利等，但从当前中国农村社会发展的具体现实来看，最需要营造和孵化的非正式制度要素主要包括稳定的政治认同、开放的公民意识、共享的理想信念等方面。政治认同是一种政治态度，是人们在社会政治生活中对于政治权力系统、政治规范、政治秩序、政治价值观的政治倾向和心理归属，与政治合法性和政治稳定密切相关。公民权利意识的觉醒，将会对社会的政治过程，特别是法律、制度的制定产生重要影响，政策和法律的制定就会较好地考虑公众的意见和建议，公共的意见也会对政策、制度的执行施加实质性的影响。同时共享的理想信念会转化为强大的物质力量，激发社会活力。营造或者强化某种大众共享的理想和信念是社会发展中非常重要的非正式制度支撑要素。在共同的理想、信念支配下的人们会产生更为持续、有力的社会互动行为，社会发展会更有活力。从制度建设的视角出，发人们为什么会选择某项制度或有意促成某项制度变迁，还体现了人们对未来美好生活的向往和追求，体现出行为背后的某种“意义性”价值。

二　研究发现

通过对“农村治理中正式制度与非正式制度的整合方式研究”，在理论上有以下几个重要的发现，这些发现真实地反映了当前农村政策、制度执行的一般性规律，可为我国农村政策、制度的制定、执行和研究提供积极参考。

（一）非正式制度在不同的农村地区差异较大

内生于农村社会的非正式制度是在农村漫长的历史发展以及生产生活实践活动中产生和形成的。但是由于农村社会发展本身的不平衡，受不同历史发展背景、社会环境和文化差异等因素的影响，农村社会中的非正式制度也是不平衡的，这种不平衡性主要表现为两个方面：一方面是非正式制度的构成要素的差异性，一些地区存在的非正式制度，在另外一些地方可能很少甚至就不存在；另一方面是在不同的农村社会中，非正式制度对社会的影响和作用是不同的，在一些农村产生较大影响的非正式制度，在其他农村社会中并不一定重要。就第一方面而言，从调研的区域性看，北部地区的农村受非正式制度的影响较小，特别是代表传统文化惯性的非正式制度受到了严重的挤压而再难有生存的空间，明显感受到现代性因素和国家力量的强大，农村社会对国家正式制度的熟悉度和认同度明显优于中部地区的农村和西部地区的农村。反观西部地区的农村，非正式制度的“总体存量”明显较大，只要置身其中，很自然地就能感受到与北部、中部农村不同的乡村运行逻辑，可以说，非正式制度渗透到社会生活的方方面面。比如，在云南和广西，民族文化、少数民族习惯法、地方惯例、宗教因素非常突出。就第二方面而言，非正式制度不仅在种类及总量上差异大，同一非正式制度在不同农村社会中的地位和作用是不同的。在某一特定地区是核心的非正式制度，而在其他地区影响就很小。比如宗教力量在我国西部农村的影响要大于北方农村，即使同是少数民族聚集的地方，在云南的宁蒗、四川的凉山地区彝族的“家支制度”要比其他少数民族地方的影响力要大，而中部地区的非正式制度，无论从总体存量上还是从作用发挥上，都没有西部农村那么明显。

（二）正式制度的实施应多关注“村庄原因”

当前大多数制度研究者和政策分析专家均倾向于从制度设计的科学性以及基层干部素质高低等方面去分析和评估制度的实践结果。其实制度过程是在多重逻辑之下展开的。有国家的逻辑、有地方政府的科层制逻辑，更有乡村社会的逻辑，农村制度、政策实施的效果更与村庄本身密切相关。从制度实施和执行的绩效来看，为什么同样的制度政策在不同的农村社会会产生不同的实践机制、过程和结果？因为不同的农村社会（准确地说是不同的村庄）具有不同的文化传统、风俗习惯、价值认同、地方性知识。在本项目研究中，我们把它称为不同的非正式制度构成，正是“非正式制度”约束机制的不同，很大程度上影响了国家政策制度“进入”农村的实际效果。

农村社会是天然的共同体，国家对农村社会的责任和使命不是要消灭这个共同体，而是要维系和发展这个共同体。这就要求国家通过基本制度体系对农村社会的整合，不能仅仅考虑国家层面的逻辑，必须充分考虑农村的社会逻辑。因而这种整合应该具有充分的弹性空间，应该是国家与农民共同协商与合作的结果。我们经常说中国农村社会发展极不平衡，农村政策不能搞“一刀切”，就其根源正在于此。立足农村社会，国家制度的实施和推行必然有其深层的文化背景作为支撑和保障，社会自发的力量是不可忽视的。农村社会所固有的许多非正式制度（如习俗信仰、观念仪式等）和行为方式，不应该视为一种愚昧落后、陈旧过失的东西，它们并非全是“现代性”的对立物，而是农村治理中重要的治理资源和治理手段。我们对农村制度进行研究和探讨，其目的是要实现农村的有效治理，而实现农村社会的有效治理是一项漫长而复杂的系统工程，无论是站在国家的立场还是从农村的视角来看，真正文明、有效的治理必须以制度化的形式让农村更加的有序、和谐。

（三）农村社会中的制度研究需要方法论层面的进一步创新

当今时代，制度不仅是理论研究的焦点，更是社会指向的客体和对象，但是不同学科、不同视角对制度的研究差异大，从非正式制度的视角来研究制度问题是新制度主义的主要贡献，体现了对人类行为和制度研究的新进展。无论是制度学、社会学制度主义，还是制度经济学关于制度产生、演化的博弈分析，还是多元法律主义者关于民间法和国家法的争论和探索，还是人类学对“地方性知识”的“深描”都共同指向了制度研究的“非正式制度”层面。但是，我们也发现，研究陷入了一个困境，主要表现在三个方面：一是很难搭建一个具有基本共识的研究范式。制度研究的文化主义路径侧重于从文化传统、文化信息方面研究制度，更加强调行为主体所处环境的文化信息、文化样式对特殊社会互动的影响。文化不仅仅决定着个体行动者的自我认同，还决定着个体在社会中的角色定位，决定着个体行动的偏好等，从而对制度的产生、演变发生作用。经济学理性主义研究路径，则侧重于从微观经济层面，运用理性选择模型、国家理论、产权制度理论、路径依赖理论等，通过“交易费用”“有限理性”“不完全信息”“经济人”“契约”等基本概念解释制度的起源、演进以及对经济社会发展的影响。正是基于分析路径和方法论层面的差异，导致了对制度理解的巨大反差。二是理论分析与实证研究的矛盾突出。当前研究的总体趋势基本上停留在理论层面，注重对制度演化和制度关系的学理分析，即使是新制度主义代表人物诺思也坦承，还没有建立起对非正式制度分析的科学途径和完整模型。三是非正式制度分析的理论提升不足。正如正式制度是一个嵌套性系统结构，从宪法、基本法到具体法律制度具有多层次性，非正式制度也具有不同的层次，有观念层面的，有规范层面的，也有操作层面的。而且不同的非正式制度之间也发生相互影响，比如“人情”和“面子”很多时候就是交织在一起的，但是当前的研究很少涉及。

正是基于以上研究方法和理论分析上差异和矛盾，本研究发现，把“正式制度”与“非正式制度”作为一个整体性“研究框架”和“问题域”来研究和探讨二者之间的关系及整合路径、机制，从而实现对农村制度研究的一种突破和创新，难度非常大，这个选题明显偏大。但是，非正式制度对正式制度的影响又是一个客观存在的“社会现实”，那么怎么才能解决这样的矛盾呢？在以后的具体研究中，可以采取“专题研究”的方式对某一“制度”“政策”进行大量的细化研究，即通过大量的专题研究，把不同非正式制度影响下，正式制度执行的规律性展现出来，从而产生一种“聚合效应”，那么，我们就不仅仅局限于某一制度、政策层面来展开讨论，而是在更为宏观的层面上形成相对成熟的制度、政策分析框架和理论基础。

从以上研究发现来看，本项目研究的确有些遗憾，与其说形成了相对丰厚的研究成果，还不如说经历了一次知识探险的过程。这项研究仅仅是一个开始，借用诺思的话来说“对于制度的严谨研究，我们才刚刚开始，前景是美好的。我们也许永远也无法回答所有问题，但我们可以做得更好”。

附　录

附录一：调查问卷提纲[①]

声明：本调查问卷为国家社会科学基金项目《农村治理中正式制度与非正式制度的整合方式研究》课题组集体制作，所有数据仅供课题组进行科学研究使用，不得以任何理由用作他途，调查成果及调查对象的相关资料受国家法律保护。

您好！我是“农村政策研究课题组”的访问员。我们正在做一项与农村政策、制度相关的社会调查，这次调查的目的是为了了解农村政策制度实施现状、农村的风土人情、文化习俗、村规民约等。本次的调查不用填写姓名，答案没有正确、错误之分，您只需要根据自己的实际情况和看法回答。标有(______)请直接作答。

一　定性篇

1. 你的职业身份是（　　）限选一项

A. 农民　　　　B. 村干部或公务员

C. 企业单位员工　　　　D. 事业单位员工

E. 外出打工者　　　　F. 其他(__________________)

---

① 问卷提纲围绕研究内容设计为两部分：定性篇：拟对非正式制度的影响进行调查；关系篇：拟对非正式制度与正式制度的关系进行调查。但在调查研究中发现，无论是“制度影响”还是“制度关系”的调查研究，必须要对制度过程给予足够的关注和研究，但是问卷调查难以做到，操作性不强，于是确立了以小组访谈、个人深度访谈为主的调查方法（提纲见附录二），把问卷设计的问题融入小组访谈和个人深度访谈之中。此处为了方便读者参阅而列出问卷提纲。

2. 你的年龄是（　　）限选一项

A. 18 岁以下　　B. 18—30 岁

C. 30—45 岁　　D. 45—60 岁

E. 60 岁以上

3. 在你的日常生活中下列两个方面，你对哪个方面更为熟悉(　　)限选一项

A. 国家的制度、政策法规　　B. 本地方的习惯习俗及规则

4. 下列两个方面，哪个方面对你的日常生活影响更大？(　　）限选一项

A. 国家的制度法规　　B. 本地方的习惯和文化

5. 你觉得本地方的文化、惯例和规则对你的生活（　　）限选一项

A. 有很大影响　　B. 影响一般

C. 没有影响

6. 在你的日常生活中，你觉得国家的制度、法规对你的生活（　　）限选一项

A. 有很大影响　　B. 没多大影响

C. 没有影响

7. 你认为本地方的习惯和规则应该包括（　　）可多选

A. 道德要求及其价值追求　　B. 地方性文化、风俗习惯

C. 地方社会关系、惯例　　D. 家族的族规、宗教规范

E. 其他(____________________)

8. 在你的记忆中，你认为你所生活的地方的社会治理通常是通过哪些规则来维持？(　　）可多选

A. 国家的政策法规　　B. 原来的风俗习惯

C. 村规民约　　D. 有权威的人

E. 家族的族规、宗教规范　　F. 其他(________________)

9. 国家推行的农业税减免、义务教育免学杂费和农村合作医疗政策，你们熟悉吗？(　　）可多选

A. 很熟悉　　B. 熟悉

C. 不熟悉

10. 国家推行的农村政策你知道哪些？（　　）可多选

A. 农业税减免　　B. 义务教育免学杂费

C. 农村合作医疗　　D. 农村养老保险

E. 农村低保　　F. 其他(＿＿＿＿＿＿＿＿＿＿)

11. 国家的家电下乡、汽车下乡、农资下乡、建材下乡政策你知道几项？（　　）可多选

A. 一项　　B. 两项

C. 三项　　D. 四项

12. 你主要通过什么途径了解国家的“三农”政策？（　　）可多选

A. 亲朋好友之间的消息传播

B. 电视、广播、报纸杂志

C. 村里干部的政策介绍、宣讲

D. 宣传栏、黑板报

E. 网络

F. 其他

13. 对于你所在地方治理得好的方面，你认为主要原因是（　　）可多选

A. 国家法律发挥了很大作用

B. 地方干部得力、管理得好

C. 本地居民的习惯好、素质高

D. 本地方的规矩定得好

E. 其他(＿＿＿＿＿＿＿＿＿＿＿＿＿＿＿＿＿＿＿＿)

14. 对于你所在地方治理得差的方面，你认为主要原因是（　　）可多选

A. 国家法律制度不科学、不合理

B. 国家法律制度没有真正落实

C. 村里原来的民风、习惯不好，本村的规矩定得不好

D. 社区原来的民风、习惯好，但大家没有照着做

E. 其他(＿＿＿＿＿＿＿＿＿＿＿＿＿＿＿＿＿＿＿＿)

15. 家里有了事情（如婚、丧、嫁、娶、与别家发生矛盾、纠纷等等）你通常找哪些人求助或帮忙？（　　）可多选

A. 地方政府或相关管理机构　B. 村长或者村干部

C. 家族内的亲人、朋友　D. 长辈或者村中有威望的人

E. 其他人

16. 在你生活的地方人们之间发生了纠纷通常首先是依据什么规范解决？（　　）可多选

A. 国家法律制度　B. 原来的风俗、习惯

C. 村规民约　D. 家族的族规

E. 长辈或者村中有威望的人　F. 其他（　　　　　　　　）

二　关系篇

1. 国家的制度法规在你们村里贯彻得怎么样？（　　）限选一项

A. 很好　B. 一般

C. 不好

2. 国家的制度法规贯彻得好的原因是（　　）可多选

A. 符合地方的实际　B. 村干部宣传落实得好

C. 政策法规制定得好　D. 地方政府执行力强

E. 其他（　　　　　　　　）

3. 国家的制度法规贯彻得不好的原因是（　　）可多选

A. 不符合地方的实际

B. 村干部宣传落实不到位

C. 制度法规本身不科学、不合理

D. 地方政府执行力弱

E. 其他（　　　　　　　　）

4. 符合地方实际的国家制度法规应该（　　）可多选

A. 借鉴和吸收地方好的地方性传统、惯例

B. 给予农村一定的自治空间

C. 充分考虑农村地域、文化等方面的差异

D. 严格的用现代化的制度规范约束农村

E. 其他（　　　　　　　　）

5. 本地方的民俗习惯与国家制度法规能很好地相互协调吗？（ ）限选一项

A. 能　　B. 不能

C. 不清楚

6. 本地方的民俗、习惯与国家制度法规有冲突的地方吗？（ ）限选一项

A. 有　　B. 没有

C. 不清楚

调查说明

（1）每个调查点的入户访谈不少于 10 户，注意访谈技巧，访谈及问卷内容依据不同的受访者进行适当的调整，为更好地进行沟通和便于村民理解，访谈语言最好能转化为本地方言。

（2）问卷调查和访谈要能覆盖村中不同人群，普通村民、村中精英、村干部等不同群体应有合适的比例。

（3）问卷调查中，注意收集和记录受访者提供或透露的其他有用信息，可以不拘泥于问卷结构，进行深度挖掘。

（4）问卷及访谈中，要有意引导多人参与，注意收集和整理不同村民对同一问题的描述和理解。

附录二：开放式访谈提纲

从实现农村正式制度与非正式制度有效整合的视角，设置以下问题展

开灵活询问，深入挖掘并做仔细记录，重点关注制度、政策实施难的典型案例，以便为制度关系和制度整合的分析和研究提供经验素材和实证材料。

（1）您觉得您们村有什么好的风俗习惯、文化传统或行为习惯吗？能给我（们）介绍一下吗？

（2）您觉得您们村有什么不好的风俗习惯、传统做法或行为习惯吗？能给我（们）介绍一下吗？

（3）您觉得农村治理存在的问题主要是国家政策的落实不好，还是党和国家对农村具体情况不够了解，不求实际的问题，还是什么别的原因？

（4）能不能给我（们）介绍一些农村政策落实得好，很受村民欢迎的例子？能给我（们）解释一下原因吗？

（5）有没有国家政策法规在村里很难实施的例子？能给我（们）解释一下原因吗？

（6）要实现农村的有效治理和发展，您认为首先要解决些什么问题或者说哪些问题很重要？

（7）对于农村本地的村规民约、风俗习惯、文化传统，在新农村建设中应该如何看待？

（8）国家政策在农村要有效落实和贯彻，您觉得应该怎么做或注意哪些问题？

［类似的一些问题，可以根据访谈的具体情况，灵活调整，通过互动式的访谈、交流，收集、捕捉有价值的信息和素材，尤其关注村民对政策执行效果的表达以及对政策执行的建议］

参考文献

[1] ［美］道格拉斯·诺思：《经济史上的结构和变革》，厉以平译，商务印书馆1992年版。

[2] ［美］道格拉斯·诺思：《制度、制度变迁与经济绩效》，杭行译，上海三联书店1993年版。

[3] ［美］康芒斯：《制度经济学》，于树生译，商务印书馆1962年版。

[4] ［德］马克斯·韦伯：《新教伦理与资本主义精神》，于晓等译，生活·读书·新知三联书店1987年版。

[5] ［德］马克思：《资本论》（1—3卷），人民出版社1975年版。

[6]《马克思恩格斯选集》（1—4卷），人民出版社1972年版。

[7]《马克思恩格斯全集》（第46卷），人民出版社1979年版。

[8] 布坎南等：《自由、市场与国家——80年代的政治经济学》，平新乔、莫扶民译，上海三联书店1989年版。

[9] 杜赞奇：《文化、权力与国家——1900—1942年的华北农村》，王福明译，江苏人民出版社1994年版。

[10] ［美］詹姆斯·C. 斯科特：《国家的视角——那些试图改善人类状况的项目是如何失败的》，王晓毅译，社会科学文献出版社2004年版。

[11] 杜鹰：《走出乡村》，经济科学出版社1997年版。

[12] 黄树民：《林村的故事：1949年后的中国农村变革》，生活·读书·新知三联书店2002年版。

[13] 关海庭：《20世纪中国政治发展史论》，北京大学出版社2002年版。

[14] 王沪宁：《中国村落家族文化》，上海人民出版社1991年版。

[15] 曹锦清：《黄河边的中国——一个学者对乡村社会的观察与思考》，

上海文艺出版社 2000 年版。
[16] 甄志宏：《正式制度与非正式制度的冲突与融合——中国市场化改革的制度分析》，博士学位论文，吉林大学，2004 年。
[17] 衣俊卿：《现代化与文化阻滞力》，人民出版社 2005 年版。
[18] 张乐天：《告别理想——人民公社制度研究》，东方出版社 1998 年版。
[19] 张静：《基层政权——乡村制度诸问题》，浙江人民出版社 2000 年版。
[20] 张静：《国家与社会》，浙江人民出版社 1998 年版。
[21] 张静：《村庄自治与国家政权建设——华北西村案例分析》，载黄宗智《中国乡村研究》（第一辑），商务印书馆 2003 年版。
[22] 张静：《乡规民约体现的村庄治权》，载《北大法律评论》（第 2 卷第一辑），法律出版社 1999 年版。
[23] 王铭铭：《村落视野中的文化与权力》，生活·读书·新知三联书店 1997 年版。
[24] 徐勇：《中国农村村民自治》，华中师范大学出版社 1997 年版。
[25] 徐勇：《徐勇自选集》，华中理工大学出版社 1999 年版。
[26] 徐勇：《现代国家、乡土社与制度构建》，中国物资出版社 2009 年版。
[27] 苏力：《送法下乡——中国基层司法制度研究》，中国政法大学出版社 2000 年版。
[28] 苏力：《法治及其本土资源》，中国政法大学出版社 1996 年版。
[29] 孙立平：《正式权力的非正式行使》，鹭江出版社 2000 年版。
[30] 于建嵘：《岳村政治》，商务印书馆 2001 年版。
[31] 孙晓莉：《中国现代化进程中的国家与社会》，中国社会科学出版社 2001 年版。
[32] 秦晖：《农民中国：历史反思与现实选择》，河南人民出版社 2003 年版。
[33] 陆学艺：《当代中国社会结构》，社会科学文献出版社 2010 年版。
[34] 陆学艺：《内发的村庄》，社会科学文献出版社 2001 年版。
[35] 陆学艺：《联产承包责任制研究》，上海人民出版社 1986 年版。

[36] 吴毅等：《村治研究的路径与主体——兼答应星先生的批评》，载《乡村中国评论》（第一辑），广西师范大学出版社 2006 年版。
[37] 费孝通：《乡土中国　生育制度》，北京大学出版社 1998 年版。
[38] 费孝通：《乡土中国》，商务印书馆 1947 年版。
[39] 费孝通：《从实求知录》，北京大学出版社 1998 年版。
[40] 贺雪峰：《村治模式：若干案例研究》，山东人民出版社 2009 年版。
[41] 张乐天：《告别理想——人民公社制度研究》，东方出版社 1998 年版。
[42] 谢立中主编：《结构—制度分析，还是过程事件—分析》，社会科学文献出版社 2010 年版。
[43] 陈锡文主编，韩俊、赵阳副主编：《理论、政策与实证》，中国发展出版社 2006 年版。
[44] 陈锡文、陈建波、赵阳等：《农村制度变迁 60 年》，人民出版社 2009 年版。
[45] 黄宗智：《中国乡村研究》（第一辑），商务印书馆，2003 年版。
[46] 黄宗智：《中国乡村研究》（第三辑），社会科学文献出版社 2005 年版。
[47] 林毅夫：《关于制度变迁的经济学理论：诱致性制度变迁与强制性制度变迁》，上海三联书店 2002 年版。
[48] 林毅夫：《制度、技术与中国农业发展》，上海三联书店 1992 年版。
[49] 林毅夫：《现代制度经济学》，北京大学出版社 2003 年版。
[50] 李培林：《村落的终结——羊城村的故事》，商务印书馆 2004 年版。
[51] 徐勇：《现代国家乡土社会与制度建构》，中国物资出版社 2009 年版。
[52] 马长山：《法治进程中的“民间治理”》，法律出版社 2006 年版。
[53] 张红英：《农民权利论》，中国经济出版社 2007 年版。
[54] 肖唐镖：《村治中的宗族》，上海书店出版社 2001 年版。
[55] 肖唐镖：《农村宗族与地方治理报告：跨学科的研究和对话》，学林出版社 2010 年版。
[56] 肖唐镖：《宗族政治——村治权力网络的分析》，商务印书馆 2010 年版。

[57] 朱贻庭主编：《伦理学大辞典》，上海辞书出版社 2002 年版。
[58] 任生德：《农村改革中的权威与秩序》，中国方正出版社 2009 年版。
[59] 张铭、王讯：《基层治理模式转型——杨村个案研究》，社会科学文献出版社 2008 年版。
[60] [英] 丹尼斯·斯密斯：《历史社会学的兴起》，周辉荣等译，上海人民出版社 2000 年版。
[61] [美] 罗尔斯：《正义论》，何怀宏等译，中国社会科学出版社 1988 年版。
[62] [德] 马克斯·韦伯：《经济与社会》（上卷），林荣远译，商务印书馆 1997 年版。
[63] [美] 勃伦：《有闲阶级——关于制度的经济研究》，蔡受白译，商务印书馆 1997 年版。
[64] [美] 塞缪尔·P. 亨廷顿：《变化社会中的政治秩序》，王冠华等译，生活·读书·新知三联书店 1989 年版。
[65] 伍装：《非正式制度论》，上海财经大学出版社 2011 年版。
[66] [德] 恩斯特·卡西尔：《人论》，甘阳译，上海译文出版社 2004 年版。
[67] [德] 柯武刚、史漫飞：《制度经济学》，韩朝华译，商务印书馆 2000 年版。
[68] L. H. 摩尔根：《古代社会》，杨东莼等译，生活·读书·新知三联书店 1957 年版。
[69] 周伟文等：《生活在边缘——流动家庭》，河北人民出版社 2002 年版。
[70] 刘伟：《难以产出的村落政治——对村民集体性活动的中观透视》，中国社会科学出版社 2009 年版。
[71] 阎云翔：《礼物的流动》，李放春、刘瑜译，上海人民出版社 2000 年版。
[72] 何慧丽、温铁军：《着眼点在农民着力点在村社》，《新农村建设：理论探索》，北京出版社 2006 年版。
[73] [英] 马歇尔：《经济学原理》，陈良璧译，商务印书馆 1997 年版。
[74] 郑晓云：《社会资本与农村发展——云南少数民族社会的实证研

究》，中国书籍出版社 2008 年版。
[75] 陈金全、巴且日伙：《凉山彝族习惯法》，人民出版社 2008 年版。
[76] [匈牙利] 乔治·卢卡奇：《审美特性》（第 1 卷），徐恒醇译，中国社会科学出版社 1986 年版。
[77] [英] 哈耶克：《致命的自负》，冯克利等译，中国社会科学出版社 2000 年版。
[78] 徐勇：《中国农村村民自治》，华中师范大学出版社 1997 年版。
[79] 汪丁丁：《制度分析基础讲义——自然与制度》，上海人民出版社 2005 年版。
[80] [波兰] 彼得·什托姆普卡：《信任——一种社会学理论》，程胜利译，中华书局 2005 年版。
[81] [荷兰] 皮特：《谁是中国土地的拥有者——制度变迁、产权和社会冲突》，林韵然译，社会科学文献出版社 2008 年版。
[82] 钱穆：《中国文化史导论》，商务印书馆 1994 年版。
[83] 林安梧：《学与中国传统社会之哲学省察——"以血缘性纵贯轴"为核心的理解与诠释》，学林出版社 1998 年版。
[84] 梁漱溟：《中国文化要义》，学林出版社 1987 年版。
[85] 马作成：《中国传统法律文化研究》，广东人民出版社 2004 年版。
[86] [美] R. 科斯，A. 阿尔钦，D. 诺思等：《财产权利与制度变迁》，刘守英等译，上海三联书店、上海人民出版社 1994 年版。
[87] 俞可平主编：《治理与善治》，社会科学文献出版社 2000 年版。
[88] 俞可平：《民主与陀螺》，北京大学出版社 2006 年版。
[89] 俞可平主编：《国家治理评估——中国与世界》，中央编译出版社 2009 年版。
[90] [美] 丹尼尔·W. 布罗姆利：《经济利益与经济制度——公共政策的理论基础》，上海人民出版社 1996 年版。
[91] 曾俊：《公共秩序的制度安排——国家与社会关系的框架及其运用》，学林出版社 2005 年版。
[92] [美] 道格拉斯·诺思、罗伯特·托马斯：《西方世界的兴起》，厉以平、蔡磊译，华夏出版社 1989 年版。
[93] 陈筠泉、刘卉：《哲学与文化》，中国社会科学出版社 1996 年版。

[94] [法] 托克维尔：《论美国的民主》（上），董果良译，商务印书馆 2006 年版。
[95] 王盛开：《农村改革三十年：政策取向和利益诉求——改革开放以来中国共产党农村政策的历史考察与反思》，中国社会科学出版社 2008 年版。
[96] 中国共产党史研究室等：《中国新时期农村的变革·中央卷》（上），中国共产党史出版社 1998 年版。
[97] [美] 罗伯特·A. 达尔：《现代政治分析》，上海译文出版社 1987 年版。
[98] [美] 丹尼斯·朗：《权力论》，中国社会科学出版社 2001 年版。
[99]《邓小平文选》第 2 卷，人民出版社 1994 年版。
[100] 郭书田：《失衡的中国》，河北人民出版社 1990 年版。
[101] 林蕴晖：《人民社狂想曲》，河南人民出版社 1995 年版。
[102] [美] 埃弗里特·M. 罗吉斯、拉伯尔·J. 伯德格：《乡村社会变迁》，浙江人民出版社 1988 年版。
[103] [美] 布劳：《不平等与异质性》，王春光等译，中国社会科学出版社 1991 年版。
[104] 刘秀全：《新制度经济学》，中国商业出版社 2003 年版。
[105] 曾峻：《公共秩序的制度安排——国家与社会关系的框架及其运用》，学林出版社 2005 年版。
[106] 梁治平：《清代习惯法：社会与国家》，中国政法大学出版社 1996 年版。
[107] [美] 埃莉诺·奥斯特罗姆：《公共事务的治理之道——集体行动制度的演进》，余逊达、陈旭东译，生活·读书·新知三联书店 2000 年版。
[108] 张晋藩：《中国法制史》，群众出版社 1992 年版。
[109] [英] 伦纳德·霍布豪斯：《社会正义要素》，孔兆政译，吉林人民出版社 2006 年版。
[110] [古希腊] 亚里士多德：《政治学》，吴寿彭译，商务印书馆 1981 年版。
[111] [美] 科塞：《社会冲突的功能》，孙立平译，华夏出版社 1989

年版。
[112] 十八届三中全会：《中共中央关于全面深化革若干重大问题的决定》。
[113] 中共中央宣传部：《习近平总书记系列重要讲话读本》，人民出版社2016年版。
[114] Hu Biliang, *Informal Institutions and Rural Development in China*, Routledge, 2007.
[115] D. C. North, Institutional Change and Economic History, *Journal of Institutional and Theoretical Economics*, 1989 .
[116] D. C. North, Structure and Performance: The Task of Economic History, *Journal of Economic Issues*, 1978.
[117] R. C. Van Caenegem, *The Birth of the English Common Law*, The University of Cambridge Press, 1988.
[118] Evans Prichard, E., *The Nuer*, Oxford, Oxford University Press, 1940.
[119] 徐勇：《当代中国农村研究方法论问题反思》，《河北学刊》2006年第2期。
[120] 徐勇：《"政权下乡"：现代国家对乡土社会的整合》，《贵州社会科学》2007年第11期。
[121] 徐勇：《"政党下乡"：现代国家对乡土社会的整合》，《学术月刊》2007年第8期。
[122] 徐勇：《"行政下乡"：动员、任务与命令》，《华中师范大学学报》（人文社会科学版）2007年第5期。
[123] 徐勇：《"法律下乡"：乡土社会的双重法律制度整合》，《东南学术》2008年第3期。
[124] 徐勇：《"政策下乡"及其对乡土社会的政策整合》，《当代世界与社会主义国家》2008年第1期。
[125] 徐勇：《"服务下乡"：国家对乡村社会的服务性渗透》，《东南学术》2009年第1期。
[126] 徐勇：《乡村治理结构改革的走向——强村、精乡、简县》，《战略与管理》2003年第4期。

[127] 吴江、张艳丽：《家庭联产承包责任制研究30年回顾》，《经济理论与经济管理》2008年第1期。
[128] 陶林：《21世纪中国农村土地制度展望与创新》，《学术论坛》2008年第12期。
[129] 辛逸：《人民公社研究述评》，《当代中国史研究》，2008年第1期。
[130] 雷扬：《从支配到对话：国家权力在农村村落的运行轨迹》，《江西社会科学》2009年第7期。
[131] 沈延生：《村政的兴衰与重建》，《战略与管理》1998年第6期。
[132] 贺雪峰：《乡村秩序与县乡村体制》，《江苏行政学院学报》2003年第4期。
[133] 贺雪峰：《村民自治的功能及其合理性》，《社会主义研究》1999年第6期。
[134] 吴毅、贺雪峰：《村治研究论纲》，《华中师范大学学报》（人文社会科学版）2000年第3期。
[135] 赵阳、周飞舟：《农民负担和财税体制》，《香港社会科学学刊》2000年秋季号。
[136] 彭玉生：《当正式制度与非正式规范发生冲突：计划生育与宗族网络》，《社会》2009年第1期。
[137] 马智胜、马勇：《试论正式制度与非正式制度的关系》，《江西社会科学》2004年第7期。
[138] 甄志宏：《正式制度与非正式制度的冲突与融合——中国市场化改革的制度分析》，博士学位论文，吉林大学，2004年。
[139] 袁娥：《佤族魔巴的社会功能变迁研究——以云南省普洱市西盟县勐卡镇大马散村为例》，《云南社会科学》2009年第1期。
[140] 李春波：《云南居民消费结构统计研究》，《中国农学通报》2012年第11期。
[141] 韩丽娜、金晓彤、马树昇：《传统文化视觉下的农村居民消费行为探讨》，《社会科学辑刊》2010年第2期。
[142] 韩俊：《改革开放以来农村经济社会转型研究》，《经济研究导刊》2008年第2期。
[143] 卢晖临：《集体化与弄寻平均主义心态形成——关于房屋的故事》，

《社会学研究》2006 年第 6 期。
[144] 徐勇：《"再识农户"与社会化小农的构建》，《华中师范大学学报》（人文科学版）2006 年第 3 期。
[145] 杨立华：《沙漠化治理制度变迁的设计原则：基于中国北方五省的实证分析》，《公共管理评论》（第十卷）。
[146] 李伟民：《论人情——关于中国人社会交往的分析和探讨》，《中山大学学报》1996 年第 2 期。
[147] 宋丽娜：《人情的社会基础研究》，博士学习论文，华中科技大学，2011 年。
[148] 卞利：《明清徽州村规民约和国家法之间的冲突与整合》，《华中师范大学学报》（人文社会科学版）2006 年第 1 期。
[149] 颜烨：《转型中国社会资本生成条件和机制初探》，硕士学位论文，中共中央党校 2002 年。
[150] 杨华：《人情的性质及其变化》，《中南财经政法大学研究生报》2008 年第 1 期。
[151] 周雪光、艾云：《多重逻辑下的制度变迁：一个分析框架》，《中国社会科学》2010 年第 4 期。
[152] 彭玉生：《当正式制度与非正式制度规范发生冲突：计划生育与宗族网络》，《社会》2009 年第 1 期。
[153] 辛鸣：《制度论：哲学视野中的制度与制度研究》，博士学位论文，2010 年。
[154] 刘圣中：《政府权威下的有限妥协——政策执行的三方行动分析》，《南昌大学学报》2006 年第 1 期。
[155] 赵红艳：《"家"与中国传统"家文化"浅析》，《科教文汇》2009 年第 11 期（上旬刊）。
[156] 胡晓霞：《非正式制度与中国农村基层治理》，博士学位论文，新疆农业大学，2007 年。
[157] 林尚立：《制度整合发展：中国共产党建设的使命和战略》，《毛泽东邓小平理论研究》2007 年第 4 期。
[158] 苏国勋：《社会学与文化自觉——学习费孝通"文化自觉"概念的一些体会》，《社会学研究》2006 年第 2 期。

[159] 王加胜：《民间传统的复兴与非正式制度安排》，《山东师范大学学报》（人文社会科学版）2008 年第 3 期。

[160] 李长健、陈占江：《农村文化转型及其化阻机制》，《河北学刊》2005 年第 6 期。

[161] 周湘莲、林琛：《政府治理中的制度权威探讨》，《中国行政管理》2007 年第 11 期。

[162] 金纬亘：《政治权威与现代化》，《江西社会科学》2001 年第 9 期。

[163] 王逸飞：《论政治权威对法治的对动作用》，《甘肃行政学院学报》2003 年第 2 期。

[164] 李松玉：《制度权威和个人权威》，《山东师范大学学报》2004 年第 3 期。

[165] 龙立军、戴建国：《姜子华制度权威缺失的原因探究》，《湖北社会科学》2006 年第 4 期。

[166] 朱富强：《制度改进的基本思维：演化动力和演化原则》，《财经研究》2012 年第 4 期。

[167] 陈朝宗：《论制度设计的科学性与完美性——兼论我国制度设计的缺陷》，《中国行政管理》2007 年第 4 期。

[168] 陆益龙：《1949 年后的中国户籍制度：结构与变迁》，《北京大学学报》（哲学社会科学版）2002 年第 2 期。

[169] 郑雄飞：《从“他物权”看“土地换保障”》，《社会学研究》2009 年第 3 期。

[170] 魏建国：《非正式制度改善与法律现代化实现》，《思想战略》2010 年第 4 期。

[171] 彭正德：《民主政治：一种农民政治认同机制》，《当代世界与社会主义》2010 年第 3 期。

[172] 刘义强：《构建农民需求导向的公共产品供给制度：基于一项全国农村公共产品需求问卷调查的分析》，《华中师范大学学报》（人文社会科学版）2006 年第 3 期。

[173] 邓大才：《农业制度变迁的基本特征分析及调整策略》，《财经研究》2000 年第 7 期。

[174] 谢岳：《公共舆论：美国民主的社会基础》，《江苏社会科学》2011

年第 12 期。

[175] 韩大元：《如何维护宪法权威》，《财经》2013 年第 23 期。

[176] 周雪光、艾云：《多重逻辑下的制度变迁：一个分析框架》，《中国社会科学》2010 年第 4 期。

[177] 姚洋：《中国农地制度：一个分析框架》，《中国社会科学》2000 年第 2 期。

[178] 李怀：《非正式制度探析：乡村的视角》，《西北民族研究》2004 年第 2 期。

[179] 辛逸：《人民公社研究述评》，《当代中国史研究》2008 年第 1 期。

[180] 沈延生：《村政的兴衰与重建》，《战略与管理》1998 年第 6 期。

[181] 郑凤田、李明：《新农村建设视角下中国基层县乡村治理结构》，《中国人民大学学报》2006 年第 5 期。

[182] 杨冬雪：《走向公共参与取向的乡镇治理》，《探索和争鸣》2009 年第 4 期。

[183] 项继权：《基本公共服务均等化：政策目标与制度保障》，《华中师范大学学报》（人文社会科学版）2008 年第 1 期。

[184] 李怀：《非正式制度探析：乡村的视角》，《西北民族研究》2004 年第 2 期。

[185] 谢岳：《公共舆论：美国民主的社会基础》，《江苏社会科学》2011 年第 1 期。

[186] 高满良：《改革开放以来农村治理：制度研究述评——基于新制度主义的视角》，《云南行政学院学报》2011 年第 5 期。

[187] 高满良：《农村治理中的非正式制度分析——对砚山县鲁都克村的个案研究》，《云南行政学院学报》2013 年第 2 期。

[188] 刘招明：《理解少数民族文化——少数民族传统文化中的思维方式探析》，《青海民族研究》2010 年第 3 期。

[189] 刘招明：《农村非正式制度文化根源的哲学考察——以民族地区为例》，《曲靖师范学院学报》2011 年第 2 期。

[190] 李应、高满良：《改革开放以来农村非正式制度变迁趋向探析》，《曲靖师范学院学报》2011 年第 2 期。

[191] 韩玉芳：《公德意识 · 公共伦理 · 公共精神》，北京日报，2012 年

2 月 27 日，http：//www. gmw. cn/sixiang/2012 – 02/27/content_3657556. htm.

[192] 林毅夫：《中国传统文化不是市场经济羁绊》凤凰网，http：//finance. ifeng. com/opinion/zjgc/20120227/5666235. shtml。

[193] 于建嵘：《中国农村政治的现状和发展趋势》，中国乡村发现网，http：//www. zgxcfx. com/Article/56562. html。

[194] 韩长斌：《实现中国梦，基础在“三农”》，人民网，http：//theory. people. com. cn/n/2013/1112/c112851 – 23516372. html。

[195] 文化部：《农村文化建设五大困难亟待解决》，新华网，http：//news，xinhuanet. com/politics/2007 – 01/06contennt. htm.

后　记

一个出生于农村大家庭的穷孩子，虽然有着物质匮乏的乡村记忆，但也享受过快乐无忧的童年生活。从能干农活开始，在农村犁过田、插过秧、下过煤井、挖过煤，至今仍熟悉农村的四季耕作。通过自己的刻苦努力，挤过那个时代所谓的高考独木桥，如今已在城市工作定居，算是真正跳出农门了，却一直对农村充满着深厚感情，还有意识地把自己七八岁的孩子在寒暑假送到农村老家锻炼和学习。从大学本科起就开始关注和思考农村问题，写过有关农村小煤窑私挖滥采等方面的论文，但限于学识水平和就业的种种压力，并没有成型，直到在高校从事教学和科研工作总算实现了这一夙愿。关注农村，思考农村，为农村发展建言献策，既是自己的学术研究旨趣，也算是对抚育自己、养育自己的农村故土的一种交代，一种回报。

本书是在我的国家社科基金项目研究报告《农村治理中正式制度与非正式制度的整合方式研究》基础上修改而成的，准确地说是调整，由于被单位派下农村承担脱贫攻坚工作后，投入到教学和科研上的时间越来越受到挤压。回想自己独立主持国家社科基金项目的经历，真是百感交集，自己没有独立完成研究项目的经验，怎么做文献研究，怎么设计研究路径，怎么设计问卷，怎么调研，怎么写研究报告没有经验可循，还好磕磕绊绊地以良好通过结项，这并不是说自己的研究成果有多好，更为重要的是对自己学术道路的一种鼓励和认可。

回想自己的项目研究，有太多的人帮我一路走来。感谢广西左右江民族医学院的黄理泰教授，山西省运城市贵家营村的陈立田书记，云南省鲁都克村的王书记，云南省宣威市宝山村的陈道宗书记，河南麻里村的张金梅书记，河北晋州市周家庄乡的好友陈德绍，山东北泉村的王长英同学。

他们为项目的调查研究提供了许多实质性的帮助和支持，要么亲自陪同进村入户、要么提供了大量的有用素材，要么做了大量的沟通协调工作，尽管没有参与项目的直接研究，却为项目研究开道铺路，成为项目研究的重要推手。

开题和结项时，云南大学的袁明旭教授、匡自明教授，云南师范大学的陈路教授，云南行政学院的刘强教授，云南省社会科学院的崔江红副研究员，都提出了宝贵的修改和调整意见，在此表示感谢。

项目研究往往是集体智慧的结晶，尽管项目研究成员在专业背景、研究方向、研究旨趣、研究能力等方面存在差异和不同，但是大家的努力和付出让我非常感动，没有团队的通力合作，项目研究不会那么顺利。感谢项目组的谭淏予老师、刘招明老师、李应老师和李应斌老师。

妻子李芳是一个不识书香卷的女人，对于枯燥的项目研究既无认知也无兴趣，却默默地支持我的项目调研和写作，也忍受了我多次没日没夜加班加点，让我非常感动，回想几年的学术努力，应该多抽时间陪陪她和孩子。

项目研究总是有限期限时的规范要求，不可能等所有的分析概念和理论提升完全成熟以后才公之于众。因此，本书的研究内容还有很多值得完善和改进的地方，借用诺思的话“对于制度的严谨研究，我们才刚刚开始，前景是美好的”，我们欢迎任何建设性的批评和意见，本书的研究内容不是终点，而是一次艰难的学术旅行和新的研究起点而已。

高满良

曲师南湖畔

2016 年 4 月 16 日